库网融合研究丛书

人民法院案例库案例适用参考

―― 第一辑 ――

中国应用法学研究所／编

图书在版编目(CIP)数据

人民法院案例库案例适用参考. 第一辑／中国应用法学研究所编. －－北京：法律出版社，2024
ISBN 978－7－5197－9007－3

Ⅰ.①人… Ⅱ.①中… Ⅲ.①案例－汇编－中国 Ⅳ.①D920.5

中国国家版本馆CIP数据核字(2024)第072575号

| 人民法院案例库案例适用参考(第一辑)
RENMIN FAYUAN ANLIKU ANLI
SHIYONG CANKAO(DI－YI JI) | 中国应用法学研究所 编 | 策划编辑 朱　峰
责任编辑 朱　峰　韩梦超
装帧设计 汪奇峰 |

出版发行	法律出版社	开本	710毫米×1000毫米 1/16
编辑统筹	辞书·融出版编辑部	印张	19.25　　字数 329千
责任校对	张翼羽	版本	2024年11月第1版
责任印制	吕亚莉	印次	2024年11月第1次印刷
经　　销	新华书店	印刷	天津嘉恒印务有限公司

地址：北京市丰台区莲花池西里7号(100073)
网址：www.lawpress.com.cn　　　　　　　　　销售电话：010－83938349
投稿邮箱：info@lawpress.com.cn　　　　　　　客服电话：010－83938350
举报盗版邮箱：jbwq@lawpress.com.cn　　　　　咨询电话：010－63939796
版权所有·侵权必究

书号：ISBN 978－7－5197－9007－3　　　　　　　定价：79.00元
凡购买本社图书，如有印装错误，我社负责退换。电话：010－83938349

编辑委员会

主　　　编　陈志远

副 主 编　刘　敏　丁文严

执 行 编 辑　袁华萃　张　哲

编委会成员　（按姓氏笔画为序）
　　　　　　　代秋影　李　明　李　晶　杨　奕
　　　　　　　杨百明　杨耀天　周海洋　钟　莉
　　　　　　　姚俊萍　韩德强

前言

习近平总书记曾用"一个案例胜过一打文件"的生动对比,深刻阐释案例的重要功能。以案例来认识、推动、评判法治,成为习近平法治思想最直接、最生动的表达。为贯彻落实习近平法治思想,最高人民法院高度重视案例工作,积极推动构建中国特色案例指导制度。张军院长甫任最高人民法院院长,就安排部署人民法院案例库建设工作,并针对中国应用法学研究所的职能特点和案例研究优势,提出"对入库案例的分析应用,法研所要做好后续工作"的要求。为落实张军院长工作指示,法研所在向人民法院案例库积极推荐案例的同时,认真组织研究人员编写了"库网融合研究"丛书,以助力包括广大法官在内的读者深化对入库案例的研究和理解,更好发挥入库案例在统一法律适用、促进类案类判、提高审判质效和增强人民群众诉讼预期、促进矛盾纠纷源头预防化解等方面的积极作用。

《人民法院案例库案例适用参考》(第一辑)是丛书的第一本,收录的入库案例涉及民事、商事、知识产权、环境资源四个专业领域。案例保留了入库案例的基本体例格式,并增加了"案例解读"部分,共包含案例名称(案由或者罪名)和副标题、关键词、基本案情(包含裁判结果)、裁判理由、裁判要旨、案例解读、关联索引、法答网问题链接八个要素,体例规范,要素齐全。该丛书的特点突出体现在"案例解读"和"法答网问题链接"两部分。"案例解读"部分主要由案件承办法官撰写,是对裁判要旨的深入阐释和细致分析,较为详细地阐明了法官对案件事实的判断,内心确信形成的过程以及对法律规定的理解,清晰地展示了法官在案件事实与法律规范之间往返对照,实现内心确信的逻辑进路,对类案办理时指引法官寻找类案坐标,加深对案件事实和法律规定的理解以及增强内心确信大有裨益,有助于促进法律适用统一、裁判尺度统一,从而更大程度发挥入库案例的参考作用。"法答网问题链接"栏目将入库案例与相关法答网问题关联,并简要阐述案例对法答网问题的回应与阐释。

丛书的推出旨在促进人民法院案例库入库案例发挥更大作用,以适应新时代的新形势、新任务对人民法院工作提出的新要求。同时也有助于社会各界和人民群众从入库案例中了解类似案件的裁判规则,从而为社会树立正确导向,引导各个社会主体更加遵守法律和规则,促进经济社会高质量发展。希望广大法官将形成更多优秀司法案例作为自己的重要职责,将加强案例学习研究作为提高法学理论水平、做好审判执行工作的重要抓手,抓实抓紧抓出成果,为推动人民法院案例库建设、促进人民法院审判工作现代化、支撑和服务中国式现代化作出更大贡献。同时,诚恳欢迎社会各界对丛书编辑提出意见建议,帮助我们不断进步。

谨致谢忱。

编辑委员会
2024 年 8 月 28 日

目录

民　事

1. 因怠于履行人身安全保障义务导致消费者遭受人身损害的VR游戏经营者应承担不作为侵权责任
   ——周某诉上海某有限公司生命权、身体权、健康权纠纷案　　3
   入库案例编号：2023-07-2-001-002　｜　法答网问题编号：C2024012200162

2. 对侵害英雄烈士名誉、损害社会公共利益的行为，英雄烈士近亲属不提起诉讼的，检察机关可提起民事公益诉讼
   ——浙江省杭州市西湖区人民检察院诉瞿某侵害英雄烈士董存瑞、黄继光名誉权民事公益诉讼案　　14
   入库案例编号：2023-07-2-006-004　｜　法答网问题编号：B2023110300110

3. 物业管理公司依据业主管理公约管理车辆进出不属于妨害物权
   ——舒某某等诉浙江某物业管理有限公司衢州分公司等排除妨害纠纷案　　21
   入库案例编号：2023-07-2-039-002　｜　法答网问题编号：C2024012300473

4. 违反预约合同应当承担相应的违约责任
   ——常州某房地产开发有限公司酒店分公司诉朱某餐饮服务合同纠纷案　　29
   入库案例编号：2023-07-2-075-001　｜　法答网问题编号：C2024032700612

5. 当事人订立房屋买卖合同作为民间借贷合同的担保且已将房屋过户登记在债权人名下，债权人经担保人同意以合理价格出售

房屋后,担保人主张债权人返还超出担保债权范围的剩余售房
款的应予支持
　　——韩某某诉黄某某确认合同无效纠纷案　　　　　　　　40
　　入库案例编号:2023-07-2-076-015 ｜ 法答网问题编号:C2023112401072、
C2023120500490

6. 银行在与借款人签订借款合同的同时,又通过与借款人签订债
权转让等其他合同方式收取费用的,应认定为变相收取利息的行为
　　——某甲实业公司诉某乙银行支行债权转让合同纠纷案　　53
　　入库案例编号:2023-07-2-079-001 ｜ 法答网问题编号:C2024022300796

7. 地下车位的权属与使用收益的归属并不随项目所有权转让而当
然转移给全体业主所有,具体应当结合实际情况综合判断
　　——某实业公司诉某物业管理公司物业服务合同纠纷案　　62
　　入库案例编号:2023-07-2-121-002 ｜ 法答网问题编号:C2023110900337

8. 带有"草签"字样的合伙协议在内容上不存在履行的法律及事
实障碍时,应视为可履行的正式合同
　　——李某、余某等诉雷某等合伙合同纠纷案　　　　　　　70
　　入库案例编号:2023-07-2-127-001 ｜ 法答网问题编号:C2023122200759

9. 被执行人到期债权的债务人不宜作为案外人提起执行异议之诉
　　——冯某、车某与李某、张某甲案外人执行异议之诉案　　77
　　入库案例编号:2024-07-2-471-001 ｜ 法答网问题编号:K2024022937787

10. 执行标的被查封后案外人依据另案生效裁判提出执行异议
的,不予支持
　　——河南某置业有限公司与周某、刘某案外人执行异议之诉案　　85
　　入库案例编号:2024-07-2-471-003 ｜ 法答网问题编号:K2023103110156

11. 骨灰安葬权可在尊重死者遗愿前提下根据"最亲近原则"确定
近亲属权利顺位
　　——贾某甲诉贾某丙返还原物纠纷案　　　　　　　　　　92
　　入库案例编号:2023-07-2-474-001 ｜ 法答网问题编号:C2023092600162

商　事

12. 格式合同中互联网金融平台披露义务的司法认定
    ——洪某某诉广西某甲科技股份有限公司委托合同纠纷案　　107
    入库案例编号：2023-08-2-119-004　｜　法答网问题编号：C2023102701466

13. "对赌协议"纠纷案件中股权回购约定涉及的股东优先购买权效力认定
    ——上海某某公司诉上海某某股权投资中心等、第三人叶某某股权转让纠纷案　　117
    入库案例编号：2024-08-2-269-001　｜　法答网问题编号：C2023102500494

14. 股权转让条款性质认定应以当事人真实意思表示为准，股权让与担保情形中名义股东原则上不享有股东权利
    ——吴某诉北京某某公司等公司决议纠纷案　　130
    入库案例编号：2024-08-2-270-001　｜　法答网问题编号：C2024013100984

15. 原油掉期交易中违约事件及违约责任应依约适用国际惯例予以认定
    ——某外资银行诉某石油公司金融衍生品种交易纠纷案　　139
    入库案例编号：2023-08-2-304-001　｜　法答网问题编号：D2023120800075

16. 商业汇票承兑人就提示付款申请一直未作应答或签收后却一直不兑付票据款的行为是否构成事实上的拒绝付款
    ——瑞安市某甲标准件厂诉重庆某乙财务有限公司、重庆某丙智造汽车有限公司票据追索权纠纷案　　149
    入库案例编号：2023-08-2-341-001　｜　法答网问题编号：C2024011700388

17. 申请人对不予受理破产申请的裁定可以申请再审
    ——上海某投资公司与烟台某经贸公司申请破产清算案　　161
    入库案例编号：2023-08-2-421-022　｜　法答网问题编号：C2023121300074

18. 不享有解除权的一方向另一方发出解除通知的司法认定

——天津某甲航空服务股份有限公司诉深圳市某乙公司、第三
　　　人广东华某丙发展有限公司合同纠纷案　　　　　　　　　　170
　　　入库案例编号:2023-08-2-483-007　|　法答网问题编号:C2023123000158

19. 公司注销后,公司遗留债权并不自然归于消灭
　　——潘某诉陈某、郭某与公司有关的纠纷案　　　　　　　　182
　　　入库案例编号:2024-08-2-494-001　|　法答网问题编号:C2023123100268

知识产权

20. 以具有不良影响的标志作为显著识别部分的包装装潢不能得
　　到《反不正当竞争法》的保护
　　——江苏某食品公司诉江苏南方某科技公司仿冒纠纷案　　　197
　　　入库案例编号:2023-09-2-173-020　|　法答网问题编号:E2023111700010

21. 侵害技术秘密纠纷中损害赔偿数额的认定
　　——某集团公司等诉嘉兴市某化工公司等侵害商业秘密纠纷案　　205
　　　入库案例编号:2023-09-2-176-016　|　法答网问题编号:E2024072500015

22. 区别技术特征的合理划分
　　——庞某诉国家知识产权局及原审第三人某新技术公司专
　　　利权无效行政纠纷案　　　　　　　　　　　　　　　　　　219
　　　入库案例编号:2023-13-3-024-021　|　法答网问题编号:E2023121300017

23. 通用名称的认定及农作物品种名称的规范使用
　　——某米厂诉某农业公司、某百货公司等侵害商标权纠纷案　　228
　　　入库案例编号:2023-13-2-159-001　|　法答网问题编号:E2023110200028

24. 关于专利侵权判断中"为生产经营目的"的认定
　　——焦某诉某研究所、北京市某局侵害发明专利权纠纷案　　　234
　　　入库案例编号:2023-13-2-160-056　|　法答网问题编号:E2024013100001

25. 以进一步限定方式修改的权利要求的侵权判定
　　——台州某公司诉浙江某公司、义乌某商行侵害实用新型专利

权纠纷案 242

入库案例编号：2023-13-2-160-061 ｜ 法答网问题编号：E2024052300013

26. 销售者合法来源抗辩的审查
——厦门某卫浴有限公司诉邯郸某门市侵害实用新型专利权
纠纷案 251

入库案例编号：2023-13-2-160-069 ｜ 法答网问题编号：E2023060800011

27. 利用他人已授权品种培育新品种后申请品种权及品种审定的
行为不构成侵权
——四川某公司诉清远市某科技中心侵害植物新品种权纠纷案 258

入库案例编号：2023-13-2-161-002 ｜ 法答网问题编号：E2024011200012

28. 确认不侵害专利权诉讼地域管辖连接点的确定
——某交通设施公司诉某新能源科技公司确认不侵害专利权
纠纷案 267

入库案例编号：2023-13-2-169-001 ｜ 法答网问题编号：E2023112400005

环境资源

29. 被告人滥伐林木破坏生态环境的，还应承担生态修复的民事责
任
——周某滥伐林木刑事附带民事公益诉讼案 279

入库案例编号：2023-11-1-354-001 ｜ 法答网问题编号：B2024031500047

30. 商业三者险对于行政机关代履行的道路交通事故环境污染处
置费用应否赔偿的认定
——某生态环境局诉金某、某物流公司等环境污染责任纠纷案 287

入库案例编号：2023-11-2-377-001 ｜ 法答网问题编号：C2023081400009

民 事

入库案例编号:2023-07-2-001-002 | 法答网问题编号:C2024012200162

1. 因怠于履行人身安全保障义务导致消费者遭受人身损害的 VR 游戏经营者应承担不作为侵权责任

——周某诉上海某有限公司生命权、身体权、健康权纠纷案

入库案例适用参考

关键词

民事　生命权、身体权、健康权　人身损害

裁判要旨

身处 VR(Virtual Reality,虚拟现实)环境中,玩家身体和意识的原有连接被打破,导致玩家大脑对身体的控制受到较大影响,较其在现实世界中玩游戏更加容易遭受人身损害。因此,经营者负有以积极行为防免危险、保护玩家人身安全的义务,即经营者应当事先询问玩家的身体状况,并告知其体验时的具体注意事项;当玩家体验时,经营者应当在现场派员工全程保护;经营者应当确保体验区域满足地面平整、可视可控、硬物软包等硬件安全要求。否则,经营者对消费者的人身损害存在过错,应当承担不作为侵权责任。

关联索引

《中华人民共和国民法典》第 3 条、第 1165 条、第 1179 条、第 1183 条(本案适用的是 2017 年 10 月 1 日施行的《中华人民共和国民法总则》第 3 条,2010 年 7 月 1 日施行的《中华人民共和国侵权责任法》第 6 条、第 16 条、

第 22 条)

《中华人民共和国消费者权益保护法》(2013 年修正)第 7 条、第 18 条

《最高人民法院关于审理人身损害赔偿案件适用法律若干问题的解释》(2022 年修正)第 6 条、第 7 条、第 9 条、第 11 条(本案适用的是 2004 年 5 月 1 日施行的《最高人民法院关于审理人身损害赔偿案件适用法律若干问题的解释》第 19 条、第 20 条、第 22 条、第 24 条)

基本案情

一审:上海市徐汇区人民法院(2019)沪 0104 民初 2553 号民事判决(2019 年 4 月 12 日)

二审:上海市第一中级人民法院(2019)沪 01 民终 7689 号民事判决(2019 年 8 月 26 日)

原告周某诉称:2018 年 8 月 19 日晚,原告周某到"某某 VR 虚拟现实游艺馆"体验 VR 游戏。体验前,原告周某明确告知被告上海某有限公司(以下简称某公司)员工,这是其第一次体验 VR 游戏。然而,整个游戏过程中,被告某公司并未告知原告周某注意事项,且除原告周某按门铃让被告某公司员工进场调换游戏场景外,被告某公司没有任何员工陪同。原告周某一再要求被告某公司派员工陪同,但被告某公司对此置之不理。后原告周某在游戏中因受到惊吓而摔倒受伤,遭受各项损失。因双方就赔偿事宜协商未果,原告周某提起诉讼,请求判令:(1)被告某公司赔偿医疗费 2602.70 元、交通费 356 元、营养费 180 元、护理费 450 元、误工费 615 元、精神损害抚慰金 5000 元、后续治疗费 1800 元;(2)被告某公司赔偿律师费 5000 元。

被告某公司辩称:其对原告周某摔倒受伤的事实予以确认,但对原告周某诉称的摔倒原因不予认可。原告周某体验的是一款在国外正规平台 STEAM 上发售的恐怖 VR 游戏。游戏中,原告周某需要头戴 VR 眼镜从停在高空的电梯中走出,然后跳下。由于原告周某恐高而迟迟不敢往前走,其同行的朋友为了好玩,就推原告周某往前走,结果将原告周某推倒受伤。涉案游戏是恐怖游戏,并非危险游戏。而且,某公司员工一直在原告周某身旁进行游戏指导。因此,原告周某摔倒受伤与被告某公司无关,被告某公司不同意原告周某的诉讼请求。同时,被告某公司表示,鉴于原告周某系其顾

客,其愿意补偿原告周某医疗费2602.70元、交通费356元、营养费90元、护理费120元、误工费615元,合计3783.70元。

法院经审理查明:2018年8月19日,原告周某与其朋友到被告某公司经营的VR游戏体验馆,体验VR游戏。原告周某体验的VR游戏场景为:游戏者在游戏中乘坐电梯至楼房高层,电梯门打开后,直接连接高空,游戏者沿一根木板走入空中,然后跳下。原告周某在体验该游戏时摔倒受伤。事发后,被告某公司的员工陪同原告周某至上海交通大学医学院附属第九人民医院治疗。经治疗,医生开具病情证明单,建议休息3日。原告周某在受伤后,已支出医疗费2598.70元、交通费358元以及律师费5000元。因双方就赔偿事宜协商未果,原告周某提起诉讼。被告某公司表示,原告周某系被其同行的朋友在游戏中推倒受伤。为此,被告某公司提供了录音证据。同时,被告某公司表示,虽然原告周某摔倒受伤与该公司无关,但因原告周某系本公司顾客,本公司愿意出于人道主义补偿原告周某医疗费2602.70元、交通费356元、营养费90元、护理费120元、误工费615元,合计3783.70元。原告周某表示,被告某公司提供的录音仅是片段,不能证明其系被朋友推倒。原告周某的朋友推周某,是因为原告周某头戴VR眼镜无法观察外部环境,在原告周某将要撞到墙壁的时候,其朋友才推了一下,防止原告周某撞到墙壁。

上海市徐汇区人民法院于2019年4月12日作出(2019)沪0104民初2553号民事判决:(1)驳回原告周某的全部诉讼请求;(2)被告某公司于本判决生效之日起10日内补偿原告周某3783.70元。一审宣判后,原告周某提出上诉。上海市第一中级人民法院于2019年8月26日作出(2019)沪01民终7689号民事判决:(1)撤销上海市徐汇区人民法院(2019)沪0104民初2553号民事判决;(2)被上诉人某公司应于本判决生效之日起10日内向上诉人周某赔偿款项共计4454.70元(包含医疗费2598.70元、交通费356元以及律师费1500元);(3)驳回上诉人周某的一审其余诉讼请求;(4)被上诉人某公司应于本判决生效之日起10日内向上诉人周某自愿补偿款项共计829元(包含医疗费4元、营养费90元、护理费120元以及误工费615元)。

裁判理由

法院生效裁判认为：第一，关于VR游戏的特性及其对经营者的要求。VR是借助特殊设备把人的意识带入一个由多种技术所生成的集视觉、听觉、触觉于一体的逼真虚拟环境中。沉浸性是VR最主要的特点，临境感是VR体验的核心。VR游戏中所显示的虚拟环境使玩家沉浸在计算机的虚拟世界中，玩家可以体验各种形式的恐怖、惊悚场景从而产生紧张情绪和行为。由于身处VR世界中，人的认知能力将不可避免地受到这种全新环境的影响，即玩家的身体和意识的原有连接已被打破，其自我认知、空间感、距离感和记忆受到虚拟世界的较大影响，必然导致其大脑对身体的控制受到较大影响。VR游戏的玩家较其在现实世界中玩游戏更加容易遭受人身损害。因此，玩家在体验VR游戏时，需要游戏经营者履行人身安全保障义务。第二，关于侵权责任的认定。被上诉人某公司在客观上未对上诉人周某履行人身安全保障义务，造成上诉人周某人身损害，被上诉人某公司不履行人身安全保障义务与上诉人周某遭受人身损害之间存在因果关系，且被上诉人某公司在主观上存在过错。因此，被上诉人某公司应当对上诉人周某遭受的人身损害承担不作为侵权责任。第三，关于赔偿项目及其金额的认定。根据法律及相关司法解释的规定，并结合现有证据，被上诉人某公司应当向上诉人周某赔偿医疗费2598.70元、交通费356元以及律师费1500元（共计金额4454.70元），并向周某补偿医疗费4元、营养费90元、护理费120元以及误工费615元（共计金额829元）。需要指出的是，被上诉人某公司在一审期间自愿向上诉人周某补偿医疗费2602.70元、交通费356元。鉴于民法中的填平原则以及侵权法的补偿功能，上诉人周某就医疗费2598.70元和交通费356元不应当获得双倍填补。

案例解读

VR这一颠覆性的人机交互技术已渗透到大众生活中的诸多领域，充分地展示了其广阔的发展前景和巨大价值。当VR技术扑面而来时，我们不仅应当关注如何进一步完善并利用这一技术设计更多的产品和服务，而且必须关注VR对人的个体的心理和生理的影响，确保安全使用。

一、VR 的基本特性及其对人的影响

（一）身临其境是 VR 体验的核心

VR 具有沉浸性、交互性、多感知性、构想性、自主性等特征。其中,沉浸性是 VR 最主要的特征,即让用户成为并感受到自己是计算机系统所创造环境中的一部分。沉浸性取决于用户的感知系统,当用户感知到虚拟世界的刺激时,包括触觉、味觉、嗅觉、运动感知等,便会产生思维共鸣,造成心理沉浸,如同进入真实世界。在各种 VR 体验区域内,我们常常可以看到一些佩戴头戴式显示器,拿着特制体感手柄的体验者不时发出尖叫声的画面。这是因为体验者已完全沉浸在 VR 设备所呈现的虚拟视觉效果中。可见,VR可以完全将人们带入现实以外的另一个世界中,临境感是 VR 体验的核心。VR 中的内容与现实场景越接近,用户体验到的临境感就越强,临境感越强,用户就越难以区分虚拟环境和现实环境。

（二）VR 对人的心理认知的影响

VR 对人的影响首先发生在心理认知层面。大脑需要在这个全新环境中重新学习在现实世界中很熟悉的内容,如控制自己的身体、记忆事物等。首先,VR 影响人的自我认知。VR 可以打破人的身体和意识的原有连接,使得外在形象得以重塑,并反过来影响人对自己和其他事物的理解。其次,VR 影响人的空间认知。VR 会对人的空间巡航能力产生影响,进而使人出现 VR 迷航现象。再次,VR 影响人的距离感知。与人在现实世界中感知到的距离相比,在 VR 世界中感知到的距离往往是被低估的。最后,VR 影响人的记忆。VR 模糊了现实世界与虚拟世界的边界,可能会使人产生错误记忆。[1]

（三）VR 是一种"出于本能"的体验

在 VR 环境中的人们对在 VR 中作用于其身上的行为会有生理上的反应。事实上,很多人不能立刻将对正在发生的事情的理性认知和身体所传达的不同信号区分开来。而且,即便是对那些能够立刻区分的人来说,身体

---

[1] 参见浙江大学心理与行为科学系李峙研究组、腾讯研究院 S-Tech 工作室:《身临其境:那些被 VR 影响的心灵、身体与社会》,上海教育出版社 2018 年版,第 19-60 页。

的反应也是不可忽略的。① 就涉案游戏而言,尽管玩家的理智告诉其不是真正站在远离地面的高空中,因为一分钟前其正站在一个平坦的房间里,且有人就站在其身边和其说话,但一部分人在这种虚拟场景下,不愿意走出去到那块板子上,因为这看上去太危险了;另一部分人由于感觉到恐慌而不得不把头戴式显示器脱下来。而那些即便是走出去了的人,部分人也不愿意踏上平板去体验掉下去的感觉,虽然这一步在现实中只是在一个普通房间里的平地上的一步而已。而且,即使是那些迈出脚步的人,那些可能是用他们对现实的周围环境的明确认知来控制他们感官认识的人,也总是在他们迈出那一步的时候身体向前倾,因为他们的身体发出了他们正在下落的信号。②

二、VR 游戏体验对经营者的要求

在 VR 游戏中所显示的虚拟环境使玩家沉浸在计算机的虚拟世界中,玩家可以体验各种形式的恐怖、惊悚场景,从而产生紧张情绪和行为。由于身处 VR 环境中,人的认知能力将不可避免地受到这种全新环境的影响,且 VR 游戏更富有冒险性、刺激性,VR 游戏的玩家较其在现实世界中玩游戏更加容易遭受人身损害。

就涉案游戏场景而言,在现实世界中,除非有特殊保护或者发生异常情况,人是不会有此种体验和经历的。当玩家佩戴上 VR 游戏显示器后,在体验 VR 游戏时,其将看不到自己真实的身体,从而使玩家忽略自己原本身体的存在。虽然从旁观者的角度来看,玩家是站在没有危险的体验区域的平地上,但此时玩家的身体和意识的原有连接已被打破,玩家的大脑突然进入一个并不熟悉的虚拟世界,玩家的自我认知、空间感、距离感和记忆受到虚拟世界的较大影响,导致其大脑对身体的控制必然受到较大影响。本案中,周某受伤的部位是下颌(裂伤),这恰恰与前文所述的玩家在体验涉案 VR 游戏时存在身体向前倾的本能反应是相吻合的。当周某在游戏中从高空中

---

① See Mark A. Lemley & Eugene Volokh, *Law, Virtual Reality And Augmented Reality*, 166 U. PA. L. Rev. 1051(2018).

② See Mark A. Lemley & Eugene Volokh, *Law, Virtual Reality And Augmented Reality*, 166 U. PA. L. Rev. 1051(2018).

的木板上往下跳时,周某出于本能,身体自然而然地会向前倾,但由于在虚拟环境中人的大脑对身体的控制会受到较大的影响,最终导致周某摔倒受伤。

基于上述原因,玩家在体验VR游戏时需要游戏经营者积极作为,履行对消费者的人身安全保障义务,即经营者应当事先询问玩家的身体状况,并告知其体验时的具体注意事项;当玩家选择某款游戏后,经营者应当向玩家告知该款游戏的基本情况以及操作要点;当玩家在体验时,经营者应当派工作人员在现场全程保护,且该工作人员应当与玩家保持能够有效阻止危险发生的距离,或者对玩家的身体予以半固定;当玩家在体验时,经营者的工作人员应当禁止他人进行言语恐吓以及擅自进入体验区域。同时,在硬件方面,经营者在体验区域应当安装摄像头,并保证该摄像头的正常运行;经营者应当确保体验区域的地面平整、干燥以及覆盖有安全地垫,体验区域的面积应当符合游戏的安全要求;经营者应当对体验区域内容易发生人身损害的硬物进行软包。

三、经营者侵权责任的认定

(一)关于本案的法律适用

周某上诉称,本案应当适用《最高人民法院关于审理人身损害赔偿案件适用法律若干问题的解释》(2003年)第6条、《侵权责任法》第37条规定认定某公司违反安全保障义务。对此,我们持否定意见。《侵权责任法》第37条对承担安全保障义务的责任主体作出了严格限制。该条采用封闭式列举的方式,没有设置兜底条款,仅将责任主体限制为两类,即公共场所的管理人和群众性活动的组织者。本案中,其一,某公司不是公共场所的管理人。虽然不特定的社会公众只要有体验VR游戏的意愿,并愿意向某公司支付价款,均可以进入某公司所经营的VR游戏体验馆进行消费,但当不特定的人进入体验馆后,每次具体在体验区域进行体验的消费者却是特定的人。本案中的体验者是周某。因此,VR游戏体验馆的体验区域不宜被认定为公共场所。就体验区域而言,某公司不是公共场所的管理人。其二,某公司不是群众性活动的组织者。因为群众性活动的主要特点是:活动参与人数的庞杂性、活动开展的非普遍性、有组织性。① 同时,需要指出的是,尽管某公司在本案中应当对周某遭受人身损害承担不作为侵权责任,但不宜将《侵权责任法》第37条视为不作为侵权的一般条款而加以适用,毕竟违反安全保障义务只是不作为侵权的一种类型。本案应当适用《侵权责任法》第6条第1款。

(二)某公司在客观上未对周某履行人身安全保障义务

加害行为依其表现形态的不同,可以分为作为和不作为。作为是指行为人积极的举止动作,即有所为。而不作为则是指不做某件事情,从外界表现来看,行为人乃是处于消极的静止状态,什么也没干,即有所不为。② 与作为相比,不作为同样具有行为性。③ 当然,不作为之成立侵权行为,须以有作为义务的存在为前提,④即行为人负有以自己的积极行为防免危险、保护他人权益的义务。⑤ 这种特定的作为义务不是一般的道德义务,而是法律规定、行业习惯、合同约定以及基于特定关系所要求的具体义务。积极作为义务的产生为不作为侵权的认定,提供了关键性的判断依据。

本案中,周某系体验VR游戏的消费者,而某公司是VR游戏体验馆的专业经营者,双方当事人在涉案人身损害事故发生时存在服务合同关系,即某公司向周某提供VR游戏体验服务,周某则向某公司支付价款。人身权、财产权是自然人的基本民事权利。因此,消费者的人身与财产安全是其最基本的利益所系,安全权亦是消费者最基本的权利。⑥ 消费者这一基本权利的实现,需要经营者保证其提供的商品或者服务具有足够的安全性。《消费者权益保护法》第7条规定:"消费者在购买、使用商品和接受服务时享有人身、财产安全不受损害的权利。消费者有权要求经营者提供的商品和服务,符合保障人身、财产安全的要求。"第18条第1款规定:"经营者应当保证其提供的商品或者服务符合保障人身、财产安全的要求。对可能危及人身、财

---

① 参见王利明:《侵权责任法研究》(下卷)(第2版),中国人民大学出版社2016年版,第172页。
② 参见程啸:《侵权责任法》(第2版),法律出版社2015年版,第210-211页。
③ 参见蔡唱:《不作为侵权行为研究》,法律出版社2009年版,第67-73页。
④ 参见王泽鉴:《侵权行为》(第3版),北京大学出版社2016年版,第110页。
⑤ 参见杨垠红:《不作为侵权责任之比较研究》,法律出版社2012年版,第13页。
⑥ 参见李昌麒、许明月编著:《消费者保护法》(第4版),法律出版社2014年版,第93页。

产安全的商品和服务,应当向消费者作出真实的说明和明确的警示,并说明和标明正确使用商品或者接受服务的方法以及防止危害发生的方法。"据此,某公司作为经营者对作为消费者的周某负有法律规定的人身安全保障义务。而且,从周某和某公司之间存在的服务合同的角度来看,该合同同样确立了某公司对周某负有人身安全保障义务。事实上,这两种义务是竞合的,即经营者对消费者的人身安全保障义务既是法律规定的义务,也是合同约定的义务。该义务要求某公司采取积极措施,保护周某的人身安全,防止周某的人身权益遭受损害。

就法律性质而言,上述人身安全保障义务属于某公司的作为义务。但是,某公司没有积极履行对周某的人身安全保障义务,即不作为。首先,某公司没有提供充分证据证明其在周某体验VR游戏前,确认过周某的身体状况并履行过安全告知义务。其次,某公司没有提供充分证据证明周某在体验VR游戏时,该公司员工全程陪同且与周某保持能够有效阻止危险发生的距离。某公司提供录音证据主张周某系被其朋友推倒,但这恰恰表明某公司自认其在周某体验VR游戏时,未能及时有效地制止旁观的非体验者擅自进入体验区域。再次,从某公司提供的体验区域的照片来看,体验区域的地面是硬质的木地板,其上并未覆盖安全地垫。最后,尽管某公司表示VR游戏体验区域安装有摄像头,但其却无法提供当时的监控视频,而对此该公司只是解释摄像头当时因发生故障而无法正常运行。因此,某公司对周某的加害行为系其不作为,即未积极采取措施排除潜在威胁周某人身安全的危险。

(三)周某遭受人身损害

周某在体验VR游戏时摔倒受伤,经医院诊断为下颌裂伤。医院向周某开具病情证明单,建议休息3日。为治疗伤处,周某实际支出医疗费、交通费等。

(四)某公司不履行人身安全保障义务与周某遭受人身损害之间存在因果关系

周某在体验区域体验VR游戏时因摔倒而受伤。周某之所以会摔倒,与某公司未积极履行对消费者的人身安全保障义务密切相关。尽管某公司曾提供录音证据,以证明周某系被其朋友推倒而受伤的,但该录音证据充其量只能证明周某的朋友在周某体验游戏时,曾推过后者,不能证明周某受伤系其朋友将其推倒所致。因为"推"与"推倒"是两个不同概念。据该录音证据显示,周某的朋友只是承认其曾推过周某,但坚决否认其推倒了周某。因此,从现有证据来看,某公司无法证明系第三人行为造成周某摔倒受伤。

(五)某公司在主观上存在过错

某公司并非普通的民事主体,而是专业经营 VR 游戏体验馆的商事主体,对所提供游戏的内容非常熟悉,对游戏可能给消费者造成的正常心理和生理反应应当能够预见。而且,某公司本身完全具备预防、控制消费者因体验 VR 游戏而发生人身损害事故的能力。但是,某公司却未尽应有的安全注意义务。事实上,鉴于 VR 游戏体验对玩家的心理认知会产生较大影响,且是一种"出于本能"的体验,与现实世界中的游戏体验相比,更加容易发生人身损害事故,某公司对安全的注意程度必然要比普通游戏经营者更高。同时,周某系具有完全民事行为能力的成年人,但由于涉案 VR 游戏内容恐怖、惊悚和刺激,周某在体验过程中,因其大脑无法如在现实世界中那样安全、合理地控制自己的身体而摔倒受伤。此由游戏体验而产生的心理和生理反应完全正常,无可指责。而且某公司并未提供充分证据证明周某在整个体验过程中在主观上存在过错。

解读撰写人:上海市第一中级人民法院　韩朝炜

法答网问题链接

本案例从名誉权公益诉讼视角回应了法答网第 C2024012200162 号问题,即关于消费者体验 VR 游戏遭受人身损害的侵权责任应如何认定的问题。

VR 游戏借助特殊设备把玩家的意识带入一个由多种技术所生成的集视觉、听觉、触觉于一体的虚拟环境。全新环境打破玩家身体和意识的原有连接,显著影响玩家大脑对身体的控制能力。相较于现实世界,玩家在虚拟环境中认知水平的降低使玩家更容易遭受人身损害。鉴于 VR 游戏的特点,案例围绕消费者体验 VR 游戏遭受人身侵害的侵权责任认定,聚焦 VR 游戏经营者与消费者间的法律关系,不仅明确了 VR 游戏经营者侵权责任的法律性质,还列举了经营者承担不作为侵权责任的具体情形,对于类案的审理具有典型意义。

入库案例编号：2023-07-2-006-004　　法答网问题编号：B2023110300110

2. 对侵害英雄烈士名誉、损害社会公共利益的行为，英雄烈士近亲属不提起诉讼的，检察机关可提起民事公益诉讼

——浙江省杭州市西湖区人民检察院诉瞿某侵害英雄烈士董存瑞、黄继光名誉权民事公益诉讼案

入库案例适用参考

关键词

民事　名誉权　民事公益诉讼　社会公共利益　网络侵权

裁判要旨

以文字恶搞等方式亵渎英雄烈士事迹，不仅侵害英雄烈士本人的名誉权，给英雄烈士亲属造成精神痛苦，也伤害社会公众的民族和历史感情，损害社会公共利益，应当承担民事责任。英雄烈士的名誉神圣不可侵犯。对侵害英雄烈士名誉，损害社会公共利益的行为，英雄烈士没有近亲属或者近亲属不提起诉讼，检察机关依法向人民法院提起民事公益诉讼的，人民法院应予受理。

关联索引

《中华人民共和国民法典》第185条（本案适用的是2017年10月1日施行的《中华人民共和国民法总则》第185条）

《中华人民共和国英雄烈士保护法》第22条、第25条、第26条

基本案情

一审:杭州互联网法院(2019)浙0192民初9762号、9763号民事判决(2019年11月19日)

瞿某在其经营的网络店铺中出售两款贴画,该贴画所印内容含有涉董存瑞、黄继光形象的不当文字。杭州市某居民在该店购买了上述印有董存瑞、黄继光宣传形象及配文的贴画后,认为案涉网店经营者侵害了董存瑞、黄继光的名誉并伤害了其爱国情感,遂向杭州市西湖区人民检察院举报。杭州市西湖区人民检察院就瞿某侵害英雄烈士董存瑞、黄继光名誉权提起民事公益诉讼,请求判令:被告瞿某停止侵害英雄烈士董存瑞、黄继光名誉的行为;被告瞿某在全国有影响力的媒体上公开赔礼道歉、消除影响。瞿某辩称:该贴画销量极少,网上显示的库存系其随意填写,同时表示其已经认识到自身错误,愿意当庭赔礼道歉,希望得到英雄烈士家属和社会各界的谅解。

杭州互联网法院于2019年11月19日作出(2019)浙0192民初9762号、9763号民事判决:(1)被告瞿某立即停止侵害英雄烈士董存瑞、黄继光名誉权的行为,即销毁库存、不得再继续销售案涉贴画;(2)被告瞿某于本判决生效之日起10日内,在国家级媒体公开赔礼道歉、消除影响(公告刊登的媒体及内容需经本院审核)。逾期不履行,本院将在国家级媒体刊登判决书的主要内容,所需费用由被告瞿某承担。一审判决作出后,各方均未上诉,一审判决生效。

裁判理由

法院生效裁判认为:英雄烈士董存瑞在"解放战争"中舍身炸碉堡,英雄烈士黄继光在"抗美援朝"战争中舍身堵枪眼,用鲜血和生命谱写了惊天动地的壮歌,体现了崇高的革命气节和伟大的爱国精神,是社会主义核心价值观的重要体现。任何人都不得歪曲、丑化、亵渎、否定英雄烈士的事迹和精神。被告瞿某作为中华人民共和国公民,应当崇尚、铭记、学习、捍卫英雄烈士,不得侮辱、诽谤英雄烈士的名誉。其通过网络平台销售亵渎英雄烈士形象贴画的行为,已对英雄烈士名誉造成贬损,且主观上属明知,构成对董存瑞、黄继光的名誉侵权。同时,被告瞿某多年从事网店销售活动,应知图片一经发布即可能被不特定人群查看,商品一经上线便可能扩散到全国各地,但其仍然在网络平台发布、销售上述贴画,造成了恶劣的社会影响,损害了社会公共利益,依法应当承担民事法律责任。英雄烈士的名誉神圣不可侵犯。对侵犯英雄烈士名誉的行为,英雄烈士的近亲属可以依法向人民法院提起诉讼。英雄烈士没有近亲属或者近亲属不提起诉讼的,检察机关依法对侵害英雄烈士名誉,损害社会公共利益的行为向人民法院提起诉讼。两案中,董存瑞、黄继光均无近亲属提起诉讼,且两案系瞿某通过网络平台销售案涉贴画,属于互联网法院有权管辖的互联网公益诉讼案件,故杭州市西湖区人民检察院作为公益诉讼起诉人向法院提起两案诉讼,主体适格,程序合法。杭州市西湖区人民检察院要求瞿某停止侵权,并在国家级媒体公开赔礼道歉、消除影响,于法有据,法院予以支持。

案例解读

《民法典》开宗明义、旗帜鲜明地将弘扬社会主义核心价值观作为立法宗旨,从基本原则到制度规范、具体规则,通篇都体现着社会主义核心价值观的要求。一方面,《民法典》将弘扬社会主义核心价值观外化为平等、自愿、公平、诚实信用、公序良俗和绿色等民法基本原则,并贯穿始终。另一方面,《民法典》通过一系列具体规则弘扬社会主义核心价值观,如《民法典》第185条规定了对英雄烈士人格利益的保护。社会主义核心价值观在《民法典》中转化为正式法源的法律原则与法律规则在司法适用中均可以作为说理依据和裁判依据,但为避免出现以往司法实践中对社会主义核心价值观的适用存在的适用对象模糊、规则逃逸、裁判理由不稳定及论理干涩等问题,提升社会主义核心价值观司法适用效果,现以本案为例厘清其适用规则。

一、司法裁判应以弘扬社会主义核心价值观为基本导向

在司法裁判时,法官要遵循法律精神和原则,深刻领会社会主义核心价值观的丰富内涵,准确把握其在国家层面、社会层面和公民层面的具体要求,把社会主义核心价值观融入公正司法的全过程,切实发挥司法的教育、评价、指引、示范功能,树立行为规则,引领社会风尚。近年来,社会上出现了以各种手段歪曲历史事实、侮辱、诽谤英雄人物和烈士的现象,亟须治理。两案中,在认定被告瞿某损害了董存瑞、黄继光等英雄烈士个人名誉权的同时,还特别强调侵权行为同时损害了社会公共利益,使保护革命英烈个人名誉与维护爱国主义精神、尊重公众的民族与历史感情、弘扬社会主义核心价值观相贯通,增强了对革命英烈的司法保护力度,为网络空间注入尊崇英雄、热爱英雄、景仰英雄的法治能量,对于旗帜鲜明维护英雄烈士光辉形象,维护中华民族的共同历史记忆和社会主义核心价值观具有重要的示范指导作用。

二、确保法律规则的优先适用

《民法典》第1条将"弘扬社会主义核心价值观"定位为立法目的,没有直接规范具体的法律关系。如若直接将社会主义核心价值观作为裁判说理的唯一依据,则违背法理,势必破坏法律体系的稳定性。在法律规则有明确规定的情况下,适用社会主义核心价值观应当遵循"法律规则—法律原则—社会主义核心价值观"的顺序。具体而言,对于有法律规范可以适用的案件,应当优先适用法律规范,不得以社会主义核心价值观取代法律规范。对于已经转化为法律规范的社会主义核心价值观,应当优先适用转化的法律规范,可以运用法律解释等方法揭示其意涵。[①] 两案中,明确优先适用《民法总则》第185条等具体法律规则,并在裁判说理时围绕上述法律规则作为大前提进行论述,有力确保了司法裁判的合法性和规范性。

三、注意蕴含社会主义核心价值观的法律规则与其他法律规范的复合适用

虽然从裁判基本规则上看,对于已经转化为法律规则的社会主义核心价值观,可以直接作为裁判依据适用,但是蕴含社会主义核心价值观的条款因社会主义核心价值观自身的开放性,致使其缺乏含义的唯一性,故需要与其他规范复合适用。以两案为例,《英雄烈士保护法》第26条规定:"以侮辱、诽谤或者其他方式侵害英雄烈士的姓名、肖像、名誉、荣誉,损害社会公共利益的,依法承担民事责任;构成违反治安管理行为的,由公安机关依法

[①] 参见于洋:《论社会主义核心价值观的司法适用》,载《法学》2019年第5期。

给予治安管理处罚;构成犯罪的,依法追究刑事责任。"根据立法资料,该条款的确立是为了保护英雄烈士的人格权,弘扬社会主义核心价值观,事实上是蕴含社会主义核心价值观的法律规则。但是,在适用该条款时,需要与《英雄烈士保护法》第3条"英雄烈士事迹和精神是中华民族的共同历史记忆和社会主义核心价值观的重要体现"进行复合适用才能清晰阐述"社会公共利益"的内涵。因此,在援引这些法律规则或者裁判说理时,需要与其他法律规范结合起来进行体系化理解,对蕴含社会主义核心价值观的条款进行具体化,在实质上形成内在融贯的价值标准,既能保证遵循依法裁判的思维路径,又能合理证成裁判的可接受性。

四、具备"更强理由"才能适用蕴含社会主义核心价值观的法律原则

对于转化为法律原则的社会主义核心价值观,表现为两种形式:一是将社会主义核心价值观整体转化为法律原则,如《民法典》第1条;二是将某一个社会主义核心价值观转化为法律原则,如《民法典》第4条至第9条等规定的平等、自愿、公平、绿色等原则。基于运用既有法律规则进行裁判是法官尊重法律、保证公民守法行为连续一贯性的应有要求,将转化为法律原则的社会主义核心价值观作为裁判依据具有严格的适用条件:一是穷尽法律规则,要求裁判活动遵循预先设定的一般性规范,并且以规则体系的标准来审理案件。如果存在相关规则缺位,蕴含社会主义核心价值观的法律原则发挥着填补法律漏洞的功能。二是虽然存在法律规则,但是假如适用法律规则可能导致个案极端不公正的后果,则需要对法律规则的正确性进行实质审查,提出"更强理由"援引法律原则进行裁判。由于适用法律原则的裁判,本质上是依据法律体系内的价值判断为个案判决提供合理化论证,所以必须经由一个说理性的"更强理由"论证过程来解释为何某条法律原则可以作为当下个案的裁判依据。[①] 在两案中,规范援引侵害英雄烈士名誉权损害社会公共利益的,应当承担民事责任等具体法律规则,避免出现仅适用蕴含社会主义核心价值观的法律原则而形成"规则逃逸"。

---

① 参见于洋:《论社会主义核心价值观的司法适用》,载《法学》2019年第5期。

五、采用合理修辞语言提高司法裁判质量、弘扬社会主义核心价值观的效果

为真正地将社会主义核心价值观融入司法裁判中,提高裁判结论的可接受性,发挥社会主义核心价值观的教育及价值引导功能,在裁判说理时应合理依托通俗化、生动形象的语言修辞和比喻、排比等遣词造句的技巧来连接法律与政治、道德等。需要注意的是,在积极修辞方法的运用中,应该始终将法律作为修辞语言运用的前提,诉诸个案争议焦点,注重与法律解释及法律推理等方法的协调与融合,防止法律规范意义的隐退及法外因素过度地引入。[①] 在两案中,通过"英雄烈士是国家的精神坐标,是民族的不朽脊梁。英雄烈士董存瑞在'解放战争'中舍身炸碉堡,英雄烈士黄继光在'抗美援朝'战争中舍身堵枪眼,用鲜血和生命谱写了惊天动地的壮歌,体现了崇高的革命气节和伟大的爱国精神,是社会主义核心价值观的重要体现。任何人都不得歪曲、丑化、亵渎、否定英雄烈士的事迹和精神""英雄烈士的名誉神圣不可侵犯"等语言修辞进行裁判说理,贴近当事人与社会公众,易于唤起情感共鸣,有效提升了裁判说理可接受性,取得了法律效果、社会效果和政治效果的高度统一。

总之,为实现社会主义核心价值观的规范性司法适用,发挥《民法典》作为社会主义核心价值观重要法律载体的功能,需要厘清社会主义核心价值观的内涵与性质,根据蕴含社会主义核心价值观的法律原则、法律规则等不同表现形式区分适用方式,依托法律方法提升社会主义核心价值观适用说理的充分性,使符合社会主义核心价值观的行为得到倡导和鼓励,违背社会主义核心价值观的行为受到制约和惩处,以公正裁判确立行为规则,引领社会新风尚,促进人民在理想信念、价值理念、道德观念上紧紧团结在一起,为推动法治中国、平安中国建设提供有力司法服务和保障作用。

六、检察机关提起侵害英雄烈士名誉权公益诉讼的条件

依照《民事诉讼法》第 55 条和《英雄烈士保护法》第 25 条的规定,对侵害英雄烈士名誉,损害社会公共利益的行为,英雄烈士没有近亲属或近亲属

---

① 参见于洋:《论社会主义核心价值观的司法适用》,载《法学》2019 年第 5 期。

不提起诉讼的,检察机关可以依法对侵害行为向人民法院提起民事诉讼。依照上述规定,检察机关提起民事公益诉讼应当具备下列条件:一是发生了侵害英雄烈士名誉、损害公共利益的行为;二是英雄烈士近亲属不提起民事诉讼。最高人民检察院发布的第十三批第51号指导性案例也明确了上述条件。两案中,英雄烈士黄继光、董存瑞均无近亲属提起诉讼,因此,人民检察院作为公益诉讼起诉人可以向人民法院提起诉讼。

解读撰写人:杭州互联网法院　杜前　曾宪未

法答网问题链接

本案例回答了法答网第B2023110300110号问题,即关于检察公益诉讼范围的问题。

英雄烈士事迹和精神是中华民族的共同历史记忆和社会主义核心价值观的重要体现,其姓名、肖像、名誉、荣誉等人格利益属于社会公共利益。案例明确英雄烈士人格利益的法律性质,明确英雄烈士没有近亲属或者近亲属不提起诉讼的,检察机关出于保护社会公共利益的目的,可以提起公益诉讼。

入库案例编号:2023－07－2－039－002　　法答网问题编号:C2024012300473

3. 物业管理公司依据业主管理公约管理车辆进出不属于妨害物权

——舒某某等诉浙江某物业管理有限公司衢州分公司等排除妨害纠纷案

入库案例适用参考

关键词

民事　排除妨害　妨害物权　业主管理公约　物业服务行为

裁判要旨

获得2/3以上的业主赞成通过的管理公约,对业主具有约束力。物业管理公司执行管理公约中关于限制业主车辆自由进入小区之规定的物业服务行为,不属于妨害物权。业主请求排除妨害的,不予支持。

关联索引

《中华人民共和国民法典》第280条、第286条(本案适用的是2007年10月1日施行的《中华人民共和国物权法》第78条、第83条)

基本案情

一审:浙江省衢州市衢江区人民法院(2019)浙0803民初3907号民事判决(2020年3月9日)

二审:浙江省衢州市中级人民法院(2020)浙08民终360号民事判决(2020年5月8日)

原告舒某某、叶某等诉称:原告均系衢州市某小区业主,被告为小区物业管理公司,为小区提供物业服务。被告自2019年5月起,无端阻拦原告等人的车辆进出该小区,原告多次与被告沟通无果,向社区反映,报警均不能处理。原告认为,被告是小区的物业管理公司,应为小区业主营造良好的居住环境,为进出小区提供便利。现被告不仅不提供服务,反而阻碍原告等业主自由出入小区,其行为已构成侵权。因此请求法院判令:(1)被告允许原告驾驶的车辆自由进出案涉小区,排除妨害。(2)诉讼费用由被告承担。

被告浙江某物业管理有限公司衢州分公司、浙江某物业管理有限公司辩称:被告作为案涉小区的物业服务管理公司,系依照约定履行物业管理责任,不存在侵权。

法院经审理查明:原告舒某某与叶某、林某与廖某某、史某某与赵某、江某某与周某某、陆某某与林某某系夫妻关系,均系衢州市衢江区案涉小区业主,浙H9S×××、浙H16×××、浙H86V×××、浙H8D×××、浙H2×××分别是原告舒某某、林某、史某某、周某某、陆某某驾驶的车辆,被告系案涉小区前期物业服务管理公司。案涉小区建成后,因地面停车位仅有27个,不能满足全体业主车辆停放要求,导致部分业主将车辆停放在车位之外的小区道路上。2019年4月10日,衢州市公安消防支队衢江区大队(以下简称衢江消防大队)、衢州市衢江区住房和城乡建设局(以下简称衢江住建局)经实地演练测试后发布《温馨告示》,载明"案涉小区内道路上不应停放机动车辆,也无法增设机动车临时停车位"。此后,为落实文明城市创建要求,加强小区车辆管理,被告结合业主建议以及此前衢江区信访办调处意见,制定了《管理公约》,并由衢江住建局、某社区、小区联系部门衢江区委办党支部于2019年4月22日至25日向业主征求意见,在总计1003户业主中,赞同727户,反对119户,不配合78户,保留意见68户,随大溜3户,中立意见6户,弃权2户。2019年4月26日,衢江房管处、某社区对上述征求意见的结果进行了公示,两被告也开始按照上述《管理公约》内容对小区车辆进行管理。根据《管理公约》载明的内容,业主可持身份证、不动产证、行驶证等资料到物业前台办理车辆信息登记并录入系统,所有登记车辆均可自由出入小区;小区路面27个地面停车位先到先得,停满后,有车库业主需将车辆停入地下车库,无车库业主需自行驶离小区;实行临时停靠制度,临时停靠时,车辆需打双闪,停靠时间不得超过30分钟;对违规停放的车辆,物业公司将进行文明劝阻,劝阻后仍不配合,报综合执法局、公安交警及消防部门处理。出现类似行为累计3次的,删除车辆的识别信息。《管理公约》实施后,因原告林某驾驶的浙H16×××、史某某驾驶的浙H86V×××、周某某驾驶的浙H8D×××、陆某某驾驶的浙H2×××车辆均违反上述《管理公约》累计3次以上,故被告依照《管理公约》规定将上述车辆的自动识别信息删除。此后,双方多次因为通行问题发生纠纷。另查明,被告未删除浙H9S×××车辆的自动识别信息。

浙江省衢州市衢江区人民法院于2020年3月9日作出(2019)浙0803民初3907号民事判决:驳回原告舒某某、叶某、林某、廖某某、史某某、赵某、江某某、周某某、陆某某、林某某的诉讼请求。宣判后,原告舒某某、叶某、林某、廖某某、史某某、赵某、江某某、周某某、陆某某、林某某提起上诉。浙江省衢州市中级人民法院于2020年5月8日作出(2020)浙08民终360号民事判决:驳回上诉,维持原判。

裁判理由

法院生效裁判认为:业主大会的决定,对业主具有约束力,业主应当遵守业主大会制定的管理规约。业主在行使物权时,应当遵守法律,尊重社会公德,不得损害公共利益和他人合法权益。本案中,被告作为案涉小区的前期物业服务管理公司,为解决因车多位少引发的停车纠纷,在结合业主建议以及衢州市衢江区信访局调处意见的基础上,制定了《管理公约》,并经意见征集,获得2/3以上的业主赞成,故上述《管理公约》对包括原告在内的小区业主均具有约束力。诉讼中,原告提出《管理公约》征求意见的结果不真实,但未提供证据证明,故对其所述意见不予采信。因原告林某驾驶的浙H16×××、史某某驾驶的浙H86V×××、周某某驾驶的浙H8D×××、陆某某驾驶的浙H2×××车辆多次不按规定停放,违反《管理公约》3次以上,且又拒绝签署自愿遵守《管理公约》的承诺书,为确保小区消防安全,两被告依据《管理公约》对上述车辆实施管理,并无不当。庭审中,被告明确提出,如原告书面承诺遵守《管理公约》,可以恢复其登记车辆的自动识别信息,使其进出小区不受影响,但上述原告仍明确表示拒绝遵守《管理公约》,该事实足以表明,原告驾驶的车辆之所以失去进出小区的便利,完全系因其自身拒不承担文明停车的义务所致,由此导致的不利后果亦应由其自行承担。至于原告舒某某驾驶的浙 H9S×××车辆通行问题,因被告辩称其并未将该车的自动识别信息删除,而原告舒某某、叶某亦未提供证据证明侵权事实存在,故对其诉讼请求亦不予支持。

案例解读

近年来,随着私家车越来越多进入寻常百姓家,小区内停车资源不足等社会问题日益突出。面对停车位不足的情况,一些文明素质不高的业主,随意将车辆停放在非规划车位的小区公共道路上,影响业主通行,加大消防安全隐患。对此,有的物业公司对部分车辆进入小区实行限行,引发与业主之间的纠纷并诉至法院。如何把握此类案件裁判尺度,成为司法实践中争议的热点问题。

一、司法对介入业主内部自治规则应持审慎态度

在业主制定了小区车辆通行自治规则的情况下,自治规则的适用存在分歧时,司法权是否应当介入?有学者认为,司法是维护公正的最后一道防线,即便存在业主自治规则,司法亦可随时介入。有学者认为,司法应尊重业主之间形成的自治规则,不能将自己认为恰当与否的标准强加给小区,司法不应干预一切。从立法者态度来看,《物权法》第 78 条第 2 款①规定,业主大会或者业主委员会作出的决定侵害业主合法权益的,受侵害的业主可以请求人民法院予以撤销。由此可见,我国法律赋予了法院对业主公约进行审查的权利。本案中,作为业主的原告以其通行权受到侵犯为由向法院起诉,鉴于通行权本身是民事基本权利,事关建筑物区分所有权能否有效行使,对此,司法不应视而不见,不能仅以争议涉及业主自治规则为由,将原告的起诉简单排除在司法大门之外。

关于司法介入业主自治的尺度把握问题,笔者认为,现代法治国家,自治权存在的意义在于防止国家公权对社会的过度挤压与侵蚀,司法权应当

---

① 现为《民法典》第 280 条第 2 款:"业主大会或者业主委员会作出的决定侵害业主合法权益的,受侵害的业主可以请求人民法院予以撤销。"

为社会自治保留必要的空间,只有当自治权的行使受阻或者自治权的运行突破了法治的框架时,国家公权力才有合理干预之必要。本案中,原告提起的并非《物权法》第78条规定的业主撤销业主公约的案件,而是物权纠纷案件,两类案件看似雷同,实则存有差异:一是起诉对象不同。物权纠纷一般以物业公司、业主等为被告,而撤销业主公约案件则以业主委员会为被告。二是利害关系涉及的范围不同。物权纠纷中,利害关系仅限于诉讼当事人之间,而在业主撤销业主公约案件中,全体业主都是利害关系人。笔者认为,当事人是自身利益的最佳判断者,法律不能越俎代庖地代替当事人进行选择,在司法对业主自治规则审查尺度的把握上,应持慎重态度,保持合理克制,除非严重侵犯业主基本权利或者程序严重违法,否则,应优先将业主自治规则作为判断当事人行为合理性的依据。

二、物业参与小区治理应明确自身权利边界

(一)物业不得自行任意限制业主权利

《物权法》第81条[①]规定,业主可以自行管理建筑物及其附属设施,也可以委托物业服务企业或者其他管理人管理。长期以来,由于我国物业管理相关法律法规以及理论研究相对滞后,人们对业主与物业服务企业之间存在何种性质的法律关系,存在模糊认识。事实上,物业管理合同是业主作为委托人和特定物业管理企业作为受托人约定,由受托人处理委托人交办的物业管理事务的合同。委托人交办是物业开展管理服务的前提,非经业主同意,物业公司一般不得对业主权利进行限制或剥夺。然而,实践中,有的物业服务企业找不准自己的位置,常"反客为主",有的在没有法定依据的情况下,随意处分小区共有财产或侵害限制业主合法权益,造成与业主关系紧张。具体到通行权问题上,笔者认为,通行权是建筑物区分所有权的延伸,必须按照建筑物区分所有权的规则来行使权利,原则上,在没有取得业主的明确授权的情况下,物业公司不得自作主张,径行对业主包括其车辆进入小区进行限制。

---

① 现为《民法典》第284条:"业主可以自行管理建筑物及其附属设施,也可以委托物业服务企业或者其他管理人管理。"

(二）物业限制业主权利应以经民主程序决定为前提

《物权法》第76条[①]对业主共同决定的事项进行了列举性规定，但关于"有关共有和共同管理权利的其他重大事项"的具体情形不明确，审判实践中需要根据具体情况判定。总体上讲，凡是涉及业主共同利益的事项都属于业主共同决定的事项范围，包括诸如绿地面积调整、小区空地的利用、绿化树木种类和花草品种的更换、小区内道路的改变、占用业主共有的道路路边或者其他场所用于停放汽车的停车区域划定以及收费利益分配等，均属于业主有权决定的其他重大事项范围。本案中，就如何解决小区内不文明停车问题，在相关部门的前期协调下，业主已通过《管理公约》予以规制，明确规定对违规停车行为超过3次，在劝阻不配合的情况下可以删除车辆的自动识别信息。至于该《管理公约》如何落实的问题，主流观点认为，按照《管理公约》的要求履行相关物业服务职责，是物业服务企业基于物业服务合同关系当然产生的义务。除此之外，《最高人民法院关于审理物业服务纠纷案件适用法律若干问题的解释》第4条规定："因物业的承租人、借用人或者其他物业使用人实施违反物业服务合同，以及法律、法规或者管理规约的行为引起的物业服务纠纷，人民法院可以参照关于业主的规定处理。"本案中，在《管理公约》已就业主车辆通行问题明确规定的情况下，物业服务企业实施的管理行为，是其履行应尽职责的体现，不违反法律禁止性规定。

(三）物业对小区车辆通行限制应遵循谦抑原则

物业有权对业主车辆通行进行限制，并不意味着相关管理行为可以毫无节制，物业与业主之间要构建良性关系，应在管理服务中遵循比例原则，核心是要求管理服务行为的目的与手段应保持在合理限度内。具体来说，第一，遵循妥当性原则。权利限制是为了保护公共利益等合法目的，违背这一目的的限制业主权利即构成侵权。第二，遵循必要性原则，是指在所有能够达成目的的方式中，应选择对业主权利影响最轻之方式。本案中，被告作为物业服务企业，事前也力图通过增设车位等方式解决小区停车难题，但根据消防部门现场测试，小区内客观上并不具备在公共道路上增设车位的可行

[①] 现为《民法典》第278条。

性。具体实施过程中,物业公司明确表示,只要业主自愿签署文明停车的承诺书,可将原告车辆的自动识别信息予以恢复,但原告仍拒绝接受。在此情况下,被告根据《管理公约》的规定,对原告车辆进入小区实施限制,已经尽到了相应的义务。

三、业主公约应避免闯入侵犯业主基本权利的禁区

所有权社会化理论认为,所有权意味着意志自由,具有绝对性、排他性和永续性特征,但并不意味着所有权人可以不受限制地肆意行使所有权,而应强调个人利益与社会利益的结合,由此而导致的所有权限制,物权人负有容忍之义务。我国《物权法》第7条[①]规定,物权的取得和行使,应当遵守法律,尊重社会公德,不得损害公共利益和他人合法权益。理论上说,人们都必须在法律规定的限度内行使权利,即不得损害国家利益、社会公共利益和他人的合法权益。当前,随着"汽车社会"的加快到来,《民法典》虽规定规划用于停放汽车的车位、车库应当首先满足业主的需要,但在实践中不可能满足每个业主的需要,车辆通行问题,停车资源不足成为各地难以回避的现实社会问题,为实现有限资源之合理配置,对个别业主的停车行为予以限制不可避免。

多数学者认为,我国建筑物区分所有权的构成采"三元论说",即建筑物区分所有权由专有权、共有权和成员权相结合而成。虽然相关法律并未明确将业主的通行权列为法定权利,但根据日常生活经验,业主作为自然人,必然享有正常出入小区的权利,此乃其行使建筑物区分所有权之必要前提,亦系其基本权利之合理延伸,带有强烈的人身属性,笔者认为,即便是业主本身存在不当行为,物业公司、其他业主均不得以任何理由阻止业主正常进入小区。即便是业主公约,亦不得以少数服从多数为由,对业主本身进入小区的权利进行限制和剥夺,否则,即构成对业主权利的侵犯。

综观案情,本案有其相对特殊性,《管理公约》中限制通行所针对的对象并非业主自身,而是车辆,从法律属性上来看,机动车并非民事行为之主体,

---

① 现为《民法典》第132条:"民事主体不得滥用民事权利损害国家利益、社会公共利益或者他人合法权益。"

不具有自然人之人身属性,也不存在侵犯人身自由、人格尊严等问题。而且,机动车与建筑物区分所有权相对分离,权利保护属不同法律范畴。因此,有必要将业主车辆的通行与业主本身的通行独立区分,适用不同法律予以评价。根据业主《管理公约》规定,对于多次不文明停车的业主,在劝导无效的情况下,可以删除其车辆自动识别信息,该规定既充分考虑了对业主停车权利的维护,又同时兼顾了小区停车秩序、消防安全和小区整体利益,具有一定的合理性,不违反法律禁止性规定。退一步讲,即便有车辆被限制进入小区,业主本身仍可以通过步行、非机动车出行等其他替代性方式进入小区,基本通行权并未受到根本性影响,故该项规定并未明显侵犯业主的基本权利,属于合法有效之条款。

解读撰写人:浙江省衢州市衢江区人民法院　苏来琪

法答网问题链接

本案例回答了法答网第 C2024012300473 号问题,即关于业主通行权的边界问题。

物业公司与业主们按照法律规定经由正当程序共同制定《管理公约》,赋予物业公司管理小区内业主们违规乱停车行为的权力。《管理公约》本质上是小区自治规则,集中体现小区内业主们的自治权。司法权作为维护公正的最后一道防线,应持审慎态度看待司法权对小区自治规则的介入;只有小区自治规则的运行突破法治的框架,司法权才存在介入其中之必要。在此基础上,本案例立足《管理公约》,明确物业公司可以根据《管理公约》的规定,在个别业主拒不履行文明停车义务且经物业公司劝阻无效时,有权限制其车辆自由出入小区,该行为不构成妨害物权。

入库案例编号:2023-07-2-075-001 | 法答网问题编号:C2024032700612

4.违反预约合同应当承担相应的违约责任

——常州某房地产开发有限公司酒店分公司
诉朱某餐饮服务合同纠纷案

入库案例适用参考

关键词

民事 预约合同 本约合同 损害赔偿 违约责任

裁判要旨

预约合同是一项以订立本约为目的的独立合同,基于预约合同性质的特殊性,违反预约合同所造成的损失不同于违反本约合同的违约责任,而是一种独立的责任。

关联索引

《中华人民共和国民法典》第584条(本案适用的是1999年10月1日施行的《中华人民共和国合同法》第113条)

基本案情

一审:江苏省常州市武进区人民法院(2017)苏0412民初7515号民事判决(2018年3月20日)

原告常州某房地产开发有限公司酒店分公司诉称:原告、被告于2017年4月15日签订《常州某酒店朱某某先生&沈某某女士婚宴初步协议》(以下简称《婚宴初步协议》)一份,宴会日期定在2017年9月17日,预计桌数55桌,标准5000元/桌。该协议约定"本协议一旦签订,若有任何取消,已付定金不予退还",且参考以下补偿规定:"宴会前 59 天及 59 天以内之内取消,酒店将收取预计总消费的 100% 作为补偿。"后被告明确取消预定在 9 月 17 日中午的婚宴。根据《合同法》及相关法律规定,上述协议系双方真实意思表示,双方均应依约履行。经原告多次催告,被告未协商善后事宜,也未履行补偿金给付义务。为此,原告向法院起诉,请求法院依法判令:(1)被告向原告支付补偿金 275,000 元;(2)被告承担本案诉讼费用。

被告朱某辩称:(1)本案所涉《婚宴初步协议》从法律性质看为预约合同,该协议中仅仅明确了定金和宴会时间,其他如餐饮标准、桌数、消费金额等均需在正式合同中予以明确,现正式餐饮服务合同并未签订,原告依据该《婚宴初步协议》(预约合同)主张正式合同(本约)的违约责任,没有事实和法律依据;(2)婚宴系因恋爱男女双方分手而取消,这一情况,被告在预定婚宴时无法预计到,对取消婚宴,被告主观上没有过错,原告也没有实际损失,但是原告基于婚宴取消的事实没收了被告交纳的 5 万元的定金,现还要通过诉讼追究 275,000 元的补偿金,其诉求明显缺乏相应的法律依据;(3)本案所涉《婚宴初步协议》为原告拟定的格式条款,还包含了若干霸王条款,侵害了被告作为消费者享有的消费自主选择权,强迫消费,是一种无效的约定。综上所述,根据预约合同主张本约合同的违约责任,原告的诉求没有事实依据和法律依据,请求予以驳回。

法院经审理查明:被告为其弟弟朱某某举办婚宴一事于 2017 年 4 月 15 日与原告签订《婚宴初步协议》一份,协议载明:宴会场地:某城宴会厅,宴会日期:2017 年 9 月 17 日午,餐标:5000 元/桌,酒水:可自带白酒、红酒,酒水服务含于以上报价中,桌数:预计 55 桌(如实际使用桌数低于 50 桌,酒店有权更改餐标),支付定金:5 万元……协议载明的预付款及操作步骤为:签订本协议之日,锁定场地,酒店将收取 5 万元作为场地定金;宴会前 45 日,酒店根据市场变化提供最终菜单,菜单确认后酒店收取预计总消费的 50%;宴会前 15 日,确认最终人数,签订合同,酒店将收取预计总消费的 100%;宴会结束当日,临时增加的消费于宴会结束当天结算。协议载明的预定取消政策为:本协议一旦签订,若有任何取消,已付定金不予退还,不可转为留店消费,且参考以下补偿规定:宴会前 60 天及 60 天以上取消,酒店将收取预计总消费的70%作为补偿;宴会前59天及59天以内之内取消,酒店将收取预计总消费的100%作为补偿。协议载明的正式合同的签订为:请于宴会前至少15天来酒店签订正式合同。协议载明的婚宴优惠项目为(以下项目已包含在以上婚宴价格中):以上报价中包含提供雪碧、可乐、特种兵和本地啤酒两小时畅饮;以上报价中包含客房2间(入住一晚含次日双人早餐);以上报价中包含最多1桌(10人)试菜(同婚宴菜单);以上报价中包含1间新娘化妆间;包含迎宾茶歇50人份。协议并载明了其他内容,包括:此协议需酒店公章盖章后生效,如无盖章视为无效协议;此协议视为正式合同的附件,活动开始前至少30天须另外签订正式合同文本;预期总花费不含酒店所在地征收的任何增值税、营业税或类似税费或估价等。该协议有原告销售代表张某和被告签字。原告在将该协议复印后,在复印件上加盖了原告单位公章。在上述协议订立前,被告已于2017年4月12日以刷卡方式向原告支付了款项5万元。

上述协议订立后,因恋爱男女双方分手这一客观情况的发生,婚宴无法举办,被告于2017年7月中下旬与原告方进行了沟通,告知婚宴无法举行,要求取消,原告、被告双方虽对被告要求取消婚宴的具体时间陈述不一,但均认可被告是在婚宴举行前59天以内提出的,原告亦予以认可被告取消婚宴。2017年8月7日,原告通过某某控股集团有限公司律师事务部向被告发出律师函一份,其主要内容为:双方签订了《婚宴初步协议》,被告近期明确告知原告取消预定在2017年9月17日午的婚宴,原告已依约没收了被告已付的定金5万元;婚宴的取消对原告造成了损失,要求被告在收到律师函后3日内与原告协商补偿损失事宜因协商未果,原告于2017年10月24日具状向法院起诉,要求判如所请。

江苏省常州市武进区人民法院于2018年3月20日作出(2017)苏0412民初7515号民事判决:驳回原告常州某房地产开发有限公司酒店分公司的诉讼请求。宣判后,双方当事人在法定期限内均未提出上诉,一审判决已经发生法律效力。

裁判理由

法院生效裁判认为,本案的争议焦点为:(1)原告、被告之间签订的《婚宴初步协议》是预约合同还是本约合同;(2)被告支付的5万元是定金还是押金;(3)原告依据《婚宴初步协议》主张被告违约从而应向其支付补偿金275,000元是否有相应的事实和法律依据。

关于争议焦点一。法院认为,该协议明确为初步协议,协议并载明了"请于宴会前至少15天来酒店签订正式合同"的内容,同时,特别声明部分亦载明"此协议为正式合同的附件,活动开始前至少30天须另外签订正式合同文本"。此外,该协议虽约定宴会的具体时间为2017年9月17日,场地为某城宴会厅,但实际使用桌数、餐标及菜单以及是否需要提前通宵布展、婚庆公司是否由酒店提供等婚宴服务合同的主要内容尚不确定,仍须双方订立最终的婚宴合同予以细化、明确。因最终人数不确定,协议载明的餐标、付款时间及金额也只能是初步安排。由此可见,原告、被告双方经过磋商,就将来签署正式的餐饮服务合同达成了合意,该《婚宴初步协议》从性质上讲属于预约合同,而非本约合同。

关于争议焦点二。法院认为,根据《担保法》第89条的规定,当事人可以约定一方向对方给付定金作为债权的担保。债务人履行债务后,定金应当抵作价款或者收回。给付定金的一方不履行约定的债务的,无权要求返还定金;收受定金的一方不履行约定的债务的,应当双倍返还定金。本案中,被告于2017年4月12日即向原告支付了款项5万元。案涉《婚宴初步协议》明确载明被告需支付定金5万元,并载明协议一旦签订,若有任何取消,已付定金不予退还,不可转为留店消费。协议的上述内容符合定金的表现形式,且该定金的性质为立约定金,即为保证正式缔约而交付。在履行该《婚宴初步协议》的基础不复存在的情况下,原告可据此要求被告以放弃定金为代价,不再签订正式的餐饮服务合同。与押金不同,定金支付一般是在合同订立时或履行前,具有预先给付的特点,而押金的交付,或与履行合同同时,或与履行合同相继进行。被告关于该5万元款项交付时,双方已将其性质由定金变更为押金的辩称意见,缺乏事实依据,法院不予确认。

关于争议焦点三。法院认为,预约合同的标的不是履行本约合同,而是根据预约合同的约定订立本约合同,不能依据双方所要订立的本约合同的权利义务来约束双方当事人。因此,预约合同的守约方仅能要求对方赔偿因违反预约合同而遭受的损失,而不能按照预定的本约合同的内容,请求赔偿其可预期的利益。违反预约合同给对方造成的损失,一般包括为磋商、洽谈支出的费用,准备履行合同而支出的费用及机会损失,但机会损失难以用金钱衡量。考虑到缔结婚姻关系乃人生大事应予慎重,男女双方分手导致本案餐饮服务合同未能最终订立并履行的,不宜归责于被告,且被告就不能履约的事实在预定的宴会时间前2个月左右及时通知了原告。综合考虑上述情况及原告的举证,以及本案已适用定金罚则的情形,为平衡各方利益,法院对原告要求被告再行支付补偿金275,000元的诉讼请求,依法不予支持。

案例解读

预约合同在社会生活实践中被广泛采用,可以说,预约合同在我国的实践先于立法。在《民法典》颁布前,《合同法》并未规定预约制度,仅有最高人民法院出台的两个司法解释有所涉及。随着《民法典》的颁布,预约合同被确定为一项基本的民事制度。

一、预约合同概述

(一)定义与构成要件

关于预约的含义,王泽鉴先生认为:"预约,乃约定将来订立一定契约的契约……故预约亦系一种契约(债权契约),而以订立本约为其债务的内容。"[1]王利明教授认为:"预约就是约定在将来一定期限内订立合同。"[2]杨立新先生认为:"预约,也叫作预备合同或者合同预约,是指当事人之间约定在将来订立一定的合同。"[3]从上述多位学者的观点可以看出,学理上对预约的概念、性质和要件并无争议。预约合同,是指约定当事人在将来一定时间订立权利义务关系的合同。预约合同的认定须具备两个要件:承诺在将来一定期限内订立本约的合意及预约内容的确定。

---

[1] 王泽鉴:《债法原理》(第2版),北京大学出版社2013年版,第168页。
[2] 王利明:《预约合同若干问题研究——我国司法解释相关规定述评》,载《法商研究》2014年第1期。
[3] 杨立新:《合同法专论》,高等教育出版社2006年版,第52页。

(二)我国关于预约合同的规定

预约合同作为独立的合同类型,处于缔约磋商阶段和本约之间,三者是递进序列的关系。我国民法理论上虽一直承认预约合同,但并未具体规定。最高人民法院《关于审理商品房买卖合同纠纷案件适用法律若干问题的解释》最早提出预约合同的理念,该司法解释第5条规定:"商品房的认购、订购、预订等协议具备《商品房销售管理办法》第十六条规定的商品房买卖合同的主要内容,并且出卖人已经按照约定收受购房款的,该协议应当认定为商品房买卖合同。"该条规定并未使用预约合同的概念,也无预约合同的规则,但从其后半段文字表述可以进行反向推论,商品房的认购、订购、预定等协议是一种与商品房买卖合同性质不同的合同,其实质是预约合同。

最高人民法院《关于审理买卖合同纠纷案件适用法律问题的解释》(以下简称《买卖合同司法解释》)第2条首次使用了预约合同的概念,并明确预约合同乃是一种独立的合同类型,即"当事人签订认购书、订购书、预订书、意向书、备忘录等预约合同,约定在将来一定期限内订立买卖合同,一方不履行订立买卖合同的义务,对方请求其承担预约合同违约责任或者要求解除预约合同并主张损害赔偿的,人民法院应予支持"。《民法典》采纳了《买卖合同司法解释》的规定,并对预约合同的概念进行了更加清晰科学的界定。《民法典》第495条规定:"当事人约定在将来一定期限内订立合同的认购书、订购书、预订书等,构成预约合同。当事人一方不履行预约合同约定的订立合同义务的,对方可以请求其承担预约合同的违约责任。"与《买卖合同司法解释》的规定相比,其中细微的区别在于,《民法典》更强调预约合同的实质要件,即有于将来一定期限内订立合同的意思表示,同时损害赔偿不再单列,而将之归入违约责任。

此次,《民法典》以基本立法的形式将预约合同纳入合同编,体现了鼓励交易、维护市场交易秩序、强化社会信用的立法目的。值得关注的是,《民法典》第495条[1]规定虽明确了预约合同的定义、常见表现形式及违反预约合

---

[1] 《民法典》第495条规定,当事人约定在将来一定期限内订立合同的认购书、订购书、预订书等,构成预约合同。当事人一方不履行预约合同约定的订立合同义务的,对方可以请求其承担预约合同的违约责任。

同须承担违约责任,但预约合同的违约救济,如预约合同的守约方能否请求继续履行订立本约义务,违约损害赔偿范围等,这些在《民法典》中未给予标准化的规定,易造成裁判的不统一。

二、预约合同的认定

如何认定预约合同,是实务界面临的难题,尤其是在预约合同已经具备了本约合同的基本内容时,应当认定为预约合同还是本约合同,实务中莫衷一是。一般认为,认定预约合同的基本要素包括三项:受法律拘束意思、合同内容确定性、将来订立合同之期限性。

(一)受法律拘束意思

预约合同作为合同类型的一种,双方当事人均具有受法律拘束意思,将所约定事项纳入合同调整范畴。预约和本约的判断标准,在于双方有无将来订立本约的意思表示,除特定情形外,若有将来订立本约的约定,则应认定为预约;若无则应认定为本约。原因在于:双方既然预定将来订立本约,那么在订立预约合同之时,当然也可以同时对本约合同的部分条款(甚至全部条款)进行预先磋商,并在将来订立本约合同时将之作为本约合同的内容。此时,因双方订立本约尚未订立,故而不产生本约成立的法律效果。因此,在预约合同中对本约合同内容的约定,仅意味着双方同意以约定的内容签订本约合同,违反这些义务的后果,是使双方以预约约定的条件订立本约的目的落空,违反者应承担预约合同的违约责任,而非本约合同的违约责任。

(二)合同内容确定性

预约的意义在于,在本约并不是所有细节都确定的情况下使双方受到合同的约束。根据预约,权利人有权订立本约,从预约中能推断本约的内容。预约的内容虽然不必达到同本约一样的完整性,但必须对重要之点达成一致,必要的要素应具有确定性。

(三)将来订立合同之期限性

预约在两个方面弱于本约,一是拘束力弱于本约,二是拘束期间弱于本约。预约中明确将来一定期限订立正式合同,预约是本约的一种过渡阶段,具有一定期限性,当事人可在预约中约定履行期限,未约定的,应按照诚信原则确定合理期限。

本案中的预约合同,双方已经明确将来于一定时间签订本约,对合同的内容仅作了初步约定,合同的主要内容如具体菜品、价格、桌数等都明确在本约中,故对本约的重要之点已达成一致。

三、预约合同的违约责任

(一)预约合同的违约责任

1. 定义。合同一方当事人不履行合同义务,需要承担相应的责任。预约合同作为一种独立合同,违反预约合同约定的内容,当然也要负担相应的法律责任。对此,《民法典》规定,预约合同是一项以订立本约为目的的独立合同,那么当事人违反约定,不履行订立本约的义务的,也应当承担违约责任。但违反订立本约的义务与违反本约义务毕竟不同,预约合同的违约责任与本约合同的违约责任也有所差别。基于此,《民法典》第495条采用了"预约合同的违约责任"的表述。[①]

2. 预约合同违约的认定。预约合同违约的具体情形有:一是明示拒绝订立本约或以行动表示拒绝订立本约。二是对未决条款恶意磋商。在订立预约时当事人可能会对本约的部分内容进行磋商,所达成的一致意见称为已决条款,未进行磋商的部分称为未决条款。对于未决条款,双方应本着订立本约合同的目的诚信磋商,若一方恶意对未决条款磋商导致本约不能订立的,则构成违约。三是对已决条款重启磋商。若一方对已决条款重启磋商,从而导致无法订立本约的,构成违约;若一方违反已决条款,从而导致本约合同不能按照已决条款订立的,亦然。

3. 预约合同的违约责任的性质。预约合同的违约责任是何种责任?对此,能够达成共识的是,预约合同的违约责任不同于本约合同的违约责任;但预约合同的违约责任是否等于缔约过失责任,学术上和实践中有不同观点。缔约过失责任"是指在合同订立的过程中,一方当事人违背了民法之诚实信用原则,违背了合同缔约过程中所需要遵循的基本的注意义务,导致了

[①] 参见黄薇主编:《中华人民共和国民法典释义》,法律出版社2020年版,第949页。

另一方当事人信赖利益的损失,而应承担的损害赔偿责任。"①预约合同的违约责任与缔约过失责任既有相似又有区别,相似之处在于都是保护当事人先合同阶段的权益。但二者又存在差异:首先,两种制度的责任性质不同,前者是以预约合同成立为前提,而后者是在合同没能成立的情况下产生;其次,预约合同的违约责任形式可以由双方当事人进行约定,而后者不能由当事人事前约定,是一种法定责任;最后,两者的损害赔偿范围不同,缔约过失责任以信赖利益为限,包括直接利益的减少,还包括机会损失,而预约合同的违约责任的损害赔偿范围以不超过本约合同的履行利益为限。在《买卖合同司法解释》出台之前,实务中主流的观点认为预约合同并非独立的合同,乃是本约合同的一个阶段,预约合同的违约责任是本约合同的缔约过失责任。《买卖合同司法解释》及《民法典》均采预约合同系与本约合同相互独立的合同的观点,预约合同的违约责任并非本约合同的缔约过失责任,而是一种独立的违约责任。

(二)预约合同的违约责任的主要形式

1. 违约金责任。预约合同的违约责任应当包括违约金责任。违约金是一种特别约定,只要当事人特别约定了违约金,只要不是过高或过低,则应当执行该违约金条款。在实务中,当事人一般不会在预约合同中约定违约金,因此违约金责任适用较少。

2. 定金责任。预约合同是一个独立的合同,也可以适用定金责任的一般规定。预约合同在订立时,本约合同标的的数额尚未确定,预约合同的合同标的在于订立本约合同,通常并无明确的标的数额约定,由于定金数额不再受法律约束,因而定金和损害赔偿不能并用。

3. 继续履行。在违约的情况下,违约责任的形态包括继续履行,对于违反预约合同的责任,也可以适用实际履行的方式,从而督促当事人履行承诺,签订本约合同。当事人通过签订预约合同,产生了合理信赖,因此为了保护此种信赖,应当使其负有签订合同的义务。在实务中,可以结合具体的案情,考量合同是否可以继续履行作出具体的认定。

---

① 王利明:《违约责任论》,中国政法大学出版社1997年版,第598页。

4.损害赔偿。在违反预约合同的情况下,非违约方可以要求损害赔偿。预约合同在《民法典》中的规定位于合同编通则中,广泛适用于买卖、租赁等各种市场交易,交易形态多样,涉及的具体情况也可能差异较大,且该规定仅是原则性地规定了违约方应当承担预约合同的违约责任,因此立法者认为,对于预约与本约的理解,应当放在整个交易链条中予以考虑。[①] 预约合同虽然是独立的合同,但与本约存在紧密的内在联系,应将预约合同放在从预约订立到本约得到履行的整个交易链条中予以考虑(这也与上文损害赔偿范围契合),在裁量时应具体结合个案的实际情况,考量预约合同在整个交易环节中的分量、形成原因、未能缔结本约合同的原因、磋商、洽谈及准备履行合同而支出的费用及机会损失、行业习惯、定金罚则的适用等综合予以计算。

四、启示

《民法典》第495条对于预约合同的法律地位进行了明确,对于预约合同的范围,限定为"认购书、订购书、预定书"等形式,但是对于预约合同的违约责任的规范过于笼统,并未明确规定预约合同违约责任承担的可适用范围与规则。从实务的需求来看,下一步对于如何制定具体的司法解释来厘清预约合同,可以考虑规范以下几个方面的内容:

(一)明确预约合同的法律效力

目前,对预约合同的效力,无论是理论界还是实务界都没有明确的统一认识。因此,法官只能引用法理加以断案,导致法官在审理此类案件时主观选择范围过大,造成当事人的利益失衡。因此,明确预约合同的效力,将预约合同的生效要件和禁止性事项写入法律,规范从主观与客观方面去对当事人订立合同的效力加以认定的条件,就可以在加强法律可预测性的同时减少司法资源的浪费。

(二)厘清预约合同的违约责任

实际履行、损害赔偿、解除合同与定金罚则在预约合同的应用中都有待于进行统一性规定。要明确违约责任承担所适用的具体情形,例如,在损害

[①] 参见黄薇主编:《中华人民共和国民法典释义》,法律出版社2020年版,第951页。

赔偿范围的认定上，可以规定具体适用的情形来区分是以信赖利益为界还是以履行利益为界，并给出几项具体适用的标准，再用指导案例的形式将其规范化。并且，在法律中规定当事人对预约合同效力的约定可作为其效力认定的依据。

解读撰写人：江苏省常州市武进区人民法院　王晶　周运

法答网问题链接

本案例回答了法答网第 C2024032700612 号问题，即关于预约合同违约责任的性质问题。

案例明确指出预约合同具有独立性的特点，即以订立本约合同为目的的预约合同独立于本约合同而存在。基于此，预约合同独立性的范围延伸至违约责任的性质、内容等的确定，即预约合同的违约责任理应独立于本约合同而存在，对于此类案件中预约合同独立性的理解具有一定指引作用。

入库案例编号:2023-07-2-076-015

法答网问题编号:C2023112401072、C2023120500490

5.当事人订立房屋买卖合同作为民间借贷合同的担保且已将房屋过户登记在债权人名下,债权人经担保人同意以合理价格出售房屋后,担保人主张债权人返还超出担保债权范围的剩余售房款的应予支持

——韩某某诉黄某某确认合同无效纠纷案

入库案例适用参考

关键词

民事　确认合同效力　合同无效　让与担保　优先受偿　清算义务　担保范围

裁判要旨

让与担保行为效力不受表面交易行为无效的影响,但亦不能产生财产事前归属的法律效果。房屋让与担保的债权人即使取得了物权登记,也不享有真正所有权,不得在债务到期前妨碍真正所有权人的正常使用,亦不能对外随意处分房屋所有权。

债务到期未能清偿,债权人可以在担保人同意的情况下以合理价格出售房屋,但其通过出售款优先受偿的前提是履行对担保人的清算义务,且担保债权范围应以担保合意中的债权本息为限。债权人未与担保人进行清算,担保人主张债权人返还超出担保债权范围的剩余出售款项,人民法院应

予支持。

关联索引

《中华人民共和国民法典》第146条(本案适用的是2017年10月1日施行的《中华人民共和国民法总则》第146条)

基本案情

一审:上海市闵行区人民法院(2019)沪0112民初27644号民事判决(2020年1月21日)

二审:上海市第一中级人民法院(2020)沪01民终3375号民事判决(2020年6月18日)

原告韩某某诉称:其与被告黄某某签订《上海市房地产买卖合同》,但不存在真实交易,也未支付房款。双方另签订《承诺书》,约定黄某某借给韩某某404,200元,用于韩某某之子徐某某还债;待韩某某连本带利全部还清借款后,黄某某将房屋过户返还给韩某某。后黄某某将房屋出售给案外人获得房款122万元,将20万元转账给原告。双方不存在真实的房屋买卖,黄某某应当将房屋出售款返还给原告,至少应当将超出债务本息的剩余款项予以返还,故请求法院:(1)确认原告、被告签订的《上海市房地产买卖合同》无效;(2)判令被告赔偿原告损失102万元。

被告黄某某辩称:韩某某把房子卖给被告,被告帮其次子清偿40万元左右债务,后双方完成过户。《承诺书》的内容确实包括韩某某借其404,200元用于还债,利息按照同期银行利率计算,如果徐某某、韩某某后续归还了404,200元及利息,系争房屋归还给韩某某,恢复过户到韩某某名下。但韩某某是将房屋出售给被告,并非抵押。请求法院驳回原告韩某某的诉讼请求。

法院经审理查明:韩某某系闵行区××路131弄××号×××室房屋(以下简称涉案房屋)原产权人。2015年7月21日,韩某某(甲方)与黄某某(乙方)签订网签版《上海市房地产买卖合同》,约定甲方将系争房屋出售给乙方,转让价60万元,在2015年10月20日之前完成过户。双方未约定付款时间,也未约定交房时间。上述合同签订后,黄某某并未支付韩某某60

万元房价款,后黄某某办理了房屋产权登记。韩某某与其次子徐某某仍居住在涉案房屋内。

2015年7月23日、25日、8月20日,韩某某次子徐某某分别向案外人王某和常某某还款2万元、1万元、1万元。

2015年8月19日,徐某某还信用卡24,500元。同日,徐某某的银行账户存入25000元,后徐某某又取出17,000元。

2019年4月17日,黄某某与郭某某签订《上海市房地产买卖合同》,约定将涉案房屋以122万元的价格出售,约定在2019年6月20日前,申请办理过户。

2019年5月30日,涉案房屋登记在郭某某名下。

2019年6月10日,黄某某银行转账给韩某某20万元。

2019年6月17日,韩某某到公安机关报案并陈述:"我有两个儿子,平时和小儿子住在一起。2015年的时候,因为要帮我小儿子还债,所以我把涉案房屋过户给黄某某,过户后,他帮小儿子还债40万元,另外给了小儿子一辆轿车(没过户),今年黄某某把那套房子卖了122万元,卖完房子,黄某某又给了我20万元。2015年至2019年1月,我把房子过户给黄某某后,还是一直住在那边,直至今年一月卖掉,房钱也没付。除了40万元,其他的我不清楚。黄某某当时为了帮我小儿子还债,当时也写了一张纸条,如果我儿子能把40万元本息还清,就把房子还给我们,今年一月卖房子也是因为我小儿子要求他卖,黄某某才卖,不然的话我也可以一直住在那边。"

韩某某自1982年起至2019年3月止均居住在涉案房屋内。

一审审理中,韩某某出示了韩某某与黄某某于2015年8月17日签订的《承诺书》之照片,上载:本人韩某某将涉案房屋暂时以抵押的形式过户至黄某某名下,黄某某拿出404,200元暂借给韩某某用于替其子徐某某偿还其所欠债务,所借款项黄某某按银行利率计息,在所借款项连本带利全额还清之后,黄某某将其名下的系争房屋过户归还给韩某某。《承诺书》由三方共同签字。黄某某对该《承诺书》照片真实性不予认可,但在二审中表示:双方在当日确实签署过《承诺书》,内容包括约定韩某某借其404,200元用于替徐某某还债,利息按照同期银行利率计算,如果徐某某、韩某某后续归还了

404,200元及利息,那么系争房屋就应当归还给韩某某,恢复过户到韩某某名下。双方也没有明确约定还款期间和具体利率。《承诺书》签署后,房屋还是继续由韩某某居住。被上诉人确实没有就系争房屋另外支付过房款。

上海市闵行区人民法院于2020年1月21日作出(2019)沪0112民初27644号民事判决:驳回原告的全部诉讼请求。宣判后,韩某某提起上诉。上海市第一中级人民法院于2020年6月18日作出(2020)沪01民终3375号民事判决:(1)撤销上海市闵行区人民法院(2019)沪0112民初27644号民事判决;(2)确认韩某某与黄某某于2015年7月21日签订的《上海市房地产买卖合同》无效;(3)黄某某于本判决生效之日起15日内返还韩某某人民币539,334元;(4)驳回韩某某的其余诉讼请求。

裁判理由

法院生效裁判认为:本案有两处争议焦点。其一,双方就系争房屋达成的合同关系的法律性质如何认定?其二,系争房屋出售的款项应当如何结算?

关于双方就系争房屋达成的合同关系的法律性质如何认定?《上海市房地产买卖合同》没有约定交房与付款时间,而且系争房屋产权虽然形式上过户到了黄某某名下,但韩某某仍继续居住,黄某某未实际支付房款。双方一致确认,2015年8月17日,双方签订了一份《承诺书》,韩某某向黄某某借款404,200元用于替徐某某还债,按银行利率计息,如果韩某某后续能够归还该笔借款本金及相应利息,则黄某某应当将系争房屋归还过户给上诉人。由此可见,双方并非真正的房屋产权交易行为,而是让与担保行为。由于双方在签约时并不存在真实的房屋买卖合同意思表示,《上海市房地产买卖合同》应属无效。双方已经完成了系争房屋的形式过户,也并不存在违反法律禁止性规定的"流押"条款,韩某某亦表示认可双方达成的让与担保合意效力,故双方隐藏的让与担保行为应属有效。

关于系争房屋出售的款项应当如何结算?根据韩某某在公安机关的陈述,其确认黄某某已经实际履行了《承诺书》约定的款项交付义务,其与黄某某之间就404,200元的借款合同关系已经生效。韩某某对于系争房屋在2019年对外出售的情况是知晓的,对于售房价格也是认可的。黄某某可以根据《承诺书》的约定,就122万元的售房款项主张对其担保债权进行优先受偿,但对于超出债务本息范围的剩余款项,黄某某亦应予返还。双方并未就售房款项与担保债权的结算达成一致,现在应当根据《承诺书》约定进行结算。双方虽未明确约定还款期限,但已经达成了支付利息的合意,仅是利率标准约定不明确。鉴于系争房屋在2019年5月30日过户至案外人名下,黄某某已经可以实际通过售房款项受偿,故认定韩某某应当支付自2015年8月17日至2019年5月30日的利息,并参考2015年至2019年的同期银行贷款基准利率,酌情认定按照年利率5%的标准支付利息。黄某某可以在122万元售房款中扣除404,200元的本金、76,466元利息及已经支付的20万元。因此,黄某某应当向韩某某返还539,334元。

案例解读

让与担保是指债务人或者第三人为担保债务的履行,将标的物转移给债权人,债务清偿后,标的物应返还给债务人或第三人,债务不履行时,债权人可就标的物受偿的一种担保形式。[①] 房屋的价值稳定,有登记公示作为安全保障,是最常见的担保物,由此衍生出的让与担保形态也是司法实践的重点领域。与典型担保物权相比,让与担保具有便捷、充分保障债权人利益等优势,但也存在侵害第三人利益和突破禁止流押规定的风险可能。因此,司法审判应当在促进非典型担保正常融资功能与防止真实财产权被侵害之间把握价值平衡。

一、让与担保行为性质识别的三项特征

让与担保不存在法定的构成要件,但应当以当事人的真实意思作为基础,只有准确识别其行为性质,才能正确认定行为后果。根据《全国法院民商事审判工作会议纪要》(2019年7月3日,以下简称《九民会纪要》)第71条[②]

[①] 参见高圣平:《动产让与担保的立法论》,载《中外法学》2017年第5期。
[②] 《全国法院民商事审判工作会议纪要》第71条:"债务人或者第三人与债权人订立合同,约定将财产形式上转让至债权人名下,债务人到期清偿债务,债权人可以对财产拍卖、变卖、折价偿还债权人的,人民法院应当认定合同有效。合同如果约定债务人到期没有清偿债务,财产归债权人所有的,人民法院应当认定该部分约定无效,但不影响合同其他部分的效力。当事人根据上述合同约定,已经完成财产权利变动的公示方式转让至债权人名下,债务人到期没有清偿债务,债权人请求确认财产归其所有的,人民法院不予支持,但债权人请求参照法律关于担保物权的规定对财产拍卖、变卖、折价优先偿还其债权的,人民法院依法予以支持。债务人因到期没有清偿债务,请求对该财产拍卖、变卖、折价偿还所欠债权人合同项下债务的,人民法院亦应依法予以支持。"

的表述,可以将此类行为的主要特征归纳为三项:(1)债权人与债务人的主债务履行期尚未届满。担保合同是主债务的从合同,只有分离出独立的主债务合意,且债务未届满,才有可能同时存在担保行为。(2)债务人或第三人约定以虚假交易行为将财产在形式上转让给债权人。双方的财产转让合同仅仅一种表面行为,缺乏真实意思,后续既可能已经完成了财产变动的形式要件,也可能没有办理形式手续。(3)真实合意包括如果债务人到期清偿主债务,债权人应当返还财产的内容。任何担保权利都会因主债务清偿而消灭,此项内容是让与担保合意的核心,这也是认定表面行为虚假性与非独立性的重要依据。

现实交易并没有统一步骤,当事人的陈述也可能前后矛盾。因此,司法实践对行为性质的识别应当是基于证据事实进行意思表示的整体解释,上述特征既可能在多份合同的关联中综合呈现,也可能需要通过当事人的履行行为进行规范审查。在(2015)民申字第 2128 号案中,最高人民法院认定,某都公司在签订《商品房买卖合同》的同时签订回购协议,约定出售价为 2000 万元,但 6 个月内支付 2600 万元给康某某等回购所售房产,其真实目的是从康某某等处借贷 2000 万元,而非出售商品房。在某都公司屡次不能按回购协议约定回购房屋的情况下,康某某等并未要求某都公司恢复履行《商品房买卖合同》,而是继续同意某都公司进行回购,说明其签订《商品房买卖合同》的真实目的不是获得房屋,而是为双方之间的借贷行为提供房屋担保。[①] 该案中,双方并没有签订借款协议,也没有明确以房屋作为担保,但法院通过综合审查发现,虽然"购房者"支付了"房款",但却没有获得房屋的真实意思,"售房者"又承诺在一定期间内以超出"房款"的价格进行"回购"房屋,双方实际上是同时建立了借贷债务关系与让与担保关系,实质上也符合前述三项特征。

本案中,双方签订了《房屋买卖合同》,黄某某曾经取得房屋登记,并坚持主张双方存在真实的房屋买卖。双方均认可在《房屋买卖合同》签订后 1 个月内又签订了《承诺书》,并约定韩某某向黄某某借款 404,200 元,如果后

[①] 参见最高人民法院民事裁定书,(2015)民申字第 2128 号。

续该笔借款能够归还,则系争房屋应当返还给韩某某。《房屋买卖合同》的签订时间虽然早于《承诺书》,但房屋过户至黄某某名下后的3年间,韩某某依然实际居住在系争房屋,黄某某也并未支付过约定的房款,且《承诺书》已经明确了借款关系的主合同地位。上述事实足以说明,双方虽然达成了形式上的房屋买卖合同关系,但不存在房屋买卖的真实意思,房屋过户是为了给尚未届满的借款关系提供担保,双方存在真实的让与担保合意。

值得注意的是,让与担保与以物抵债在实践中容易混淆,二者重要的差别就在于表面交易行为时间与主债务履行期的关系。所谓担保,必定是在主债务尚未届满时成立的,是为债权人未来利益的不确定性提供预期保障。而如果履行期已经届满,债务人未能清偿的事实已经确定,就没有必要再设定担保,而是应当确定清偿方案。根据《九民会纪要》第44条①、第45条②的表述,债务履行期届满是认定真正以物抵债协议的核心要件,而期限届满前的以物抵债协议只能认定为让与担保行为,③不能根据表面行为支持财产交付诉请。本案中,《承诺书》虽然并未约定具体还款日期,但也很明显是给予了借款人一定履行期限,双方签订《房屋买卖合同》时,《承诺书》也尚未签署,借款债务履行期当然没有届满,并不存在以房抵债合意。

二、让与担保行为效力认定的双重维度

司法实践对于让与担保的效力认定经历了不同阶段的探索,最高人民法院《关于审理民间借贷案件适用法律若干问题的规定》(以下简称《民间

---

① 《全国法院民商事审判工作会议纪要》第44条第1款:"当事人在债务履行期届满后达成以物抵债协议,抵债物尚未交付债权人,债权人请求债务人交付的,人民法院要着重审查以物抵债协议是否存在恶意损害第三人合法权益等情形,避免虚假诉讼的发生。经审查,不存在以上情况,且无其他无效事由的,人民法院依法予以支持。"

② 《全国法院民商事审判工作会议纪要》第45条:"当事人在债务履行期届满前达成以物抵债协议,抵债物尚未交付债权人,债权人请求债务人交付的,因此种情况不同于本纪要第71条规定的让与担保,人民法院应当向其释明,其应当根据原债权债务关系提起诉讼……"

③ "本条实际上是将此种以物抵债作为履行原债权债务关系的担保来对待的。"参见最高人民法院民事审判第二庭编著:《〈全国法院民商事审判工作会议纪要〉理解与适用》,人民法院出版社2019年版,第307-308页。

借贷司法解释》)第 23 条①规定应当识别虚假买卖,以主债务关系作为基础的审理思路,但并未明确隐藏担保行为的效力问题。《民法总则》第 146 条②提供了将虚假行为与隐藏行为效力进行独立评价的规则。《九民会纪要》第 71 条进一步明确,根据《民法总则》第 146 条的规定,表面行为因缺乏真实意思而无效,而隐藏的让与担保行为则是有效的。这就防止了因无明确法律规定就将此类行为认定为整体无效而过度抑制市场交易的情况,体现出充分发挥非典型担保的融资功能,促进商事交易健康发展的司法态度。

在让与担保行为有效的前提下,还应当对其法律效果予以具体明确。按照传统的物权法定原则,当事人不能通过合同自由创设法律不承认的物权类型,也不能改变法定物权的内容。但是,物权法定原则对于私法自治的限制,可经由债权契约自由而获得缓和或补充。有代表性的理论观点认为,习惯法形成的物权如果类型固定、明确合理、不违反物权法定主义,且有公示之可能,社会上确有需要,并且通过上述物权法定缓和的运用,又超过了解释的界限,有承认习惯法的物权的余地。③ 如果将让与担保的法律效果限定在合理范围内,既满足了市场需求,又不损害交易安全,则能够在现有物权秩序中取得合理的类推适用空间。具体而言,以房屋让与担保为例:第一,由于作为登记变动原因的表面行为无效,即使债权人在债务届满前获得了所有权登记,也不能获得所有权,而仅仅是形式上的登记人,物权仍属于担保人。第二,让与担保不能发生事先确认所有权归属的效果。根据约定内容,让与担保可分为清算型和归属型,前者指债务人不履行到期债务时,债权人可就担保物拍卖、变卖后的价值优先受偿,此类约定符合物权法的基本价值,为确定有效;后者指债务人不履行到期债务时,担保物直接归债权

---

① 最高人民法院《关于审理民间借贷案件适用法律若干问题的规定》第 23 条:"当事人以订立买卖合同作为民间借贷合同的担保,借款到期后借款人不能还款,出借人请求履行买卖合同的,人民法院应当按照民间借贷法律关系审理。当事人根据法庭审理情况变更诉讼请求的,人民法院应当准许。按照民间借贷法律关系审理作出的判决生效后,借款人不履行生效判决确定的金钱债务,出借人可以申请拍卖买卖合同标的物,以偿还债务。就拍卖所得的价款与应偿还借款本息之间的差额,借款人或者出借人有权主张返还或者补偿。"
② 现为《民法典》第 146 条:"行为人与相对人以虚假的意思表示实施的民事法律行为无效。以虚假的意思表示隐藏的民事法律行为的效力,依照有关法律规定处理。"
③ 参见谢在全:《民法物权论》(上册),中国政法大学出版社 2011 年版,第 37-38 页。

人所有。由于流质（或流押）是《物权法》所明确禁止的行为，容易产生不平等的暴利行为，此类约定应认定为无效。同时，基于法律行为的效力转换理论，法律行为无效时，不发生当事人所欲实现的法律效果，为贯彻私法自治原则，应在一定条件下使该法律行为得转换为其他行为，使之生效。[①] 因此，为了充分保障当事人约定中的合法部分，《九民会纪要》第71条也明确了归属型让与担保可自动转化为清算型，而非简单地将无效作为终局效果。第三，完成了登记公示的让与担保才能类推认定优先受偿权。清算型让与担保虽然有效，但不必然产生物权效力。物权效力具有对抗性，对于第三人的交易安全有直接影响。完成了形式上的物权变动公示程序，便足以保障第三人的信赖利益，为优先权的对抗性奠定了正当性。因此，《九民会纪要》第71条明确了只有完成了财产权利变动公示，才能赋予让与担保物权效力，而这种效力实际上就是可以对抗其他债权人的优先受偿权，未完成公示手续则只能与其他债权人平等受偿。[②] 本案中，系争《房屋买卖合同》因意思表示虚假而被二审法院认定为无效，但隐藏的让与担保行为有效，双方并没有明确约定归属型让与担保，对其担保属性应当认定为清算型，黄某某已经取得了房屋所有权登记，可以就系争房屋享有优先受偿权。

三、让与担保权利行使的正当程序规则

让与担保权人不是真正的所有权人，让与担保权利的行使应当遵循正当程序规则。实践中，可参照适用与其最相似的担保物权规定，动产、不动产以及股权让与担保分别参照适用动产质押、不动产抵押以及股权质押的规定。[③] 尤其是已经取得房屋产权登记的担保权人，在债务到期前，不得利用其名义所有权人的地位损害真实所有权人的合法利益，在最终实现优先受偿权时，也应当履行清算义务，尊重担保人对剩余财产的取回权。

（一）对所有权人的使用保障义务

让与担保实践中，有动产担保物可能实际转移占有，这就类似于动产质

[①] 参见王泽鉴：《民法总则》，中国政法大学出版社2001年版，第490页。
[②] 参见最高人民法院民事审判第二庭编著：《〈全国法院民商事审判工作会议纪要〉理解与适用》，人民法院出版社2019年版，第405页。
[③] 参见最高人民法院民事审判第二庭编著：《〈全国法院民商事审判工作会议纪要〉理解与适用》，人民法院出版社2019年版，第405页。

权,债权人在保管担保物时应尽到善良管理人的义务。① 但一般而言,房屋让与担保类似于不动产抵押,其功能实现并不需要转移占有,担保人作为真实的所有权人依然可以在债务到期前,正常行使对担保物的占有、使用、收益权,债权人不得以名义所有权人的身份妨害担保人的上述权利。本案中,从系争房屋过户到黄某某名下,到最终出售给第三人的3年多期间,韩某某依然正常使用系争房屋,这就说明黄某某没有在债务到期前干涉真正所有权人的使用。

(二)对担保物的对外处分限制义务

与典型担保物权不同,从形式上来看,担保物的所有权已经转移登记至债权人名下,债权人拥有所有权的权利外观,对外任意处分担保物的风险较大。第一,债务履行期届满前,担保物的真正所有权人仍为担保人,债权人的权利行使只能限于维持担保物的正常价值与权属安全,而不能擅自处分担保物,提前受偿。未经真正所有权人同意而擅自处分担保物,属于无权处分,符合《物权法》善意取得条件的第三人可以取得所有权,②但债权人的行为造成担保人损失的,也应当承担赔偿责任。第二,债务履行期届满后,债务人不能清偿债务,让与担保就进入最终实现的阶段,但债权人依然不能任意处分担保物。因为让与担保权的实现程序也应当参照担保物权规则,以合理的程序、公开的价格进行折价、变卖或者拍卖,防止单方低价处分损害担保人的利益,这也是《九民会纪要》第71条确定的思路。本案中,根据韩某某在公安机关的陈述,由于其没有偿还约定的借款本息,系争房屋最终在2019年对外出售,其对于出售的原因、过程是清楚的,其配合第三人完成了房屋交接,也没有对出售价格提出异议。因此,双方实际上属于在债务到期后合意变卖了系争房屋,这一过程本身没有违背让与担保权利实现的正当程序。

(三)优先受偿权实现的清算义务规则

1.优先受偿权应以履行清算义务为前提

让与担保可以充分保障债权人的担保权益,所有权形式转移保证了担

---

① 参见曹士兵:《中国担保制度与担保方法》(第3版),中国法制出版社2015年版,第344页。
② 参见最高人民法院民事审判第二庭编著:《〈全国法院民商事审判工作会议纪要〉理解与适用》,人民法院出版社2019年版,第402页。

保权人的优先受偿,担保权人获得所有权的外观,第三人阻碍债权实现的风险相对较小。① 但是,债权人享有优先受偿权必须以履行清算义务为前提。《物权法》第198条②、第221条③均明确了担保物处分后,超出债权数额的款项归担保人所有。同样,在让与担保权利实现的过程中,债权人并不当然取得标的物的所有权,实现其权利时仍然负有清算义务,债权人可以请求参照法律关于担保物权的规定对财产拍卖、变卖、折价优先偿还债权,就标的物价值超过担保债务的部分,债权人应当返还担保人。

本案中,双方并非以折价抵债的方式实现担保权利,韩某某同意在2019年出售房屋,但担保人同意变卖的意思表示,并不意味着双方就债权债务的清算达成了一致。根据韩某某在公安机关的陈述,其认为黄某某支付给她的购房款过少,可见双方清算范围存有争议。黄某某在房屋出售后主动支付给韩某某20万元,实际上也是部分履行了清算义务,但清算义务是否履行完毕,应当由债权人举证证明其已经全额返还了超出担保债权范围的款项。

2.清算债权范围应以隐藏担保约定为限

让与担保无法进行担保范围的公示登记,故清算债权范围应当以当事人达成让与担保合意时真实意思为限。本案中,系争房屋变卖所得价款为122万元,双方确认《承诺书》中载明,黄某某拿出404,200元借给韩某某用于替其子徐某某偿还债,并以银行利率计算利息。韩某某确认黄某某实际交付了404,200元的本金,故双方就404,200元的借款关系已经生效。因此,清算债权的本金是明确的,即为404,200元。关于利息部分,虽然双方没有约定具体的利率标准,但应当支付利息的合意是明确的,鉴于系争房屋在2019年5月30日过户至案外人名下,黄某某已经可以实际通过售房款项受偿,故二审法院认定韩某某应当支付自2015年8月17日起至2019年5

---

① 参见王闯:《关于让与担保的司法态度及实务问题之解决》,载《人民司法》2014年第16期。
② 现为《民法典》第413条:"抵押财产折价或者拍卖、变卖后,其价款超过债权数额的部分归抵押人所有,不足部分由债务人清偿。"
③ 现为《民法典》第438条:"质押财产折价或者拍卖、变卖后,其价款超过债权数额的部分归出质人所有,不足部分由债务人清偿。"

月30日止的利息,并参考同期银行贷款基准利率,酌情认定按照年利率5%的标准支付利息。由此计算,清算债权总额为404,200元本金与76,466元利息,以122万元售房款扣除上述金额及黄某某已经支付的20万元,黄某某尚未完全履行清算义务,其应当向韩某某返还剩余的539,334元。

需要说明的是,黄某某主张其替韩某某之子徐某某偿还的债务超出了404,200元,但本案的主债务关系人是韩某某与黄某某,黄某某即使对徐某某享有超出404,200元的债权金额,也不能将该部分超出金额认定为韩某某对黄某某的借款,更不能纳入本案的清算债权范围。

四、结论

让与担保是以虚假财产转让行为隐藏实质担保目的的非典型担保,应从交易时间、履行方式、基础债务等方面综合审查双方的真实意思表示。让与担保行为效力不受表面交易行为无效的影响,但亦不能产生财产事前归属的法律效果。房屋让与担保的债权人即使取得了物权登记,也不享有真正所有权,不得在债务到期前妨碍真正所有权人的正常使用,亦不能对外随意处分房屋所有权。债务到期未能清偿,债权人可以在担保人同意的情况下以合理价格出售房屋,但其通过出售款优先受偿的前提是履行对担保人的清算义务,且担保债权范围应以担保合意中的债权本息为限,担保人有权主张债权人返还超出担保债权范围的剩余出售款项。

解读撰写人:上海市第一中级人民法院　李兴　肖伽琦

法答网问题链接

本案例回答了法答网第C2023112401072号和第C2023120500490号问题,即关于让与担保性质与效力认定的问题。

目前,现行立法未明确让与担保行为的性质及效力认定,但根据意思自治原则,应依当事人的真实意思表示予以确定。本案中,双方当事人就案涉房屋所形成的让与担保行为包含虚假财产转让行为和隐藏于其后的担保行为。作为非典型担保,让与担保的性质应从交易时间、履行方式、基础债务等方面综合审查双方的真实意思表示。让与担保行为的法律效力不受表面交易行为无效的影响,不能产生财产事前归属的法律效果,应取决于隐藏于其后的担保行为的法律效力。这对于司法实践具有参考价值,有助于刺破表面行为的虚假面纱,深入探究双方当事人的真实意思表示,确定纷繁复杂司法实践中标的物的物权权属。

入库案例编号:2023-07-2-079-001　　法答网问题编号:C2024022300796

6. 银行在与借款人签订借款合同的同时,又通过与借款人签订债权转让等其他合同方式收取费用的,应认定为变相收取利息的行为

——某甲实业公司诉某乙银行支行债权转让合同纠纷案

入库案例适用参考

关键词

民事　债权转让合同纠纷　借款合同　资产委托管理协议　虚假意思表示

裁判要旨

借款人与贷款银行在双方签订的借款合同之外,又另行签订债权转让及资产委托管理协议,约定借款人支付一定金额的债权转让费用但不获取任何利益的,应认定该债权转让及资产委托管理协议系以变相收取借款利息等为目的,属于双方订立的借款合同的组成部分。双方签订债权转让及资产委托管理协议系以虚假的意思表示实施的民事法律行为,依法应认定为无效;该行为所隐藏的收取利息的行为的效力,依照有关法律规定处理。

关联索引

《中华人民共和国民法典》第146条(本案适用的是2017年10月1日施行的《中华人民共和国民法总则》第146条)

基本案情

一审:江西省南昌市中级人民法院(2018)赣01民初342号民事判决

(2019年12月20日)

二审:江西省高级人民法院(2020)赣民终267号民事判决(2020年5月26日)

再审审查:最高人民法院(2020)最高法民申7094号民事裁定(2021年6月25日)

2013年10月21日,某甲实业公司与某乙银行支行签订借款合同,约定某甲实业公司向某乙银行支行借款5400万元,期限3年,年利率为6.15%。2013年10月28日,双方又签订债权转让协议,约定某乙银行支行自交割日起将协议附件《贷款债权明细表》所列债权及相关从权利(包括但不限于担保合同权益)一并转让给某甲实业公司,转让价为10,620,439.51元;某乙银行支行在交割日前收到某甲实业公司支付的买价后,双方于交割日进行贷款债权的交割;从交割日起,涉案贷款债权归某甲实业公司享有。双方另签订资产委托管理协议,约定某甲实业公司委托某乙银行支行清收涉案债权,某乙银行支行清收上述委托管理资产取得的款项,在扣除清收过程发生的必要性支出后,剩余款项全部作为委托管理费归属某乙银行支行;某乙银行支行可在回收的借款本息资金中直接扣除委托管理费。上述协议签订后,某甲实业公司于2013年12月5日向某乙银行支行支付债权转让款10,620,439.51元,但该银行并未按合同约定将有关债权交割给某甲实业公司。2013年8月7日,某乙银行支行直接以债权人身份就涉案债权向江西省南昌市中级人民法院起诉其他债权人主张权利,该案于2014年9月2日立案执行,某乙银行支行于2014年9月17日向法院申请终结本案的本次执行程序,法院予以同意。

后某甲实业公司因某乙银行支行未按合同约定将债权及相关债权证明文件依法转让或提供给某甲实业公司,自己未依法取得上述债权为由,向法院起诉,提出诉讼请求:(1)解除原被告双方于2013年10月28日签订的《债权转让协议》;(2)被告立即返还原告债权转让价款10,620,439.51元,并赔偿原告利息损失3,048,066.14元(利息自2013年12月5日起暂计算至2018年8月5日止,之后利息按年利率6.15%计算至付清款项之日止);(3)本案诉讼费用均由被告依法承担。

某乙银行支行辩称:(1)原告转让债权已超过诉讼时效,依法不受法律保护。(2)本案《债权转让协议》合法有效,无法定解除或撤销理由,某甲实业公司无权要求返还转让款。案涉《债权转让协议》系双方的真实意思表示,并无违反国家法律效力性强制性规定,且腾某公司于2013年12月5日向某乙银行支行支付了债权转让款,《债权转让协议》合法有效。本案债权转让未通知债务人,可以继续通知债务人;债权仍在某乙银行支行名下,可以变更或交付至腾某公司名下,都应当是继续履行合同的范围。至于债权未执行到位以及部分债务人被吊销执照,是某甲实业公司应当承担的风险,与债权转让是否应解除无关。综上所述,腾某公司的权利超过了诉讼时效,依法不受保护。本案《债权转让协议》合法有效,无法定解除或撤销的事实,某甲实业公司无权解除合同,无权要求某乙银行支行返还转让款。

江西省南昌市中级人民法院于2019年12月20日作出(2018)赣01民初342号判决:(1)解除某甲实业公司与某乙银行支行于2013年10月28日签订的《债权转让协议》;(2)某乙银行支行在本判决生效之日起10日内返还某甲实业公司债权转让款10,620,439.51元并支付利息(利息自2013年12月5日起按年利率6%计算至转让款付清之日止)。如果未按本判决指定的期间履行给付金钱义务,应当按照《民事诉讼法》第253条的规定,加倍支付迟延履行期间的债务利息。案件受理费103,811.04元,由某乙银行支行负担。

某乙银行支行不服一审判决,提起上诉,请求撤销一审判决,改判驳回某甲实业公司所有诉讼请求。江西省高级人民法院认为,某甲实业公司诉请解除双方签订的债权转让协议,某乙银行支行返还其债权转让款本息的主张,与事实不符,于法无据,不应支持。一审法院判决解除双方签订的债权转让协议,某乙银行支行返还债权转让款本息错误,予以纠正。江西省高级人民法院于2020年5月26日作出(2020)赣民终267号民事判决:撤销一审判决,驳回某甲实业公司的诉讼请求。某甲实业公司不服,向最高人民法院申请再审。最高人民法院于2021年6月25日作出(2020)最高法民申7094号民事裁定:驳回某甲实业公司的再审申请。

裁判理由

法院生效裁判认为:某甲实业公司与某乙银行支行所签订的债权转让协议和资产委托管理协议名为债权转让和资产委托管理协议,实为双方订立的本金为5400万元的借款合同的组成部分。理由如下:第一,从债权转让协议和资产委托管理协议的约定看,该两份协议约定的内容不符合常理。一般而言,某甲实业公司作为涉案债权受让方及资产委托管理方,其受让涉案债权并委托某乙银行支行清收,应以获取收益为目的,但本案双方签订的债权转让协议、资产委托管理协议约定,某甲实业公司以10,620,439.51元的对价受让某乙银行支行的债权,再委托某乙银行支行予以清收,清收所得款项在扣除支出费用后,剩余款项全部作为委托管理费归某乙银行支行所有,即某甲实业公司在向某乙银行支行支付了10,620,439.51元的债权转让款后,并不能从受让的上述债权中获取任何收益。第二,从双方签订债权转让协议、资产委托管理协议的目的看,某甲实业公司是为了与某乙银行支行签订借款合同,以获得某乙银行支行5400万元的借款;某乙银行支行与某甲实业公司签订债权转让协议、资产委托管理协议是为了在借款合同之外另行收取10,620,439.51元的款项,并达到剥离不良资产即涉案债权的目的。某甲实业公司2015年5月13日向某乙银行支行出具的关于要求提供债务人信息资料的报告中载明:"我公司为了在贵行贷款伍仟肆佰万元人民币,接受了贵行债务人江西维某实业有限公司的不良贷款债权转让条件……"某乙银行支行在本案一审中也有关于"该借款某甲实业公司享受了优惠利率政策,年利率仅为6.15%,当时某乙银行支行的贷款利率执行的标准为年利率13%左右,这也是某甲实业公司同意接受本案债权的原因所在"的陈述。第三,从债权转让协议和资产委托管理协议的实际履行情况看,某乙银行支行并未实际履行该两份协议。《债权转让协议》第2条约定,某乙银行支行应在交割日即2013年10月28日将涉案债权及从权利转让给某甲实业公司,但根据某乙银行支行在本案一审中自认的事实,其在收到某甲实业公司支付的10,620,439.51元债权转让款后并未将涉案债权移交给某甲实业公司,而是继续以自己的名义通过提起诉讼、申请法院强制执行的方式对涉案债权进行追讨,且某乙银行支行并未提供证据证明其已将相关债权追讨情况告知了某甲实业公司。

综合以上分析可以看出,某甲实业公司与某乙银行支行关于债权转让及资产委托管理的意思表示是虚假的,某乙银行支行收取的10,620,439.51元的债权转让款应认定为其就涉案5400万元借款在双方于2013年10月21日签订的借款合同之外另行收取的利息。《民法总则》第146条规定:"行为人与相对人以虚假的意思表示实施的民事法律行为无效。以虚假的意思表示隐藏的民事法律行为的效力,依照有关法律规定处理。"本案中,某甲实业公司与某乙银行支行以虚假的意思表示实施的债权转让及资产委托管理行为应无效;双方以该虚假的意思表示所隐藏的支付10,620,439.51元借款利息的行为,实际系双方订立本金为5400万元的借款合同这一民事法律行为的组成部分,对该行为的效力应依照有关法律规定处理。二审法院认定债权转让协议和资产委托管理协议合法有效虽有不当,但判决驳回某甲实业公司关于解除债权转让协议及某乙银行支行返还债权转让款和相应利息的诉讼请求,并无不妥。

案例解读

一、通谋虚伪行为的认定与效力评价

通谋虚伪行为,即行为人与相对人通谋以虚假的意思表示实施的民事法律行为。《民法总则》第146条首次对通谋虚伪行为的法律效力作出了明确规定。《民法典》第146条吸收了《民法总则》的上述规定。

意思表示是民事法律行为的核心要素,其真实性对于保证行为人正确实现行为目的至关重要。虚假的意思表示,顾名思义,即意思表示不真实。以虚假意思表示实施的民事法律行为即虚假行为。虚假行为是表意人和表示的受领人一致同意表示事项不应该发生效力,亦即双方当事人一致同意仅仅造成订立某项法律行为的表面假象,而实际上并不想使有关法律行为的法律效果产生。[①] 我国民法中所使用的虚假行为的概念,是指通谋的虚假行为,存在行为人与相对人两个以上的民事主体,其概念有别于单方实施的

---

① 参见[德]卡尔·拉伦茨:《德国民法通论》(下),王晓晔等译,法律出版社2003年版,第497页。

虚伪行为,也即真意保留行为。① 一般认为,虚假民事法律行为必须具备以下三方面条件:一是行为人需有两方以上的表意人,真意保留不构成虚假意思表示;二是双方当事人所表达的意思并非当事人的真意,表示与真意不符;三是双方当事人对虚假的意思表示须有通谋。通谋虚伪行为实际包含了两个行为,除行为人与相对人之间通谋的虚假意思表示行为之外,还包含隐藏行为。隐藏行为,是被伪装行为所掩盖的,代表行为人和相对人真实意思的行为,即当事人通过虚假的意思表示所隐藏的真实意思表示的民事法律行为。《民法典》第146条用前后两款分别就虚假意思表示行为和隐藏行为的效力进行了明确。

就本案而言,最高人民法院经审查认为,某甲实业公司与某乙银行支行所签订的债权转让协议和资产委托管理协议名为债权转让和资产委托管理协议,实为双方订立的借款合同的组成部分,并从上述协议约定的内容、协议的履行情况及签订协议的真实意思表示三个方面对此进行了分析论述。债权转让协议和资产委托管理协议由某甲实业公司与某乙银行支行共同签字确认,该协议所表达的意思表示是某甲实业公司受让某乙银行支行的债权,并委托该行清收债权,在扣除清收过程发生的必要性支出后,剩余款项全部作为委托管理费归属该行。受让金融不良债权作为一项商事活动,通常应以逐利为目的。但根据上述两份协议,某甲实业公司在支付债权转让款后,即便不良债权能收回,也不能从中获取任何收益,故其对其支付债权转让对价后无法从中获益系明知,这显然不符合常理。且双方并未实际履行该两份协议,某乙银行支行在收到某甲实业公司的债权转让款后并未移交涉案债权,而是继续以自己的名义通过诉讼、申请法院强制执行的方式对涉案债权进行追讨,也未将相关债权追讨情况告知某甲实业公司。结合某甲实业公司2015年5月13日向某乙银行支行出具的关于要求提供债务人信息资料的报告的记载及某乙银行支行在本案一审中关于"该借款某甲实业公司享受了优惠的利率政策,年利率仅为6.15%,当时某乙银行支行的贷

---

① 真意保留行为指表意人故意隐瞒其真实意思,而表示其他意思,是一种自知其并非真意的意思表示。

款利率执行的标准为年利率13%左右,这也是某甲实业公司同意接受本案债权的原因所在"的陈述,最高人民法院认定双方关于债权转让和资产委托管理协议的意思表示虚假,该虚假的意思表示所隐藏的民事法律行为系就双方订立的借款合同支付借款利息的行为,该行为属于借款合同的组成部分。

就双方虚假意思表示行为的效力,因该意思表示非双方真意,如认定为有效,显然有违当事人内心真意,故《民法总则》《民法典》先后对该行为的效力给予了否定性评价,规定该行为无效。① 就其隐藏的民事法律行为的效力,应依照有关法律规定处理,其效力判断标准与一般民事法律行为的判断标准相同。

《民法总则》原则上没有溯及力,但也存在例外情形,如虽然法律事实发生在《民法总则》施行前,但当时的法律对此没有规定而《民法总则》有规定的,如对于虚伪意思表示、第三人实施欺诈行为,原《合同法》均无规定,发生纠纷后,基于"法官不能拒绝裁判"规则,可以将《民法总则》的相关规定作为裁判依据。② 本案中,涉案债权转让协议、资产委托管理协议及借款合同均签订于《民法总则》施行之前,但当时的法律对通谋虚伪行为没有规定。本案将《民法总则》作为裁判依据,符合《全国法院民商事审判工作会议纪要的通知》(法〔2019〕254号)关于《民法总则》适用的法律衔接问题的意见。

二、司法裁判对金融领域乱象的回应

人民法院在金融审判过程中,要贯彻防范重大金融风险、金融服务实体经济、降低融资成本的精神,充分发挥司法的示范、引导作用,维护金融秩序,促进金融行业健康发展。实践中,金融机构通过名目繁多的服务费、咨询费、财务顾问费、管理费等形式变相收取借款利息的案件并不鲜见。这些所谓的费用从表面上看,大多与金融机构和相对人签订的借款合同有关,且不直接表现为利息等直观的融资成本,但从有关这类费用的合同约定内容、

---

① 我国法律规定的民事法律行为无效为绝对无效。参见杨立新:《〈民法总则〉规定的虚假民事法律行为的法律适用》,载《法律科学(西北政法大学学报)》2018年第1期。

② 参见最高人民法院民事审判第二庭编著:《〈全国法院民商事审判工作会议纪要〉理解与适用》,人民法院出版社2019年版,第7-8页。

实际履行情况及探究双方真实意思表示角度分析，实际则为金融机构向借款人变相收取的额外融资成本。这类变相收取利息的合同也被称为名实不符或质价不符的合同。《关于进一步加强金融审判工作若干意见的通知》（法发〔2017〕22号）明确提出，对以金融创新为名掩盖金融风险、规避金融监管、进行制度套利的金融违规行为，要以其实际构成的法律关系确定其效力和各方的权利义务。整治名实不符的金融产品亦已成为中国银行保险监督管理委员会2021年开展的重要工作之一。人民法院在审理此类案件时，应注意探究各方真实意思表示，注意剥离其虚假行为与隐藏行为，对其行为效力分别作出认定，并以其实际构成的法律关系确定各方的权利义务。

本案某乙银行支行通过与某甲实业公司签订债权转让协议、资产委托管理协议的方式收取其向某甲实业公司发放借款的部分利息，也属于金融机构变相收取借款利息的模式之一。从类案检索情况看，此操作模式下变相收取借款利息的涉诉案件不多，本案裁判对此类案件在真意探究和行为效力评价方面具有新颖性、典型性。银行通过此类操作模式，既实现了变相收取贷款利息的目的，又成功剥离了一笔不良债权，可谓一举两得；而就借款人而言，为了顺利拿到贷款，即便需多承担部分融资成本，其也愿意配合。但从深层次角度分析，银行利用其金融机构的特殊身份，为达到逃避行业监管的目的，与借款人签订虚假意思表示的合同，在一定程度上扰乱了金融秩序。对于此类扰乱金融秩序的金融行为或所谓的"金融创新"模式，司法应作出正面回应，与监管部门形成司法和行政的合力，以规范、引导金融行业发展。

本案再审审查裁定之所以未对隐藏行为即某乙银行支行收取利息行为的效力问题进行审查和认定，系因某甲实业公司一审中未就借款合同提出相应的诉讼请求，本案作为申请再审案件，不宜直接进行评价。当事人对隐藏行为如有争议，可依法另行主张。

解读撰写人：最高人民法院　汪军　魏佳钦　唐广征

法答网问题链接

本案例回答了法答网第 C2024022300796 号问题,即关于金融机构变相收取利息行为的性质及效力的问题。

实践中,金融机构在与借款人签订借款合同之外,通过服务费、咨询费、顾问费、管理费等形式收取其他费用的现象屡见不鲜。探究双方真实意思表示可知,这类费用实际上是金融机构向借款人变相收取的利息。这类合同性质上属于《民法典》第 146 条规定的通谋虚伪行为的范畴,对这类行为效力的认定应区分虚假行为与隐藏行为进行认定。本案中,最高人民法院认定金融机构与借款人在借款合同之外另行签订债权转让及资产委托管理协议的行为的意思表示虚假,应认定无效;双方以该虚假意思表示所隐藏的支付借款利息的行为实际系案涉借款合同的组成部分,对该行为的效力应依照有关法律规定处理。本案裁判不仅回应了法答网第 C2024022300796 号问题,且对此类案件在真意探究和行为效力评价方面具有新颖性和典型性。

入库案例编号：2023－07－2－121－002　　法答网问题编号：C2023110900337

7. 地下车位的权属与使用收益的归属并不随项目所有权转让而当然转移给全体业主所有，具体应当结合实际情况综合判断

——某实业公司诉某物业管理公司物业服务合同纠纷案

入库案例适用参考

关键词

民事　物业服务合同　地下车位　权属　产权登记　使用收益

裁判要旨

开发商投资建设地下车库，但是相应的车位并未办理产权登记，开发商在房屋销售初始并未与业主约定地下车库的归属或者使用，而是通过签订物业服务合同委托交付给物业公司进行管理和收取相关的费用。在开发商与小区业主并未约定地下车库的归属或者使用，亦无法证明地下停车场的建设款项列入由业主分摊的涉案小区的建设成本时，地下车位由开发商建设、投资的，仍归开发商使用收益。因地下车位没有计入容积率即并未占用涉案小区土地的使用权，不宜认定地下车库已随案涉小区项目土地使用权的转让，一并转移给全体业主所有。物业服务合同到期后，开发商有权依据合同约定收回地下车位及相应的收益。

关联索引

《中华人民共和国人民防空法》（2009年修正）第5条第2款

基本案情

一审:广东省深圳市南山区人民法院(2012)深南法民三初字第201号民事判决(2012年9月20日)

二审:广东省深圳市中级人民法院(2012)深中法房终字第3158号民事判决(2013年5月20日)

再审:广东省高级人民法院(2014)粤高法民一提字第30号民事判决(2014年11月18日)

再审审查:最高人民法院(2018)最高法民抗4号民事裁定(2018年3月26日)

再审:最高人民法院(2018)最高法民再263号民事判决(2019年9月18日)

某实业公司作为开发商,建立了小区楼盘和地下车库,并为地下车库向有关部门办理了停车许可证。某实业公司在房产销售初始阶段已将部分车位以长期租赁的方式租赁给部分小区业主,一次性收取租金,车位使用年限等同于房屋的产权年限。某物业管理公司作为该小区的物业服务公司,与某实业公司签订了物业委托管理合同,约定某实业公司委托某物业管理公司进行物业管理,其中包括剩余的地下车位,由某物业管理公司委托管理和收取停车费,并约定5年之后某物业管理公司要把所有的物业和地下车位予以返还。合同到期后双方未再续约和签订任何协议,但某物业管理公司仍继续提供物业服务。

之后,某物业管理公司与该小区业主委员会签订物业委托管理合同,某物业管理公司受小区业主委员会委托进行物业管理。在此期间,某实业公司与小区业主委员会签订协议书,约定某实业公司因资金困难无力支付小区房屋公用设施专用基金,将部分出售或长期出租地下车位,价格由某实业公司自行合理拟定并保证本次处置车位的收入首先支付大修基金,小区业主委员会有权监督大修基金的支付情况。根据上述协议约定,某实业公司又与部分小区业主签订租赁合同,将部分车位长期出租给小区业主。地下车库分为地下一层和地下二层,其中地下二层属于人防工程,地下车库的车位均未办理产权登记手续。

某实业公司起诉到法院称,根据其与某物业管理公司签订的物业服务合同约定,合同到期后,某实业公司有权要求某物业管理公司返还剩余的115个车位和收取的停车费,双方争议主要是对地下车位的归属和收益权的问题。

广东省深圳市南山区人民法院于2012年9月20日作出(2012)深南法民三初字第201号民事判决:驳回某实业公司的全部诉讼请求。某实业公司不服一审判决,提起上诉,广东省深圳市中级人民法院于2013年5月20日作出(2012)深中法房终字第3158号民事判决:驳回上诉、维持原判。某实业公司不服二审判决,向广东省高级人民法院申请再审。广东省高级人民法院提审本案,并于2014年11月18日作出(2014)粤高法民一提字第30号民事判决:撤销原一审、二审判决,支持某实业公司的诉讼请求。

某物业管理公司不服再审判决,向检察机关申请监督。最高人民检察院于2018年3月26日作出(2018)最高法民抗4号民事裁定,认为再审判决适用法律错误,主要理由是:(1)案涉车位的所有权归全体业主所有,某实业公司无权要求某物业管理公司归还案涉车位。本案中,某实业公司在与涉诉小区业主签订房地产预售合同之时并未对地下停车库的权益进行特别约定。地下停车库的权益根据"房地一体"原则已随房地产同时转移,即案涉车位应属于全体业主共有。(2)某物业管理公司有权收取案涉车位的租金。根据《物权法》及有关法律规定,业主委员会系由业主选举产生,是代表业主利益的组织,其有权依据法定程序与物业服务企业签订物业管理合同。本案中,美某广场业主委员会先后于2008年4月和2011年3月与某物业管理公司签订了美某广场物业委托管理合同。因此,某物业管理公司收取案涉车位的租金,依据的是与美某广场业主委员会之间的委托管理合同,该合同合法有效。而某实业公司并非案涉车位的所有权人,无权要求某物业管理公司返还收取的案涉车位租金。

最高人民法院于2019年9月18日作出(2018)最高法民再263号民事判决:检察机关的抗诉理由,不予采纳,维持广东省高级人民法院的再审判决。

裁判理由

法院生效裁判认为：经查明，案涉地下停车场没有计入容积率即并未占用案涉小区土地的使用权，各户房屋的分摊公用面积亦不包括地下一层、地下二层的建筑面积。因此，案涉地下停车场也未计入公用建筑面积及作为分摊公用面积销售给业主，现在也没有证据证实地下停车场的成本以其他方式实际计入业主的购房款中，即案涉地下停车场开发成本并未相应分摊到各个商品房的出售价格之中，因此，不宜认定案涉车位已随美某广场项目所有权的转让，一并转移给全体业主。案涉115个地下停车位分属于地下一层、地下二层，其中100个停车位位于地下二层。地下二层属于民防工程，经查明该人防工程系某实业公司投资和建设，战时作为一般城市居民掩蔽所，平时可作为停车场。根据《人民防空法》第5条第2款"国家鼓励、支持企业事业组织、社会团体和个人，通过多种途径，投资进行人民防空工程建设；人民防空工程平时由投资者使用管理，收益归投资者所有"的规定，某实业公司作为该人防工程的投资者享有相关的收益即对案涉车位中位于地下二层的100个停车位享有收益。因并无事实和法律依据证明业主有处置车位的权利，故某物业管理公司关于其与业主委员会之间签订新的委托合同而占有案涉车位的主张不能成立。因某物业管理公司与某实业公司之间的委托合同期满后，双方当事人并未就委托事宜重新签订相关协议，某物业管理公司不再是案涉停车位管理委托人，应当依照约定归还某实业公司委托其管理的地下车位和收取的停车费。综上所述，检察机关的抗诉理由，不予采纳。

案例解读

已生效的《民法典》对于车位、车库的权属以及对于"占用业主共有的道路或者其他场地用于停放汽车的车位，属于业主共有"有明确规定，其余的车位、车库的归属仅规定"由当事人通过出售、附赠或者出租等方式约定，但应当首先满足业主的需要",①即由当事人协商解决,但是对于没有约定的或者约定不明的,并没有作出清晰明确的规定,只是明确"建筑区划内,规划用于停放汽车的车位、车库应当首先满足业主的需要"。

地下车位一般因历史原因很少办理产权登记手续,而且又涉及人防工程,现行法律法规对于地下车位的所有权归属又无明确规定,造成理论上和审判实务分歧较大。本案中,因案涉地下车位均未办理产权登记手续,一直由开发商交由物业服务公司进行管理。对此,地下车位的争议,小区业主委员会和某物业管理公司均主张剩余的115个地下车位归业主共有,某实业公司认为地下车库由其开发建设应该归其所有。案涉争议的115个地下停车位分属于地下一层、地下二层,地下二层属于人防工程。

一、人防车位的归属和收益

开发商投资建设地下停车场,包括人防工程。人防工程战时作为一般城市居民掩蔽所,经过相关的人防部门批准平时可作为停车场使用。《人民防空法》第5条第2款规定"国家鼓励、支持企业事业组织、社会团体和个人,通过多种途径,投资进行人民防空工程建设;人民防空工程平时由投资者使用管理,收益归投资者所有",实践中对于人防车位权属,既有认定归国家所有,也有归全体业主共有或开发商所有的判决。人防车位的另外一层职能是服务战时所需,从战时对于保障人防工程的管理、高效投入使用,人防车位的所有权归国家更符合人防工程建设的初衷。对于投资建设单位而言,取得平时人防车位的收益使用权平衡了其利益,也可以最大限度地发挥设施的效用。鉴于人防车位归属于国家的特殊性,还需考量租赁、转让人防车位使用权是否经过人防主管部门的批准或者报备。

二、一般车位的权属和收益

《物权法》第136条规定"建设用地使用权可以在土地的地表、地上或者地下分别设立",②2021年生效的《民法典》也沿用了该条规定,从基本法的

---

① 《民法典》第275条:"建筑区划内,规划用于停放汽车的车位、车库的归属,由当事人通过出售、附赠或者出租等方式约定。占用业主共有的道路或者其他场地用于停放汽车的车位,属于业主共有。"参见《民法典》第276条:"建筑区划内,规划用于停放汽车的车位、车库应当首先满足业主的需要。"

② 现为《民法典》第345条:"建设用地使用权可以在土地的地表、地上或者地下分别设立。"

角度明确了土地为立体空间,土地概念的外延逐渐由平面发展为立体。虽然目前我国还没有全国性的规范地下建设用地使用权设立和登记问题的法律、法规,仅有一些地方依据本地情况颁布了地下建设用地使用权设立和登记的规章或规范,但是对于土地的使用、收益也应当作为立体空间予以考虑,不宜按照"房地一致"原则,默认已随着房地产项目出售转让,地下空间的使用权一并转移给全体业主,而是需要查证地下车库是否计入了容积率即占用对应的土地使用权份额,不计入容积率也可能存在合法的土地权利,只有合法的土地使用权存在,地下车库方能成为区分专有权的客体。经查证,涉案地下停车场没有计入容积率即并未占用涉案小区土地的使用权,不能适用"房地一致"原则,不宜认定已随美加广场项目所有权的转让一并转移给全体业主。

根据建设部[①]发布的建房《商品房销售面积计算及公用建筑面积分摊规则(试行)》第9条关于公用建筑面积计算原则规定:"凡已作为独立使用空间销售或出租的地下室、车棚等,不应计入公用建筑面积部分。作为人防工程的地下室也不计入公用建筑面积。"某实业公司在原审中提交了证据能够证明各户房屋的分摊公用面积不包括地下一层、地下二层的建筑面积,即涉案地下一层、地下二层的建筑面积没有作为公摊面积销售给业主。因此,涉案地下停车场也未计入公用建筑面积也没有作为分摊公用面积销售给业主。也没有其他证据证实地下停车场的成本以其他方式实际计入业主的购房款中即案涉地下停车场开发成本并未相应分摊到各个商品房的出售价格之中,也不能认定案涉地下停车场已经一并转让给全体业主。

另外,某实业公司提交了证据证明,在案涉房产销售阶段,某实业公司已将案涉小区地下停车场的部分车位长期出租给小区业主,约定通过租赁70年的方式将部分车位转让给业主使用。随后,某实业公司又与小区业主委员会(乙方)签订协议书,约定某实业公司以自己的名义再出让一部分车位,价格由某实业公司自行合理拟定,保证本次处置车位的收入首先支付大修基金,小区业主委员会有权监督大修基金的支付情况。大修基金支付完

---

① 根据2008年国务院机构改革方案,组建住房和城乡建设部,不再保留建设部。

毕后,某实业公司有权自行处置其余收入。依据上述协议,某实业公司又与业主签订租赁合同将车位长期出租给涉案小区业主。因此,上述事实可以认定开发商在商品房初始销售时已经通过签订车位租赁合同的方式对停车场的权益进行了明确约定,也表明案涉小区业主委员会、某物业管理公司和部分业主对某实业公司将其拥有的车位出租不持异议,从而也否认开发商在小区销售时将地下停车场一并转移给全体业主。因并无事实和法律依据证明业主有处置车位的权利,故某物业管理公司关于其与业主之间签订新的委托合同而占有案涉车位的主张不能成立。

综上所述,根据现行法律规定,如果在房地产原审销售初始,开发商通过租赁或者转让的方式将车位转给业主或者其他人都属于约定明确,就应当按照约定处理。如果没有约定,就应当让开发商对于车位是否合法建造而原始取得所有权的事实承担举证责任,结合是否占用容积率、是否计入公摊面积、地下车库的成本是否以其他方式分摊到各个商品房的出售价格中等多种因素,综合考虑判断业主是否通过继受取得的方式获得一般车位的所有权,而不能仅仅根据案涉小区项目整体销售给全体业主,地下车库的所有权就转移给全体业主共有。从这个角度,笔者倾向于认为一般车位归属于开发商,也符合《物权法》第142条"建设用地使用权人建造的建筑物、构筑物及其附属设施的所有权属于建设用地使用权人,但有相反证据证明的除外"[①]的规定。特别说明,虽然对于地下车位的归属可予判断,但是能否办理产权登记还需符合相关主管部门的规定。

解读撰写人:最高人民法院 孙祥壮 许冬冬

法答网问题链接

本案例回答了法答网第C2023110900337号问题,即关于地下车位的权属及使用收益归属的问题。

[①] 现为《民法典》第352条:"建设用地使用权人建造的建筑物、构筑物及其附属设施的所有权属于建设用地使用权人,但是有相反证据证明的除外。"

囿于历史原因,地下车位鲜少办理产权登记手续。现行法律法规未明确规定地下车位的权属与使用利益的归属,理论和实务存在较大分歧。案例区分人防车位和一般车位研判权属及使用利益的归属,明确在地下车位非属人防车位且无产权登记情况下,地下车位的权属及使用收益归属的确定如有约定,应当按照约定;如无约定,应综合考虑多种因素来确定地下车位的权属及使用收益归属,具体情况具体分析。

入库案例编号:2023-07-2-127-001　　法答网问题编号:C2023122200759

8. 带有"草签"字样的合伙协议在内容上不存在履行的法律及事实障碍时,应视为可履行的正式合同

——李某、余某等诉雷某等合伙合同纠纷案

入库案例适用参考

关键词

民事　合伙合同　正式合同　合同效力　合同履行

裁判要旨

合伙协议中带有"草签"字样,但各方在协议中对合伙项目的盈余分配、支付方式、债务承担、合伙终止等事项及各方的权利、义务和违约责任,均作出了实质性的约定;对合同履行过程中可能出现的不确定情况均作了相应的处理约定,且未附生效条件,从内容上看并不存在履行上的法律或事实障碍时,无论合同名称如何,均应视为可以履行的正式合同。

关联索引

《中华人民共和国民法典》第156条、第470条、第490条(本案适用的是1999年10月1日施行的《中华人民共和国合同法》第56条、第12条、第32条)

基本案情

一审:湖北省武汉市中级人民法院(2013)鄂武汉中民商初字第00411号民事判决(2014年9月15日)

二审:湖北省高级人民法院(2015)鄂民一终字第00079号民事判决(2015年12月31日)

再审审查:最高人民法院(2019)最高法民申829号民事裁定(2019年3月9日)

2008年7月26日,雷某与李某、喻某、郑某、倪某为共同以某建设公司的名义承接某海外分公司分包的"某机场、机场路及其其他项目的路基、涵洞和运输工程",签订联合投资协议一份,主要内容为:(1)联合方式为共同出资、共同管理、风险共担、利润共享。(2)联合投资人出资及联合比例分配为倪某、李某、喻某、郑某各出资200万元,雷某出资100万元,均分别占工程比例总额的20%。全体合伙人均同意雷某实际出资100万元,盈亏比例按出资额200万元计算,但在结算退股时只能退还实际出资100万元,其余投资人退还实际出资200万元。(3)全体投资人一致推选李某作为本投资事务的负责人,统一组织和落实对投资事务完全推行公司管理模式,投资人李某对外身份为某建设公司董事长。

此后,因倪某未出资而退出合伙,喻某因身体原因要求退股,经全体投资人同意,喻某名下的25%的股份转让给李某,该项目投资人及股份分配比例变更为李某占投资的55%,郑某占投资25%,雷某占投资20%。其间,经各方投资人共同确认,郑某作为受余某委托的联合投资协议约定项目名义持有人,以代持股权人的名义行使股东权利,但不享有该股权的收益权或处置权等。

2012年7月28日,雷某(乙方)与李某、余某(甲方)签订一份退伙结算协议(草签)。该协议载明,现因多方原因,双方同意雷某退出合伙。经结算,双方达成协议如下:(1)即日起乙方与甲方所签订的所有合伙协议及文件废止,乙方不再享有分红、资产处置等所有权利。双方确认甲方支付乙方应分配合伙盈余款项700万元(含所得税),由甲方分40个月付清,每月付款金额17.5万元,自2012年7月开始支付,直至付清为止。(2)乙方同意按此前合伙协议结清所有财务手续,结算后所欠款项在2012年8月应支付款中扣除。(3)乙方应督促其在涉案项目工作的亲属周某、胡某等人在2012年8月30日前完成劳务合同结算手续,并保证上述人员结算时不得主张合同条款以外的要求,不得起诉甲方及某建设公司("永远不得起诉甲方及某建设公司"),否则乙方自愿承担由此给甲方造成的一切经济损失。(4)日后如需补交合伙期间相关税款,或在审计中被审减工程计量,乙方按合伙比例承担,从盈余款项 700 万元中扣除,如有不足部分乙方以现金方式向甲方或税务部门支付。(5)违约责任。甲方应按时向乙方支付约定款项,如有延误,须按当月违约金额每日支付 3‰ 的迟延履约金;逾期 10 日以上,乙方有权要求甲方下月提前双倍支付等额款项;如由于乙方原因,2012 年 8 月 30 日前未签订正式退伙协议,甲方暂停本协议的支付义务,待正式退伙协议签订以后,按正式协议履行。(6)本草签协议在双方签字后生效,在正式退伙协议签字生效后失效。

2012 年 8 月 30 日,合伙各方就雷某在合伙期间的各种款项进行了对账确认。当日,雷某出具一份承诺书,称如其在涉案项目工作亲属周某、胡某等人的工资结算及离职手续办理等事宜未在 2012 年 10 月底前解决完,其同意暂停支付退伙协议中约定应得的款项,直到此事解决后支付。另外,2013 年 9 月 12 日,周某、胡某分别对某建设公司提起诉讼,要求依法确认其与某建设公司间的劳动关系,并解除双方的劳动合同,补办社会保险,支付相应工资、社保费用及住房公积金等。上述两案经历一审、二审,于 2014 年 5 月 12 日结案。

案件审理过程中,雷某、李某、余某均确认在 2012 年 7 月 28 日退伙结算协议(草签)达成后,李某、余某依约向雷某支付了第一期的合伙盈余款 17.5 万元,其余款项未予支付。

湖北省武汉市中级人民法院于 2014 年 9 月 15 日作出(2013)鄂武汉中民商初字第 00411 号民事判决:退伙结算协议(草签)的内容在剔除涉及他人权利的约定(雷某的亲属周某、胡某"永远不得起诉李某、余某及某建设公司")后均有效,李某、余某于判决生效后 15 日内向雷某支付自 2014 年 5 月 13 日起至 8 月 31 日止的合伙盈余款 70 万元。李某、余某不服提起上诉。湖北省高级人民法院于 2015 年 12 月 31 日作出(2015)鄂民一终字第 00079 号民事判决:驳回上诉,维持原判。李某、余某、某建设公司遂向最高人民法院申请再审。最高人民法院于 2019 年 3 月 9 日作出(2019)最高法民申 829

号民事裁定:驳回李某、余某、某建设公司再审申请。

裁判理由

法院生效裁判认为:涉案退伙结算协议(草签)名称中虽含有草签字样,但从内容上看该协议并不存在履行上的法律或事实障碍,应视为可以履行的正式合同,剔除其中因涉及他人权益而无效的条款,其他内容仍对各方当事人具有法律约束力。

案例解读

草签协议又称预约协议,即约定将来订立一定契约的协议。由于草签协议与本约之间既相互独立,又相互关联,二者之间是手段与目的的关系。草签协议通常是当事人为了将来订立确定性本约而预先达成的书面允诺或协议,通常是在正式订立协议的时机尚未成熟时,双方为了将来能够订立正式协议而对相关事宜进行初步法律确认的预先约定。由于草签协议与正式协议的效力和性质均有较大差异,因此正确界分协议的效力和性质十分重要。但认定一份合同是草签协议(预约协议),还是正式协议,不仅应仅依据合同名称来判断,还应结合合同具体内容、生效条件等综合判断。

一、退伙结算协议(草签)的效力

涉案退伙结算协议(草签)名称中虽含有草签字样,但从合同内容来看,各方在协议中对合伙项目的盈余分配、支付方式、债务承担、合伙终止等事项及各方的权利、义务和违约责任,均作出了实质性的约定;其形式要件符合《合同法》[①]第 12 条[②]规定的合同一般应有的条款内容,根据《合同法》第 32 条"当事人采用合同书形式订立合同的,自双方当事人签字或盖章时合同成立"[③]的规定,该合同在各方签字后成立。该协议约定自各方签字后生效,

---

[①] 根据《民法典》的规定,《合同法》自 2021 年 1 月 1 日起废止,下同。
[②] 现为《民法典》第 470 条:"合同的内容由当事人约定,一般包括下列条款:(一)当事人的姓名或者名称和住所;(二)标的;(三)数量;(四)质量;(五)价款或者报酬;(六)履行期限、地点和方式;(七)违约责任;(八)解决争议的方法。当事人可以参照各类合同的示范文本订立合同。"
[③] 现为《民法典》第 490 条:"当事人采用合同书形式订立合同的,自当事人均签名、盖章或者按指印时合同成立。在签名、盖章或者按指印之前,当事人一方已经履行主要义务,对方接受时,该合同成立。法律、行政法规规定或者当事人约定合同应当采用书面形式订立,当事人未采用书面形式但一方已经履行主要义务,对方接受时,该合同成立。"

对合同履行过程中可能出现的不确定情况（补税、审计）均作了相应的处理约定（如考虑相关工程量审减部分的 20% 和税款有可能金额高于盈余分配款的情况，专门约定不足部分由雷某以现金方式向李某、余某支付），而并未附生效条件，从内容上看该协议并不存在履行上的法律或事实障碍，无论合同名称如何，都为可以履行的合同。

关于该协议的法律效力，退伙结算协议（草签）中关于雷某应保证周某、胡某等"永远不得起诉李某、余某及澳龙建设公司"的约定，属限制合同以外当事人权利的条款，应为无效。其余内容系各方当事人的真实意思表示，亦未违反我国法律、行政法规的强制性规定，依《合同法》第 56 条"合同部分无效，不影响其他部分效力的，其他部分仍然有效"[1]的规定，均应认定为有效。双方约定该协议在签字后生效，各方均须履行该协议约定的义务，在正式退伙协议生效后失效。此后，合伙各方依约进行了财务清算，李某、余某亦按期向雷某支付了第一笔合伙盈余款 17.5 万元，该事实说明合伙各方也已就上述合同的履行实施了积极行为。因各方约定退伙结算协议（草签）"在双方签字后生效，在正式退伙协议签字生效后失效"，在各方后续未订立正式退伙协议的情况下，剔除其中因涉及他人权益而无效的条款，该协议其他内容仍具有法律效力，各方当事人应遵照执行。但需要指出的是，雷某 2012 年 8 月 30 日的承诺函——关于暂停支付合伙盈余款条件的承诺，系雷某对自身民事权利的有效限制，不涉及对第三方权利的处分，在雷某以单方要约的法律形式将该份承诺函提交给李某、余某，并获得李某和余某确认后，对合伙各方均具有法律上的约束力。

二、退伙结算协议（草签）的性质

依据订立合同的目的，契约可分为预约和本约。预约合同乃约定将来订立一定契约之契约，本约合同即为依照预约成立的合同。区分预约和本约，对于确定当事人之间的法律关系的性质、当事人的责任十分重要。预约合同中各方当事人的合同义务是订立本约，合同内容一般较为简单；而本约

---

[1] 现为《民法典》第 156 条："民事法律行为部分无效，不影响其他部分效力的，其他部分仍然有效。"

合同所约定的合同义务是直接履行内容,具备可履行性,当事人也因此而形成具体的债权债务关系。实践中,预约合同与本约合同有时较难区分。《商品房买卖合同纠纷案件司法解释》(2020年修正)第5条规定,"商品房的认购、订购、预订等协议具备《商品房销售管理办法》第十六条规定的商品房买卖合同的主要内容,并且出卖人已经按照约定收受购房款的,该协议应当认定为商品房买卖合同",若采取客观解释的路径,即商品房认购书等一般应认定为商品房买卖预约合同,但如果商品房认购书具备了一定的实质要件,即使冠以认购书等名称,仍应认定为商品房买卖合同,即名为预约实为本约。但实践中亦有观点采取主观解释的路径[参见最高人民法院(2013)民提字第90号判决],认为仅根据当事人的约定内容是否全面,并不足以界分预约和本约,判断当事人之间订立的合同系本约还是预约的根本标准应当是当事人的意思表示,如果当事人存在明确的将来订立本约的意思,那么,即使预约的内容与本约已经十分接近,即使通过合同解释,从预约中可以推导出本约的全部内容,也应当尊重当事人的意思表示。故认定当事人之间为预约还是本约关系,除要分析协议内容是否具备法律或事实上的障碍,还要结合当事人嗣后的磋商及具体的履行行为,探寻当事人的真实意思,并据此对当事人之间法律关系的性质作出准确的界定。

本案中,李某、余某、某建设公司等称退伙结算协议(草签)只是一份预约合同,法院只能判令其承担不履行签订本约合同的违约责任。从退伙结算协议(草签)就各方民事权利义务关系所作具体约定及履行时间(2012年7月)来看,该协议的主要内容具备可履行性,且反映各方直接履行的意思表示,具有正式合同性质,实践中各方当事人亦已开始实际履行。但退伙结算协议(草签)特殊之处还在于其中含有关于正式退伙协议签订时间(2012年8月30日)的约定和安排,反映双方将来订立本约合同的合意,具有预约合同的成分。该协议约定"因乙方(雷某)原因,于2012年8月30日前未签订正式退伙协议,甲方(李某、余某)暂停本协议的支付义务,待正式退伙协议签订以后,按正式协议履行",并约定该协议在正式退伙协议签字生效后失效,将正式退伙协议的生效作为该协议的失效条件。但对于未能签订正式退伙协议的原因,李某、余某在一审、二审及申请再审环节均不能提供有效证据系因雷某的原因所致,故在后续各方未订立正式退伙协议的情况下,退伙结算协议(草签)对李某、余某与雷某仍有约束力。

解读撰写人:最高人民法院　包剑平　刘平安

法答网问题链接

本案例回应了法答网第 C2023122200759 号问题,即关于带有"草签"字样的合同的效力问题。

案例明确正式合同的认定不取决于协议是否带有"草签"字样,而需要根据多种因素进行综合判断。合同各方在合同中对各方权利义务和违约责任等均作出实质性约定,且未附生效条件,从内容上看并不存在履行上的法律或事实障碍的,无论合同名称如何,均应视为可以履行的正式合同。本案例对法答网上关于草签及网签商品房销售合同是否可履行问题,具有一定参考意义。

入库案例编号:2024-07-2-471-001 | 法答网问题编号:K2024022937787

9. 被执行人到期债权的债务人不宜作为案外人提起执行异议之诉

——冯某、车某与李某、张某甲案外人执行异议之诉案

入库案例适用参考

关键词

民事　执行异议之诉　案外人　被执行人　原告主体资格

裁判要旨

"对他人的到期债权"享有执行异议之诉的起诉主体,须是针对执行标的"对他人的到期债权"享有实体权利的人。次债务人已依法提出执行异议的,申请执行人若想取得到期债权利益,可以通过代位诉讼程序,实施权利救济。

关联索引

《最高人民法院关于适用〈中华人民共和国民事诉讼法〉的解释》(2022年修正)第406条(本案适用的是2015年2月4日施行的《最高人民法院关于适用〈中华人民共和国民事诉讼法〉的解释》第408条)

基本案情

一审:山西省吕梁市中级人民法院(2016)晋11民初3号民事判决(2017年11月21日)

二审:山西省高级人民法院(2018)晋民终586号民事判决(2018年8月23日)

提审：最高人民法院（2019）最高法民申1254号民事裁定（2019年12月13日）

再审：最高人民法院（2020）最高法民再3号民事裁定（2020年3月25日）

2012年7月23日，甲公司实际控股人张某甲、法定代表人张某乙作为转让方与冯某、车某作为受让方就甲公司股权转让事宜签订煤矿股权转让协议，该协议约定：张某甲、张某乙将其拥有的甲公司100%股权全部转让给冯某、车某，转让总价款为150,000,000.00元。自该协议订立之日前该煤矿发生的债权、债务均由张某甲处置，该协议签订之日起所发生的债权、债务均由冯某、车某负责。

冯某、车某以张某甲、张某乙为被告向Y区人民法院提起诉讼，诉讼请求为确认煤矿股权转让协议合法有效。Y区人民法院于2014年4月10日作出民事判决，确认煤矿股权转让协议合法有效。Y区人民法院查明，张某甲、张某乙实际持有甲公司74.7899%股权。Y区人民法院认为张某甲、张某乙实际是将其持有的74.7899%股权转让给冯某、车某，且双方对股权登记依法进行了变更，故折合相应股权转让价款为112,184,850.00元。另查明，冯某、车某已支付股权转让款85,000,000.00元，张某甲、张某乙认可2012年10月29日收到股权转让款3,755,761.10元，同年11月8日收到股权转让款8,500,000元。除李某认可上述转让金额共计97,255,761.10元外，尚余14,929,088.90元股权转让价款双方当事人存在争议。

李某诉张某甲民间借贷纠纷一案，L市中级人民法院于2015年2月11日以调解书结案。在执行该民间借贷纠纷一案过程中，L市中级人民法院于2015年4月9日作出执行裁定，并依据该裁定向案外人冯某、车某发出协助执行通知，冻结张某甲对冯某、车某的债权13,080,000.00元。之后，冯某、车某向L市中级人民法院提出案外人异议申请。2015年12月30日，L市中级人民法院作出执行裁定，驳回冯某、车某的案外人异议，并告知其可提起案外人执行异议之诉。

2015年10月12日，冯某、车某与张某甲、张某乙签订调解协议，对双方之间债权债务进行明确。确认冯某、车某已经通过现汇打款方式支付张某甲、张某乙股权转让价款 100,410,000.00 元,张某甲、张某乙委托冯某、车某垫付款项 12,019,444.00 元,冯某、车某共计支付张某甲、张某乙 112,429,444.00 元,股权转让款已支付完毕。S 省 T 市 Y 区 G 镇人民调解委员会对该调解协议予以确认,Y 区人民法院作出民事裁定,对上述调解协议予以确认。

2016 年 1 月,冯某、车某以李某、张某甲为被告提起本案案外人执行异议之诉,请求撤销 L 市中级人民法院作出的执行裁定及协助执行通知。

山西省吕梁市中级人民法院于 2017 年 11 月 21 日作出(2016)晋 11 民初 3 号判决认为,冯某、车某的诉讼请求缺乏事实与法律依据。判决驳回冯某、车某的诉讼请求。

冯某、车某不服一审判决,向山西省高级人民法院提起上诉。山西省高级人民法院于 2018 年 8 月 23 日作出(2018)晋民终 586 号判决:驳回冯某、车某的上诉,维持判决。

冯某、车某不服二审判决,向最高人民法院申请再审。最高人民法院于 2019 年 12 月 13 日作出(2019)最高法民申 1254 号裁定提审本案,并于 2020 年 3 月 25 日作出(2020)最高法民再 3 号裁定:撤销一审、二审判决,驳回冯某、车某的起诉。

裁判理由

法院生效裁判认为,人民法院执行被执行人对他人的到期债权时,最高人民法院《关于适用〈中华人民共和国民事诉讼法〉的解释》第 501 条对"他人""利害关系人"的救济途径作出了不同规定。即第三人(条文中的"他人")对其与被执行人之间的债权债务关系提出异议的,执行法院不得继续执行该债权。如果相关权利人(条文中的"利害关系人")对该到期债权有异议的,比如主张是该到期债权的真实权利人,可以按照《民事诉讼法》第 227 条的规定进行救济。该条文对"他人""利害关系人"加以区别,"利害关系人"并非《民事诉讼法》第 225 条中的"利害关系人",而是《民事诉讼法》第 227 条中的"案外人"。冯某、车某属于条文中的"他人",而不是"利害关系人",不能按照《民事诉讼法》第 227 条规定提起本案案外人执行异议之诉。针对"对他人的到期债权"享有案外人执行异议之诉起诉主体资格的,须是针对执行标的"对他人的到期债权"享有实体权利的人。案外人提起执行异议之诉,其理由须是针对执行标的享有实体权利提出异议,而不是针对执行行为本身提出异议。冯某、车某否定其与张某甲、张某乙间存在到期债权,客观上,其不存在对"到期债权"主张实体权利的问题。冯某、车某没有提出明确的排除执行标的的诉讼请求,不符合最高人民法院《关于适用〈中华人民共和国民事诉讼法〉的解释》第305条第1款第2项规定的提起执行异议之诉的起诉条件之一"有明确的排除对执行标的的执行的诉讼请求,且诉讼请求与原判决、裁定无关"。山西省吕梁市中级人民法院(2015)吕执异字第14号执行裁定驳回了冯某、车某的异议申请,并在该裁定中告知冯某、车某可提起执行异议之诉,该裁定不符合最高人民法院《关于适用〈中华人民共和国民事诉讼法〉的解释》第501条第2款的规定,应由冯某、车某通过执行申诉程序进行纠正。李某若想取得张某乙对冯某、车某的到期债权利益,可以提起代位权诉讼主张权利。冯某、车某不能通过提起本案案外人执行异议之诉主张权利。因此,裁定撤销一审、二审判决,驳回冯某、车某的起诉。

案例解读

一、案外人执行异议之诉的原告主体资格

对该原告主体资格的一般判断标准有两点:一是原告是否为本案执行当事人以外的主体;二是原告是否对标的物享有足以排除执行的实体权利。1998年《关于人民法院执行工作若干问题的规定(试行)》第61条规定:"被执行人不能清偿债务,但对本案以外的第三人享有到期债权的,人民法院可以依申请执行人或被执行人的申请,向第三人发出履行到期债务的通知(以下简称履行通知)。履行通知必须直接送达第三人。"[①]第63条规定:"第三人在履行通知指定的期间内提出异议的,人民法院不得对第三人强制执行,对提出的异议不进行审查。"[②]按照上述规定,被申请执行的到期债权债务人可以提出异议且法院无权审查,异议一旦提出即应停止执行,该类主体自然无案外人执行异议之诉原告资格。但是,到期债权债务人主张债权债务关

[①] 现为2020年《关于人民法院执行工作若干问题的规定(试行)》第45条。
[②] 现为2020年《关于人民法院执行工作若干问题的规定(试行)》第47条。

系真实性、期限、数额、有无抵销事实,均属于实体争议。申请执行人、被执行人、被执行人债务人之间关于债权债务关系的实体争议依然未得到根本解决。《民事诉讼法司法解释》第 501 条一定程度上对此予以修正,规定:"人民法院执行被执行人对他人的到期债权,可以作出冻结债权的裁定,并通知该他人向申请执行人履行。该他人对到期债权有异议,申请执行人请求对异议部分强制执行的,人民法院不予支持。利害关系人对到期债权有异议的,人民法院应当按照民事诉讼法第二百二十七条规定处理。对生效法律文书确定的到期债权,该他人予以否认的,人民法院不予支持。"该条文分别针对第三人(条文中的"他人")及相关实体权利人(条文中的"利害关系人")规定了救济途径。即第三人对其与被执行人之间的债权债务关系提出异议的,执行法院不得继续执行该债权。相关实体权利人对该到期债权有异议的,例如,主张是该到期债权的真实权利人,可以按照《民事诉讼法》第 227 条的规定进行救济。有学者认为,该条文并未明确"利害关系人"是否包括"该他人",从该条文规定上下文的字义解释看,此处应理解为:"利害关系人"不包含"该他人",也不包含申请执行人、被执行人,"利害关系人"实质上是案外人,如果把到期债权的债务人理解为案外人,则"利害关系人"应为此案外人之外的彼案外人。[①] 有学者认为,从《民事诉讼法》的用语习惯上看,利害关系人是指在争议的法律关系与特别事项中有自身利益,或者争议的法律关系与特别事项的最终处理结果将给其带来弊害的人。利害关系人在诉前财产保全制度,宣告失踪、宣告死亡制度,认定行为能力制度以及公示催告程序中都有相应的法律地位。[②] 笔者认为,对于条文中"利害关系人"的理解,不能作为广义"利害关系人"进行解释,应结合该条文的前后语境进行解释。如前所述,该条文规定了"他人"的救济途径为按照《民事诉讼法》第 225 条的规定在执行程序中提出执行异议,而对于"利害关系人"则是按照《民事诉讼法》第 227 条的规定提起案外人执行异议之诉。该条文中的"利害关系人"应理解为可以提起执行异议之诉的案外人。该"利害关系

[①] 参见朱腾飞:《案外人异议之诉研究》,中国政法大学出版社 2016 年版,第 98 页。
[②] 参见韩波:《论执行异议之诉中的"利害关系人"》,载《中国政法大学学报》2011 年第 3 期。

人"包括对执行标的所有权人、用益物权人、担保物权人等。《最高人民法院民事诉讼法司法解释理解与适用》中亦明确条文中的"利害关系人"并非《民事诉讼法》第225条中的"利害关系人",而是《民事诉讼法》第227条中的"案外人"。①

因此,本案中冯某、车某属于执行程序以外的第三人,属于广义上的利害关系人,但其不属于《民事诉讼法》第227条中的"案外人",不具有提起案外人执行异议之诉的原告主体资格,不能提起本案诉讼。冯某、车某认为被执行人不存在对其到期债权,客观上,冯某、车某也否认了"到期债权"作为实体性权利的存在。因此,从对案外人执行异议之诉的原告主体资格的两点一般判断标准分析,冯某、车某均不具有本案的原告主体资格。

二、申请执行人的代位权救济

综上所述,《民事诉讼法司法解释》第501条中的"他人"提出执行异议,主要因为"他人"对被申请执行人的到期债权存在异议。严格执行司法解释规定,被申请执行的到期债权的债务人只要提出异议则不予审查,自然无案外人执行异议之诉原告资格。申请执行人只能寻求代位诉讼制度以求救济。事实上,对被执行人的到期债权执行理论就是源于代位权制度,赋予对到期债权的强制执行是基于执行程序制度的设计。而能否通过案外人执行异议之诉排除执行,要依据实体权利的性质与效力等因素综合判断。但是,代位申请执行权不等同于代位权。有学者认为,债务人对于第三人的到期债权可以成为强制执行标的,但其仅适用于债权人与债务人之间的诉讼已经终结(或者仲裁裁决已经作出)并已进入强制执行程序的情形。并且,一旦第三人对债务提出异议,人民法院应当停止执行,申请人还是需要通过代位权诉讼解决问题。② 于本案涉及的申请执行人提出的到期债权主张而言,就真实的债权成立与否,并不能因为异议第三人不具有原告主体资格而否认申请执行人对该到期债权的实体权益,申请执行人仍可以通过对异议第三人另案行使代位权诉讼获得确权和救济。

---

① 参见最高人民法院修改后民事诉讼法贯彻实施领导小组编著:《最高人民法院民事诉讼法司法解释理解与适用》(下),人民法院出版社2015年版,第1328、1329页。
② 参见贾玉平:《论债权人代位权》,载《法学评论》2001年第4期。

笔者认为,《民事诉讼法司法解释》第501条第2款规定,主要是因为:在申请执行人未提起代位权诉讼的前提下,债权人(申请执行人)、债务人(被执行人)、次债务人(第三人)之间的债权债务关系未经生效法律文书所确认,直接执行到期债权存在以执行程序代替代位权诉讼的问题。在代位权诉讼确认债权债务关系前,直接执行债务人对次债务人的到期债权会突破合同相对性。因此,次债务人只要在执行程序中提出异议,人民法院不得执行该到期债权,申请执行人可以通过代位权诉讼对其与次债务人之间的债权债务关系进行确认。本案中冯某、车某在执行程序中向L中级人民法院提出异议,L中级人民法院裁定驳回冯某、车某的异议,并告知可提起案外人执行异议之诉。该裁定不符合上述法律规定,导致冯某、车某提起本案诉讼。此外,本案审理过程中,是否可以从减少当事人的诉累,就债权人(申请执行人)、债务人(被执行人)、次债务人(第三人)之间的债权债务关系进行审理并作出判决。笔者认为,代位权诉讼与案外人执行异议之诉在制度设计上存在本质的不同,审查方向各异。代位权诉讼成立有严格的实体审查标准,而案外人执行异议之诉侧重于实体权益形式要件的审查。在次债务人(案外人)提出执行异议被驳回后,认可其选择提起案外人执行异议之诉也没有明确的法律依据,同时也会造成法律程序制度运行上的混乱。

三、从民事权益类型审查案外人执行异议之诉的起诉条件

《民事诉讼法司法解释》第312条规定:"对案外人提起的执行异议之诉,人民法院经审理,按照下列情形分别处理:(一)案外人就执行标的享有足以排除强制执行的民事权益的,判决不得执行该执行标的;(二)案外人就执行标的不享有足以排除强制执行的民事权益的,判决驳回诉讼请求。案外人同时提出确认其权利的诉讼请求的,人民法院可以在判决中一并作出裁判。"审理案外人执行异议之诉案件,一般情况下,应首先就案外人是否享有足以排除强制执行的民事权益进行认定。足以排除强制执行的"民事权益"的主要类型包括所有权、所有权保留、担保物权、租赁权、例外情况下的债权、用益物权等。①《民事诉讼法司法解释》第 305 条规定了案外人执行异议之诉的起诉条件之二"有明确的排除对执行标的执行的诉讼请求,且诉讼请求与原判决、裁定无关"。笔者认为,案外人提起执行异议之诉应以其对执行标的主张前述类型化的民事权益为前提。案外人执行异议之诉本质上是对案外人与申请执行人对执行标的享有的民事权益进行比较,而案外人未就执行标的主张民事权益,就无从进行比较。本案中,冯某、车某否认其与张某甲之间的债权债务关系,根本上否认到期债权的存在。同时也没有提出明确的排除执行标的的诉讼请求。冯某、车某未对执行标的主张前述类型化的民事权益,不符合案外人执行异议之诉的起诉条件。对"被申请执行的到期债权"予以执行,性质上等同于将"被申请执行的到期债权的债务人"作为了协助执行人。在现有法律框架下,该债务人作为第三人(他人)提出执行异议并被驳回的,只能按照《民事诉讼法》第 225 条规定寻求救济。

解读撰写人:最高人民法院　宁晟　张杨民

法答网问题链接

本案例回应了法答网第 K2024022937787 号问题,即关于执行异议之诉的起诉条件问题。

"对他人的到期债权"享有执行异议之诉的起诉主体应当具有何种资格?案例明确指出,应是针对执行标的对他们的到期债权"享有实体权利的人",才具有"对他人的到期债权"享有执行异议的起诉主体资格,与法答网上"执行异议之诉的起诉条件"这一问题的答复相一致,以案例诠释了该问题。

---

① 参见汤维建、陈爱飞:《"足以排除强制执行民事权益"的类型化分析》,载《苏州大学学报(哲学社会科学版)》2018 年第 2 期。

入库案例编号:2024－07－2－471－003　　法答网问题编号:K2023103110156

10. 执行标的被查封后案外人依据另案生效裁判提出执行异议的,不予支持

——河南某置业有限公司与周某、刘某案外人执行异议之诉案

入库案例适用参考

关键词

民事　执行异议之诉　案外人　案外人查封　另案生效裁判

裁判要旨

执行标的被查封后,房地产开发企业依据人民法院另案作出的解除合同的生效法律文书,提出案外人执行异议之诉,请求排除强制执行的,人民法院不予支持。房地产开发企业为被执行人的按揭贷款提供反担保或阶段性担保并为被执行人偿还的按揭贷款部分,可以从该房屋变卖价款中优先支付。

关联索引

《最高人民法院关于人民法院办理执行异议和复议案件若干问题的规定》(2020年修正)第26条(本案适用的是2015年5月5日施行的《最高人民法院关于人民法院办理执行异议和复议案件若干问题的规定》第26条)

基本案情

一审:河南省郑州市中级人民法院(2018)豫01民初3148号民事判决(2019年2月18日)

二审:河南省高级人民法院(2019)豫民终637号民事判决(2019年6月

12 日）

再审：最高人民法院（2020）最高法民申 1103 号民事裁定（2020 年 3 月 31 日）

周某诉刘某、孔某借款担保合同纠纷一案，郑州仲裁委员会作出的（2015）郑仲裁字第 031 号裁决书已发生法律效力。周某向郑州市中级人民法院（以下简称一审法院）申请强制执行，该院于 2016 年 4 月 6 日立案执行，执行案号为（2016）豫 01 执 400 号。在仲裁案件审理过程中，河南省郑州市金水区人民法院（以下简称金水区法院）于 2015 年 1 月 21 日作出（2015）金执字第 948 号执行裁定书和（2015）金执字第 948 号协助执行通知书，查封：（1）担保人尚某名下位于郑东新区某路北、艺术中心东某号楼 13 层 13××号，商品房买卖合同编号为 D106××××项下的办公房产、郑东新区某道路路 22 号楼 2 单元 10 层 10××号房产（产权证号为 07××82）各一套。（2）被执行人刘某名下的房产：郑东新区某某道路路北、某某道路路东 2 号楼 22 层 22×1 号、22×2、22×3、22×4、22×5、22×6、22×7、22×8，共计八套房产。查封期限自 2015 年 1 月 22 日起至 2017 年 1 月 21 日止。

在执行过程中，一审法院于 2016 年 11 月 7 日作出（2016）豫 01 执 400 号之三裁定及（2016）豫 01 执 400 号之三协助执行通知书，继续查封本案仲裁期间金水区法院查封的第二项八套房屋，查封期限从 2016 年 11 月 8 日起至 2019 年 11 月 7 日止。2016 年 4 月 20 日，一审法院作出（2016）豫 01 执 400 号裁定，裁定评估、拍卖被执行人刘某名下的上述八套房产。某置业公司对上述八套房屋被查封不服，向一审法院提交异议，该院于 2018 年 8 月 1 日作出（2018）豫 01 执异 256 号裁定，驳回了案外人某置业公司的异议请求。某置业公司对驳回其异议请求不服，诉至一审法院。一审法院于 2019 年 2 月 18 日作出（2018）豫 01 民初 3148 号判决，判决驳回某置业公司的诉讼请求。某置业公司不服一审判决，向河南省高级人民法院提起上诉，河南省高级人民法院于 2019 年 6 月 12 日作出（2019）豫民终 637 号判决，判决驳回上诉，维持原判。

一审、二审法院查明，2014 年 8 月 31 日某置业公司与刘某分别签订了 8 份商品房买卖合同，分别为河南省郑州市郑东新区某某道路路北、某某道路路东 2 号楼 22 层 22×1（商品房买卖合同编号为 D140×××4274）,22×2（商品房买卖合同编号为 D140×××4281）,22×3（商品房买卖合同编号为 D140×××4295）,22×4（商品房买卖合同编号为 D140×××4303）,22×5（商品房买卖合同编号为 D140×××4315）,22×6（商品房买卖合同编号为 D140×××4321）,22×7（商品房买卖合同编号为 D140×××4331）,22×8（商品房买卖合同编号为 D140×××4342）。房屋用途为办公用房,单价统一为每平方米 10,400 元。约定每套购房款合同签订当日交付现金 50.55%,剩余 49.45% 款项通过向招商银行房屋抵押贷款支付,付款时间为 2014 年 10 月 21 日,房屋交付时间为 2016 年 6 月 15 日。2015 年 1 月 21 日法院查封时上述八套房屋均备案登记在刘某名下。

某置业公司诉刘某房屋买卖合同纠纷一案,河南省郑州高新技术产业开发区人民法院（以下简称郑州高新区法院）于 2016 年 1 月 11 日作出（2015）开民初字第 12385 号调解书,确认如下调解协议:（1）经双方协商确认,刘某与某置业公司于 2014 年 8 月 31 日签订的编号为 D140×××4274 的商品房买卖合同自愿解除

……

郑州高新区法院于 2016 年 6 月 2 日作出（2016）豫 0191 民初 6377 号判决,判决:（1）解除双方之间签订的合同编号为 D140×××4295 的商品房买卖合同

……

因刘某未及时履行涉案房屋的贷款,招商银行股份有限公司郑州分行将刘某、苏某、某置业公司诉至法院,要求偿还贷款本金及利息,郑州高新区法院作出（2017）豫 0191 民初 10566 号判决,判决:（1）刘某、苏某于本判决生效之日起 10 日内向招商银行股份有限公司郑州分行偿还借款本金 5,361,494.06 元、利息 49,419.40 元、罚息 255.22 元、复息 166.96 元,共计 5,411,336.40 元（暂计算至 2017 年 4 月 6 日,自 2017 年 4 月 7 日起至本息清偿之日止的利息、复息、罚息按合同约定计算）;（2）刘某、苏某于本判决生效之日起 10 日内支付招商银行股份有限公司郑州分行律师费 198,301.89 元;（3）某置业公司对上述判决内容承担连带保证责任;（4）驳回招商银行股

份有限公司郑州分行的其他诉讼请求。

最高人民法院审查再审申请时查明,郑州高新区法院于2018年9月19日作出(2018)豫0191民初14001号判决,判决解除某置业公司与刘某签订的其余六套商品房买卖合同。涉案八套商品房买卖合同约定,本案商品房买卖合同签订当日,刘某应支付八套房屋购房款的50.55%现金。在审查再审申请期间,某置业公司提出刘某未支付2203号房屋首付款和贷款共计2,803,424元,刘某已支付购房款6,030,432元和银行按揭贷款634万元,以上共计12,370,432元。上述商品房买卖合同已经于2014年10月21日以某置业公司作为出卖人,刘某作为买受人在郑州市住房保障和房地产管理局登记备案。对于预告登记,双方签订的补充合同也进行了约定。刘某因非法吸收公众存款罪被郑州市中级人民法院(2017)豫01刑终958号判决,判处有期徒刑7年,并处罚金人民币30万元。

某置业公司不服一审、二审判决,向最高人民法院申请再审。最高人民法院于2020年3月31日作出(2020)最高法民申1103号裁定:驳回某置业公司的再审申请。

裁判理由

法院生效裁判认为,刘某在合同签订后通过现金转账和银行按揭贷款支付了购房款,应视为其与某置业公司的商品房买卖合同关系成立。根据刘某与某置业公司签订的商品房买卖合同约定,某置业公司应当在2016年6月15日交房,并在8月15日前(房屋交付的60日内)办理房屋权属的初始登记。涉案房屋2014年10月21日在郑州市住房保障和房地产管理局直属分局办理合同信息备案,该合同信息备案登记具有对外的公示效力,刘某对于涉案的房产也享有相应的财产权利,当刘某成为被执行人时,涉案的房产可以成为人民法院执行的对象。

某置业公司以刘某违约、商品房买卖合同的目的不能实现为由,向郑州高新区法院起诉请求解除八套房屋的商品房买卖合同,获得了相应的生效调解书和判决书,要求排除执行。但因某置业公司起诉,郑州高新区法院作出解除商品房买卖合同判决书、调解书的时间均在执行法院2015年1月21日查封涉案房产之后,依据最高人民法院《关于人民法院办理执行异议和复议案件若干问题的规定》第26条第2款"金钱债权执行中,案外人依据执行标的被查封、扣押、冻结后作出的另案生效法律文书提出排除执行异议的,人民法院不予支持"的规定,依法不能对抗人民法院的执行。但经人民法院的生效裁判认定,某置业公司已为被执行人刘某偿还的按揭贷款部分,应当从拍卖房产的变价款中优先支付给某置业公司。

案例解读

一、物权期待权的排除执行效力

《物权法》第9条规定:"不动产物权的设立、变更、转让和消灭,经依法登记,发生效力;未经登记,不发生效力,但法律另有规定的除外。"《执行异议复议规定》第24条规定:"对案外人提出的排除执行异议,人民法院应当审查下列内容:(一)案外人是否系权利人;(二)该权利的合法性与真实性;(三)该权利能否排除执行。"能够产生排除效力的实体权利主要包括四类,即所有权、物权期待权、特殊的担保物权和租赁权及用益物权。根据《关于人民法院民事执行中查封、扣押、冻结财产的规定》第17条的规定和《关于建设工程价款优先受偿权的批复》精神,登记财产的无过错买受人和商品房的消费者对购买的标的物虽然并不拥有所有权,仅享有物的登记请求权或者交付请求权,但与一般债权仅是向相对人的请求权不同,法律基于特殊的价值取向赋予其具有排除一般债权,甚至是抵押权执行的效力,该种权利即为物权期待权。对于签订买卖合同的买受人,在已经履行合同部分义务的情况下,虽然尚未取得合同标的物的所有权,但赋予其类似所有权人的地位,其物权的期待权具有排除执行等物权效力。

二、案外人对已购买且支付全部或部分价款的不动产被查封提出执行异议的审理路径

关于某置业公司能否依据查封后的生效法律文书阻却执行的问题。某置业公司起诉后八套房屋买卖合同已经解除。《关于人民法院民事执行中查封、扣押、冻结财产的规定》第16条规定:"被执行人购买第三人的财产,已经支付部分价款并实际占有该财产,第三人依合同约定保留所有权的,人民法院可以查封、扣押、冻结。保留所有权已办理登记的,第三人的剩余价款从该财产变价款中优先支付;第三人主张取回该财产的,可以依据民事诉讼法第二百二十七条规定提出异议。"第 17 条规定:"被执行人购买需要办理过户登记的第三人的财产,已经支付部分或者全部价款并实际占有该财产,虽未办理产权过户登记手续,但申请执行人已向第三人支付剩余价款或者第三人同意剩余价款从该财产变价款中优先支付的,人民法院可以查封、扣押、冻结。"

根据上述规定,执行法院对被执行人向案外人购买且已支付部分或全部价款的不动产采取执行措施,案外人在提出执行异议以及执行异议之诉的同时,请求解除合同、撤销合同或者赔偿损失等其他诉讼请求的,应由执行法院分别立案,合并审理。是否支持其解除或撤销合同的请求,应根据下列情形处理:(1)案外人以行使约定解除权为由,请求解除合同、撤销合同的,不予支持;(2)案外人主张行使法定解除权、撤销权的,应根据案件具体情况依法审理认定;(3)判决支持解除或撤销合同的,裁判理由中应载明案外人应当将被执行人已经支付的购房价款交付执行。

执行法院对被执行人向案外人购买且已支付全部或部分价款的不动产采取查封或其他执行措施,案外人提出执行异议,请求解除查封或排除执行的,根据下列情形处理:(1)申请执行人愿意支付剩余价款或者同意从不动产变价款中优先支付剩余价款的,应驳回其异议申请;案外人因此提起执行异议之诉的,驳回其诉讼请求。案外人同时提出的解除或撤销合同请求,不予支持。(2)被执行人购买房地产开发企业的不动产,已通过银行按揭贷款支付购房款,房地产开发企业作为案外人以其为被执行人的按揭贷款提供反担保或阶段性担保为由,提出执行异议以及执行异议之诉,请求解除查封或停止执行的,不予支持。案外人同时提出解除或撤销合同请求的,不予支持。但案外人已为被执行人偿还的按揭贷款部分,可从该房屋变价款中优先支付。

解读撰写人:最高人民法院　包剑平

法答网问题链接

本案例回答了法答网第 K2023103110156 号问题,即关于另案生效法律文书的适用问题。

　　本案中,房地产开发企业以另外一个案件作出的解除合同的生效法律文书为理由,提起案外人执行异议之诉,请求排除强制执行案涉金钱债权标的。本案例生动、形象地诠释了《最高人民法院关于人民法院办理执行异议和复议案件若干问题的决定》第 26 条第 2 款,明确了另案生效法律文书在执行阶段的适用规则,即在金钱债权执行过程中,另案生效法律文书的法律效力不及于执行标的,法院不予支持以排除强制执行为内容的执行异议。这对于类案审理具有一定的参考价值。

入库案例编号:2023-07-2-474-001 | 法答网问题编号:C2023092600162

11. 骨灰安葬权可在尊重死者遗愿前提下根据"最亲近原则"确定近亲属权利顺位

——贾某甲诉贾某丙返还原物纠纷案

入库案例适用参考

关键词

民事　返还原物　人格权　骨灰安葬权　公序良俗

裁判要旨

骨灰对于亲属具有寄托哀思的伦理意义和个人情感价值。骨灰的安葬首先应尊重死者遗愿,在尊重习惯且不违背强制性法律规定及公序良俗的情况下,可根据"最亲近原则"确定近亲属的权利顺位,同时还应注重生者诉权的维护与骨灰安葬方式的稳定性之间的平衡。

关联索引

《中华人民共和国民法典》第8条、第10条、第994条(本案适用的是2017年10月1日施行的《中华人民共和国民法总则》第8条、第10条)

基本案情

一审:北京市西城区人民法院(2019)京0102民初31522号民事判决(2019年9月6日)

二审:北京市第二中级人民法院(2019)京02民终13152号民事判决(2019年12月4日)

原告(上诉人)贾某甲诉称:贾某甲系贾某乙之子。2006年贾某乙意外死亡,2011年贾某丙将盛放贾某乙骨灰的骨灰盒安放于河北某县某某陵园的塔位中。2011年贾某甲起诉贾某丙要求安葬贾某乙骨灰,法院以贾某甲属于限制民事行为能力人,暂不具备安葬能力为由驳回了诉请。现贾某甲已成年,且系贾某乙第一顺序唯一继承人,贾某乙的骨灰安葬入土为安符合风俗传统,不侵害其他人的任何权益。故请求判令贾某丙向贾某甲返还逝者为贾某乙的骨灰安放证、骨灰盒。

被告(被上诉人)贾某丙辩称:骨灰盒是贾某丁购买,不属于遗产,贾某甲无权要求返还;骨灰安放证载明的持有人是贾某丁,该证也不是遗产,贾某甲无权要求返还;贾某丁购买的塔位取得了民政部门和政府的审批,国家对于骨灰存放于骨灰堂、骨灰墙的做法是鼓励的,土葬不符合国家规定;把死者的骨灰挪出再次安葬是对死者的不敬。

法院经审理查明:贾某丁系贾某乙之父,贾某丙系贾某乙之弟。贾某乙与李某婚后于2000年11月10日育有一子贾某甲,2004年3月2日贾某乙与李某协议离婚,贾某甲由李某抚养。2006年贾某乙死亡后,贾某丁将贾某乙的骨灰寄存于北京市某区殡仪馆。2007年贾某丁去世。2011年贾某乙的骨灰转至河北省某县某某陵园安放。骨灰盒系贾某丁购买,骨灰安放证现由贾某丙持有。

2011年贾某甲曾诉至法院,要求贾某丙归还贾某乙的骨灰。法院判决驳回了贾某甲的诉讼请求,该判决已生效。

北京市西城区人民法院于2019年9月6日作出(2019)京0102民初31522号民事判决:驳回原告贾某甲的诉讼请求。

宣判后,贾某甲不服原审判决,提起上诉。北京市第二中级人民法院于2019年12月4日作出(2019)京02民终13152号民事判决:(1)撤销北京市西城区人民法院(2019)京0102民初31522号民事判决;(2)贾某丙于本判决生效之日起10日内向贾某甲返还河北省某县某某陵园管理处颁发的《骨灰安放证》(逝者姓名贾某乙、持证人姓名贾某丁、发证日期2011年4月6日);(3)驳回贾某甲的其他诉讼请求。

裁判理由

法院生效裁判认为:

1. 贾某甲要求返还骨灰安放证及骨灰盒的诉讼主张不构成重复起诉。骨灰作为人去世后经过火化转化而成的物质形态,能够被实际支配或控制,系死者本人生前人格价值在死后的继续存在,亦系死者亲属对死者寄托哀思的一种具有特殊意义的物,对于死者亲属往往具有巨大的精神价值,其安葬情况也会对死者亲属的精神利益产生影响。本案中,虽然2011年贾某甲起诉贾某丙要求返还贾某乙骨灰的诉请被法院驳回,但贾某甲当时并未成年,在保管、安葬贾某乙骨灰方面存在一定障碍。而今本案诉讼时贾某甲已成年,从贾某甲行为能力变化以及其行为能力对诉讼标的的处置具有较大影响的角度出发,考虑到随着贾某甲心智日益成熟,其父骨灰之安葬方式对于其情感之影响亦会发生较大变化,贾某甲有权再次起诉要求返还贾某乙的骨灰。

2. 贾某乙之骨灰安葬权由贾某甲享有更为适宜。首先,本案中各方均未举证证明贾某乙生前曾就其骨灰安葬方式存在明确的意思表示;其次,各方均未提供证据证明对于贾某乙骨灰之安葬存有特殊之风俗习惯,贾某丙虽主张贾某乙现骨灰安葬地为家族墓地,但现仅有贾某乙一人骨灰安葬于此,其他已故家族成员之骨灰并未在此安葬;再次,依据查明的事实,贾某乙去世时,贾某甲尚年幼,贾某乙之骨灰由其父贾某丁安葬并无不妥,但现贾某丁已过世,而贾某甲已成年,其作为贾某乙唯一在世的具备民事行为能力的第一顺位继承人,在血缘上必然相较贾某丙等人更为亲近,因贾某乙骨灰安葬方式所产生的精神利益亦更为紧密;最后,贾某甲在本案中主张通过树葬方式另行安葬贾某乙之骨灰,且提供了民政部门的相关文件,相关部门对贾某甲所主张之安葬方式亦予以肯定。因此,贾某甲作为贾某乙之子对于贾某乙之骨灰安葬方式应享有优先决定权,骨灰安放证由贾某甲持有更为适宜,贾某丙应向贾某甲返还。

案例解读

近年来,涉及骨灰安葬权的案件多发,现行法律对于骨灰的法律属性未有明确规范,亦未有具体的裁判规则指引,在骨灰应由谁保管、安葬方式应由谁决定等方面认识不统一,导致实践中同案不同判的情况多发。①

一、骨灰的法律属性界定

(一)观点梳理

对于骨灰的法律属性问题,学界主要存在三种观点。

1."骨灰物权说",该观点主要援引我国台湾地区学者王泽鉴与日本学者我妻荣关于尸体的观点,"尸体是物,然尸体究与其他物不同,应以尸体之埋葬、管理、祭祀及供养为目的,不得自由使用、收益及处分"②;"虽然尸体处理上须受有特别的限制,但尸体还是物,因此当然能成立所有权"③。

2."人格物说",该观点一般援引最高人民法院《关于确定民事侵权精神损害赔偿责任若干问题的解释》第4条的规定,④认为骨灰彰显了人格利益与财产利益在特定财产载体上的有机结合,系人之社会属性与精神属性在某种特定物之上的契合,使人的精神维度得到充分的关注与尊重。⑤

3."死者人格利益说",该观点认为骨灰是生者在死亡后人格利益的延伸,一般援引域外法中《法国民法典》第16-1-1条"对人类身体的尊重并不会因为人的死亡而终止。死亡的人的遗留物,包括其遗体被火化之后留下的骨灰,都应该得到受尊重的、体面的和庄重的对待"⑥的规定。

(二)骨灰的法律属性

上述观点虽均有可取之处,但都将骨灰简单地置于财产权、人身权等某一单一民事法律中进行评价,忽略了其复杂性。就物与非物属性的结合角

---

① 例如,在(2018)苏01民终9621号案中,法院认为对骨灰如何安葬不属于人民法院处理的范畴;在(2017)沪01民终15159号和(2018)豫0704民初28号案中,法院均仅以骨灰已经安葬为由驳回起诉,并未就当事人之间的权利顺位问题作进一步考量。

② 参见王泽鉴:《民法总则》,北京大学出版社2009年版,第175页。

③ 参见[日]我妻荣:《新订民法总则》,日本评论社1968年版,第203页。转引自邱玟惠:《尸体之法律性质:物权与人类尊严之二元结构初探》,载《台大法学论丛》第4期(2009年)。

④ 该条规定:具有人格象征意义的特定纪念物品,因侵权行为而永久性灭失或者毁损,物品所有人以侵权为由,向人民法院起诉请求赔偿精神损害的,人民法院应当依法予以受理。此内容已被2020年修正的司法解释修改,修改后为第1条:"因人身权益或者具有人身意义的特定物受到侵害,自然人或者其近亲属向人民法院提起诉讼请求精神损害赔偿的,人民法院应当依法予以受理。"

⑤ 参见冷传莉:《人格物确立的法理透视》,载《政法论坛》2010年第6期。

⑥ [法]让·米歇尔·布律格耶尔:《人格权与民法典——人格权的概念与范围》,肖芳译,载《法学杂志》2011年第1期。

度而言,对于骨灰的法律属性应将其在各单一民事法律中的区别属性综合考量,既不能否认骨灰的"物"的基本属性,也不能忽略其所包含的伦理、道德、心理以及人格利益等特殊性因素;从死者及生者两个角度出发,应看到它既体现了生者死后人格利益的某种延伸,也包含了死者亲属的巨大精神利益,是亲人祭奠与悼念的对象。

因此,笔者认为,骨灰的法律属性可概括为:骨灰是一种具有人格象征意义和强烈社会伦理意义,能够以抛撒、埋葬等方式进行处置的特殊物;其存在及处置方式既体现了死者本人生前人格价值的延续,亦系死者近亲属祭奠、悼念死者特殊情感的寄托。

二、骨灰安葬权权利主体及处分规则的厘定

(一)权利主体问题

如前所述,骨灰是一种特殊物,可以进行处置,在目前法律尚未有明确规定的情况下,骨灰安葬权是一种什么权利,谁享有这种权利成为不能回避的问题。

1. 骨灰安葬权系习惯权利。按照现代权利的含义,权利主要是指法定权利或法律权利,精确地说,任何一类特别法人或者个别人具有的合法权利,都依赖于当时正被谈论的特定法律本身。[1] 从现代权利的视角来看,我国现行法律没有明确将骨灰安葬权规定为一项具体法定权利。但是,除了现代权利概念之外,还存在更为广泛意义上的权利;它可能指向其初始形态——道德权利或应有的权利,即特定社会的人们基于一定的物质条件和文化传统而产生出来的权利需求;它也可能指向习惯权利,即人们在长期的社会生活过程中形成或者从先前的社会生活中传承下来的、表现为群体性和重复性自由行动的一种权利。[2]

"礼"是中国传统文化之根。《礼记·祭统》曰,"礼有五经,莫重于祭",尊祖祭祖系"礼"的重要组成部分。作为中国传统文化、整体性文化的集中体现,"礼"是无所不包的秩序的总名,本身就有法的规范性意义。当"礼"

---

[1] 参见[英]戴维·沃克:《牛津法律大辞典》,北京社会与科技发展研究所译,中国大百科全书出版社1998年版,第773页。

[2] 参见张文显:《法理学》,高等教育出版社1999年版,第20页。

获得了统摄一切具有社会规范性的意义时,法自然就包含于其中了。由丧而葬,由葬而祭,骨灰安葬属于丧仪礼制中的重要环节。骨灰安葬从表面看仅仅是一种风俗习惯,但其背后的文化支撑是中华民族千年传承中的礼法传统。从"礼"的角度看,骨灰安葬权是基于传统礼法文化而传承下来的由死者亲属享有的一种习惯权利,即"针对法(国家法)定权利而言,它是指一定社区内的社会主体根据包括社会习俗在内的民间规范而享有的自己为或者不为,或者对抗(请求)他人为或者不为一定行为的社会资格"。①

2. 骨灰安葬权的权利主体应为死者近亲属。骨灰安葬权系自然人紧紧依靠于其一定的身份关系而享有的一种权利,就其性质而言,应属于身份权的范畴。而就骨灰安葬行为所体现出来的社会关系的性质而言,则应属于身份权中的亲属权范畴。而所谓亲属,是指由婚姻、血缘或者收养而产生的人与人之间的社会关系,亲属权就是指上述主体之间的身份权。

最高人民法院《关于适用〈中华人民共和国民事诉讼法〉的解释》第69条②从诉讼程序角度对于遗体、遗骨进行了规范。《民法典》第994条③首次以实体法的形式规定只有近亲属对死者遗体、遗骨的侵害行为享有诉权。人伦情感是法律中不可忽视的因素,尤其是在身份关系法律中,法律的目的往往更侧重于对人伦秩序和情感关系的维护。我国传统法中的亲亲相隐、服制定罪、维护亲属间的等级秩序的法律无不体现了法律对于人伦秩序和人际自然情感关系的维系。维护人伦秩序的准则不应仅存在于立法中,更应该蕴于司法实践之中,目前我国实体法虽就骨灰所对应的权利主体尚未有明确规定,但司法必须予以回应。骨灰系遗体的焚化物,与遗体、遗骨一样,都是死者在死后留存的一种客观存在的物,系死者本人生前人格价值的一种延续,对死者亲属而言一般具有同一意义。故,在尚未有其他明确法律规定的情况下,可比照前述规定,即只有近亲属对死者的骨灰享有相应的

---

① 谢晖:《民间规范与习惯权利》,载《现代法学》2005年第2期。
② 参见最高人民法院《关于适用〈中华人民共和国民事诉讼法〉的解释》第69条规定,对侵害死者遗体、遗骨以及姓名、肖像、名誉、荣誉、隐私等行为提起诉讼的,死者的近亲属为当事人。
③ 参见《民法典》第994条规定,死者的姓名、肖像、名誉、荣誉、隐私、遗体等受到侵害的,其配偶、子女、父母有权依法请求行为人承担民事责任;死者没有配偶、子女且父母已经死亡的,其他近亲属有权依法请求行为人承担民事责任。

诉权。

关于近亲属的具体范围，《民法典》第1045条第2款明确规定配偶、父母、子女、兄弟姐妹、祖父母、外祖父母、孙子女、外孙子女为近亲属，此规定与最高人民法院《关于贯彻执行〈中华人民共和国民法通则〉若干问题的意见（试行）》第12条中近亲属的范围相同，在《民法典》未实施前，参照上述意见予以确定。

（二）骨灰处分规则问题

1. 尊重死者对骨灰安葬作出的合理安排。《民法典》第1002条规定，自然人的生命安全和生命尊严受法律保护。人格尊严是自然人在其出生至死亡期间，所享有的作为一个人所应有的基本社会地位，应当受到社会和他人的基本尊重。生命的终极价值在于人能够维护自己的人格尊严，而人格尊严在于人的自我决定，人因为能够自我决定才具有尊严。[1]

传统法律伦理不允许自然人处分自己的身体；但随着医学手段以及人文思想的进步，个体主张其享有的人格权不应再仅限于防御性的权利而应含有积极请求权的特质，[2]自然人对自己身体享有有限支配权成为新的共识，如献血、器官捐赠移植等。同时，身体权在内容上除了表现为个人生存期间对身体的有限处分外，自然人对自己的身体的支配权力也延伸于其死后的尸体，即可以通过生前行为对自己的尸体作出处分。目前，绝大多数国家认可本人生前有权对死后的尸体进行处分，对本人基于自己决定权而在生前作出的处分尸体的意思表示给予最大的尊重，《民法典》第1006条[3]对此也有明确规定。

骨灰系死者尸体的一种物质转化形式，在认可死者生前可以对遗体进行处分的情况下，亦应认可死者生前可对骨灰的安葬作出合理安排，故在确

---

[1] 参见杨立新：《从生命健康权到生命权、身体权、健康权——〈民法典〉对物质性人格权规定的规范创新》，载《扬州大学学报（人文社会科学版）》2020年第3期。

[2] 参见朱晓峰：《人格立法之时代性与人格权的权利内质》，载《河北法学》2012年第31期。

[3] 参见《民法典》第1006条规定，完全民事行为能力人有权依法自主决定无偿捐献其人体细胞、人体组织、人体器官、遗体。任何组织或者个人不得强迫、欺骗、利诱其捐献。完全民事行为能力人依据前款规定同意捐献的，应当采用书面形式，也可以订立遗嘱。自然人生前未表示不同意捐献的，该自然人死亡后，其配偶、成年子女、父母可以共同决定捐献，决定捐献应当采用书面形式。

定骨灰安葬方式时首先应尊重死者生前明示或者可得而知的遗愿。

2. 尊重习惯,但不得违背强制性法律规定及公序良俗。习惯是为不同阶级或者各种群体普遍遵守的行为模式或者行动习惯。[①] 人类早期的历史,就是由习惯支配其交往行为的历史;相对于国家法,习惯属于民间法的范畴,存在一定的区域性。骨灰作为一种特殊物,其安葬必然受到死者所在地区的传统习俗、社会习惯、宗教信仰等的约束;在司法审判中,法院应探寻当地对于骨灰安葬的风俗习惯,充分考量并发挥习惯在补充法律漏洞中的作用。

但是,由于习惯系自发形成的,且习惯的衡量标准通常是依据特定区域内人们的社会共识,往往缺乏科学的制约机制,导致习惯存在好坏之分,因此必须对习惯予以选择及权衡。而以公序良俗对习惯进行权衡,能使习惯合乎一般国民公正适当的法律感情,借以提升法律生活的水平,进而与伦理道德观念相结合。[②]《民法典》第 8 条规定"民事主体从事民事活动,不得违反法律,不得违背公序良俗";第 10 条规定"处理民事纠纷,应当依照法律;法律没有规定的,可以适用习惯,但是不得违背公序良俗"。骨灰作为一种具有社会伦理意义的特殊物,在适用习惯时,除不得违背强制性法律规定外,还应受公序良俗的限制,应符合整个社会的伦理道德观念;无论是死者还是其他有权决定骨灰安葬方式的主体,所确定的安葬方式皆不得违背公共秩序和善良风俗。

案例中,原告主张采用树葬的方式另行安置骨灰,并提供了民政部门鼓励树葬的文件,该方式不违背强制性法律规定,亦不违反公序良俗,成为其最终享有骨灰安葬权的一个比较优势。

3. 依"最亲近原则"确定权利主体顺位。权利在抽象层面具有平等性,但在具体层面却又是不平等的。依常理,骨灰的安葬方式往往会对死者亲属的精神利益产生重大影响,而与死者生前生活越亲密之亲属,对于死者之后事安排往往越关注,与死者关系的亲密程度往往与精神利益的大小成正相关。因此,以死者为核心,依据与死者"最亲近原则"作为确定骨灰安葬权

---

① 参见[美]E. 博登海默:《法理学——法哲学与法律方法》,邓正来译,中国政法大学出版社 2010 年版,第 400 页。

② 参见施启扬:《民法总则》,中国法制出版社 2010 年版,第 56 页。

的权利顺位具有合理性。对于"最亲近"的认定,可作如下考量:

(1)以血缘或婚姻关系的亲疏为优先考量因素。维持血亲感情是人类源自本能的情感需求。主导我国社会基本道德伦理观的儒家思想认为,家族血缘和亲情系整个社会道德观的主体,家族中的血缘亲情与人伦秩序是社会其他秩序的基础。"忠""信""仁""义"等宗法伦理无不是从孝出发,以孝推出悌,继而推出信,由里及表,通过血缘关系以己为中心扩展成一个有亲疏远近之分的伦理圈。对此,费孝通先生在《乡土中国》中有形象的描述:"中国社会以己为中心,像石子一般投入水中,和别人所联系成的社会关系,不像团体中的分子一般大家全在一平面上的,而是像水的波纹一般,一圈圈推出去,愈推愈远,也愈推愈薄。"

虽然如梅因所言,所有进步社会的运动都是"从身份到契约"的运动,但梅因的断言并不意味着亲属身份的消亡,儒家宗法伦理在现今社会对构建社会结构、规范社会秩序所起的作用仍是巨大的。无论时代如何变迁,经济如何发展,亲属关系本质上的伦理性都不会改变,现代社会仍然遵从辈分伦理、夫妻伦理,仍然讲究长幼有序、尊卑有别、名分有定。①

因此,应优先以血缘或婚姻关系的亲疏认定与死者关系的疏密程度,在确定安葬权的权利顺位时,血缘及婚姻关系之远近亦应作为首要考量;《民法典》第994条②中关于"配偶、子女、父母"是优先权利人,只有在"死者没有配偶、子女且父母已经死亡"的情况下其他近亲属才有权提起诉讼的规定便是上述原则的实证法体现。就具体顺位而言,可参照我国《民法典》继承编中关于法定继承顺位的规定予以确认,即配偶、子女、父母为第一顺位,兄弟姐妹、祖父母、外祖父母为第二顺位。

案例中,原告作为死者的唯一子女,其权利顺位优于作为死者弟弟的被告;同时原告年幼时因父母离婚,一直随母亲共同生活,其父去世时,原告尚且年幼,对父亲骨灰的安葬成为原告寄托对父亲感情的一种最直接的方式,

---

① 参见张作华:《认真对待民法中的身份》,载《法律科学》2012年第4期。
② 参见《民法典》第994条规定,死者的姓名、肖像、名誉、荣誉、隐私、遗体等受到侵害的,其配偶、子女、父母有权依法请求行为人承担民事责任;死者没有配偶、子女且父母已经死亡的,其他近亲属有权依法请求行为人承担民事责任。

此亦为二审改判由原告享有死者骨灰安葬权的重要考量。

（2）以与死者生前生活的紧密程度为辅助考量因素。人是情感动物,情感是主体在人际交往过程中在特定情境下产生的一种自发的主观经验;而人类社会是一个生活共同体和交往共同体组成的社会。随着我国经济的发展,我国已从传统农业社会向现代工业社会转型,除熟人社会中通过血缘、亲缘等因素建构的社会关系外,现代社会又通过社会分工的力量对社会关系进行了扩展,人和人之间更加重视后天交往中产生的情谊关系、经济社会合作关系以及由此产生的新的信任关系、精神依赖关系等,现代社会生活呈现传统亲密关系的陌生化和陌生关系的亲密化的结果。①

是故,对亲密关系的认定,除血缘或婚姻关系的考量外,还应结合生者与死者生前共同生活、相互扶助等具体情况,从亲属对死者的情感厚薄的角度,就亲属与死者之间的精神依赖程度进行综合考量,对"最亲近"作出合理判断;一方面可以对第一顺位"配偶、子女、父母"以及其他同一顺位亲属关系中的权利位序再细化,另一方面可以兼顾司法的原则性和灵活性,避免司法裁判的僵化适用。

（3）建立骨灰安葬权权利缺格制度。所谓权利缺格,是指基于一定事由的发生,本应享有权利的主体丧失相应资格。权利缺格多发生于身份法律关系中,之所以建立权利缺格制度,系为了维护社会的道德人伦和家庭秩序,例如"染血之手,不能为继承人"的继承权丧失制度,便是通过对实施不法行为或者不道德行为者剥夺其继承权利为手段来维护继承中的基本道德伦理。

实践中存在某些第一顺位近亲属对死者生前未尽照顾义务,甚至虐待、遗弃,但为多分遗产或者意图以骨灰威胁其他近亲属等原因恶意提起诉讼的情形,对此应建立"骨灰安葬权权利缺格制度",可参考我国《民法典》第1125条第1款②的规定,即若有证据证明某近亲属存在虐待、遗弃死者,或者

---

① 参见[美]安东尼·吉登斯:《现代性的后果》,田禾译,译林出版社2000年版,第56页。
② 参见《民法典》第1125条第1款规定:"继承人有下列行为之一的,丧失继承权:(一)故意杀害被继承人;(二)为争夺遗产而杀害其他继承人;(三)遗弃被继承人的,或者虐待被继承人情节严重;(四)伪造、篡改、隐匿或者销毁遗嘱,情节严重;(五)以欺诈、胁迫手段迫使或者妨碍被继承人设立、变更或者撤回遗嘱,情节严重。"

其他严重不利于死者的行为的,应排除该主体成为死者骨灰安葬权的权利人。同时,如果在先顺位的骨灰管理人未尽管理义务或管理不当,其他近亲属亦有权要求予以纠正。

(4)维护生者诉权与骨灰安葬方式稳定性之平衡。《荀子·礼论》言:"事死如事生,事亡如事存","死者为大"是我国传统殡葬文化的核心。亲属身份权的本质是以义务为中心而不是以权利为中心,[①]权利人对于骨灰安葬权的行使并非享有绝对的自由。骨灰系死者的一种人格延伸,保持骨灰安葬方式的稳定性以及不违背死者生前遗愿系对死者最基本的尊重;因此,在案件裁判时,应对于死者骨灰的安葬现状、诉讼主体的诉讼目的以及如何重新安葬骨灰等情况进行明确认定,协调处理好生者诉权的保障与死者骨灰安葬方式稳定性之间的冲突。

案例中,死者的骨灰置放于塔位,此种方式与入土为安的安葬方式存在一定差异,原告作为死者的儿子主张另行安置骨灰,并提供了其所主张安葬方式具备可行性的材料,综合死者骨灰安葬现状及后续安排情况,二审改判支持了原告的诉请。

三、结语

通过对中国古代传统丧葬制度的考证,以及对中国近代与丧葬相关的法律和思想观念变化进程的考察,可以看出对于死者的安葬由过去传统社会法律和伦理的双重义务逐渐转化为一种亲情义务和精神性权利。这一小小领域的转变折射出我们国家和社会向现代化转型的巨大进步,只有在司法实践中正确面对和积极研究这些新出现的权利概念,构建相应的保护和规范机制,才能使得司法成为中国社会权利发展的源头活水。

解读撰写人:北京市第二中级人民法院　张科　陈广辉

---

① 参见杨立新:《完善我国亲属法律制度涉及的六个基本问题》,载《重庆社会科学》2008年第6期。

法答网问题链接

本案例回答了法答网第 C2023092600162 号问题,即关于祭奠权的行使问题。

考虑到骨灰是死者本人人格价值在死后的延续,实践中归于死者近亲属祭奠死者本人之用,案例明确骨灰安葬权可根据"最亲近原则"确定近亲属的权利顺位,对于祭奠权行使问题具有一定参考价值。

商　　事

入库案例编号:2023-08-2-119-004　　法答网问题编号:C2023102701466

12. 格式合同中互联网金融平台披露义务的司法认定

——洪某某诉广西某甲科技股份有限公司委托合同纠纷案

入库案例适用参考

关键词

商事　委托合同　互联网金融平台　格式合同　披露义务　显失公平

裁判要旨

互联网金融平台通过在线签署电子授权协议,设置多层次复杂授权结构,使其可通过计算机信息系统对资金流向实施实质控制,且无须另行取得授权,可直接向资金存管银行发送交易指令。对此,互联网金融平台应当承担充分披露义务,确保相对方在实质性了解交易结构和风险的基础上,自主作出与其自身风险承担能力及认知能力相匹配的授权决定。如未尽上述义务,则应认定相关授权协议存在的显失公平的情形,予以撤销。

关联索引

《中华人民共和国民法典》第151条(本案适用的是2017年10月1日施行的《中华人民共和国民法总则》第151条)

基本案情

一审:广东省广州市黄埔区人民法院(2019)粤0112民初12565号民事判决(2020年3月30日)

二审:广东省广州市中级人民法院(2020)粤01民终12365号民事判决

（2020年11月11日）

2019年5月26日洪某某以电子协议方式签署《授权委托书》，授权广西某甲科技公司通过自动投标服务进行加入续借回款PLUS计划资金的出借等。

5月26日，洪某某（甲方）与广西某甲科技公司（乙方）以电子协议方式签署《续借回款自动投标服务授权协议》。约定：（1）甲方授权乙方在一定额度及范围内自动匹配借款项目，在无须通过再次授权的条件下，向资金存管银行发送交易指令完成授权交易。（2）甲方同意如匹配的特定借款项目发生逾期，则其债权无条件转让给乙方。（3）授权期限为协议生效之日起至甲方所持全部债权结清之日止，授权期限内甲方不得单方终止自动投标服务，不可单方撤销自动投标授权。（4）甲方授权乙方冻结全部资金，至少锁定至授权期限届满，在此期间内通过系统自动匹配至特定借款项目中。

5月26日，双方还以电子协议方式签署《续借PLUS授权协议》。主要约定：（1）甲方同意加入自动投标服务之日起即不可撤销地授权乙方可通过某网平台在授权范围内对其授权加入的资金及标的回款资金进行冻结并自动匹配至特定借款标的或债权标的，并以甲方名义签署相关协议。（2）甲方同意并确认乙方即可根据协议约定，通过向资金存管银行发送相应交易指令，对相关款项进行划扣、支付、冻结以及行使其他权利。（3）自动投标的授权期限为自本协议生效之日起至授权时甲方所持有的全部债权结清之日止。授权期间，乙方对甲方账户资金进行冻结并自动匹配至借款标的或债权转让标的，如甲方资金全部成功匹配则自动投标服务中止，但并不等于授权期限到期。（4）自动债权转让的授权期限为自本协议生效之日起至甲方债权全部结清之日止，授权期间乙方为甲方债权提供自动债权转让服务。（5）甲方点击"确认授权"或"加入"按钮之日，本授权协议及自动投标和自动债权转让服务生效；授权期间内甲方不得单方终止自动投标和自动债权转让的授权，即一经授权不可撤销，甲方不得要求撤销自动投标服务和相关自动债权转让服务，不得以此为由要求撤回已经加入的授权资金。

洪某某认为上述协议存在显失公平等情形，于2019年11月26日向一审法院起诉请求撤销。

诉讼中,洪某某还提供了与广西某甲科技公司工作人员和在线客服的多份微信聊天记录、客服微信朋友圈等,以证明广西某甲科技公司存在误导性宣传;账户余额查询页面、另案判决书等,以证明广西某甲科技公司实际控制资金账户、可自行修改查询页面。广西某甲科技公司提供了授权流程、出借人风险告知书、风险评估问卷等,以证明其已经进行了风险提示和风险评估测评。

广州市黄埔区人民法院(2019)于2020年3月30日作出粤0112民初12565号民事判决,判决撤销洪某某授权广西某甲科技公司的落款时间为2019年5月26日的《授权委托书》;撤销洪某某与广西某甲科技公司签署的落款时间为2019年5月26日的《续借PLUS授权协议》;撤销洪某某与广西某甲科技公司签署的落款时间为2019年5月26日的《续借回款自动投标服务授权协议》。宣判后,上诉人广西某甲科技公司提起上诉。广东省广州市中级人民法院于2020年11月11日作出(2020)粤01民终12365号民事判决,驳回上诉,维持原判。

裁判理由

法院生效裁判认为:关于三份协议是否存在显失公平的情形,是否应予撤销的问题。

首先,从协议约定内容来看。审查三份涉案协议关于授权范围和具体服务规则的约定可知,协议通过多层次复杂的授权范围和"系统自动匹配"设置,使出借人在授权后,经广西某甲科技公司计算机系统自动匹配其在额度内出借款项的实际用途,在无需再次确认的条件下,即可通过向资金存管银行发送交易指令的方式完成交易;在债权到期后,又应无条件将债权转让给广西某甲科技公司而无须另行协议。同时,授权期限为出借人持有的全部债权结清之日止,出借人不可单方撤销自动投标授权;《续借PLUS协议》更约定广西某甲科技公司有权对回款资金进行自动投标,资金退出时又需遵循系统自动设置的额度。上述交易模式对出借人能否自主决定投资、自主控制资金安全影响重大。广西某甲科技公司作为平台方,理应确保投资人能够在实质性地、充分地了解相关协议设置的实际交易过程、交易结构和性质风险的基础上,自主作出与其自身风险承担能力及认知能力相匹配的授权决定。

其次,从广西某甲科技公司履行解释说明义务的行为来看。审查广西某甲科技公司在本案中提交的证据材料,其网页显示内容为合同整体文本,个别协议条款虽整体加粗,但三份协议均未对重点条款进行明确说明,也没有对复杂交易安排和交易风险进行充分阐述。反之,其客服人员在推介产品时,着重对回款效果进行介绍,涉及的交易风险则简单指引洪某某自行阅读说明。法院认为,广西某甲科技公司作为高风险复杂交易模式的设计一方和完成"自动匹配"交易系统的控制一方,较之于普通注册用户明显处于优势地位,上述证据不足以证实其已经履行充分、适当的解释说明义务,不足以证实经其解释说明或经其投资者调查评估可知,洪某某已经具有与涉案协议交易结构和风险相应的认知和判断能力。

最后,从交易合规性以及公平性角度来看。《网络借贷信息中介机构业务活动管理暂行办法》第10条第2项规定:"网络借贷信息中介机构不得从事或者接受委托从事下列活动:……(二)直接或间接接受、归集出借人的资金。……"广西某甲科技公司作为网络借贷信息中介机构,在涉案协议中直接约定受让债权并追索债务,不符合前述规定。同时,广西某甲科技公司在本案中并未举证证实以何种方式对与高风险相对应的保障或收益予以体现。

根据《民法总则》第151条的规定,如前所述,分析协议约定内容,综合审查计算机系统控制主体、广西某甲科技公司在签约时及后续履行的解释说明义务等整体事实,法院认定三份涉案协议存在显失公平的情形,并判决予以撤销。

案例解读

随着金融交易创新、电子科技发展,互联网金融监管和消费者权益保护面临新的挑战。互联网金融市场天然存在信息不对称、交易地位不平等问题,导致互联网金融消费者在作出投资决策时,往往无法真正理解其中风险所在。如果在审判中一味僵化地机械坚持合同自由、风险自负的裁判思路,可能背离契约正义的实质要求,不仅影响互联网金融消费者的投资安全和投资信心,也事关国家金融安全。

本案被告广西某甲科技公司属于互联网金融平台方的网络信息借贷中介机构,对该类中介机构业务活动的监督管理,现阶段主要是通过银监会、工业和信息化部、公安部、国家网信办《网络借贷信息中介机构业务活动管理暂行办法》予以规范。对其合同义务以及因违反而引致的民事责任,因缺乏针对性规范进行审判指引,在现有民事法律框架体系下对互联网平台机构行为进行有效指引,是审判中亟待解决的问题。本案适用《民法总则》中关于显失公平的规定,结合格式合同的平台披露义务以及 2019 年 11 月《全国法院民商事审判工作会议纪要》中对于金融机构适当性义务的规则,对互联网金融平台披露义务、违反结果进行有益探索,并对审查规则提出了相关建议。

一、理论基础

(一)显失公平的概念

《民法总则》第 151 条[①]规定,一方利用对方处于危困状态、缺乏判断能力等情形,致使民事法律行为成立时显失公平的,受损害方有权请求人民法院或者仲裁机构予以撤销。《民法典》亦作一致规定。上述规定限定了行为原因是"一方利用对方处于危困状态、缺乏判断能力等情形",亦限定行为结果系"民事法律行为成立时显失公平",效力结果为可撤销的民事法律行为。可见,本条规定落脚点在于"处于危困状态、缺乏判断能力"等主观要件的认定,其价值侧重于维护意思自治及公平正义。

(二)格式合同的强制披露义务

《合同法》第 39 条[②]规定:"采用格式条款订立合同的,提供格式条款的一方应当遵循公平原则确定当事人之间的权利和义务,并采取合理的方式提请对方注意免除或者限制其责任的条款,按照对方的要求,对该条款予以说明。"《消费者权益保护法》第 26 条规定,在经营活动中使用格式条款的,

---

① 现为《民法典》第 151 条。
② 现为《民法典》第 496 条:"格式条款是当事人为了重复使用而预先拟定,并在订立合同时未与对方协商的条款。采用格式条款订立合同的,提供格式条款的一方应当遵循公平原则确定当事人之间的权利和义务,并采取合理的方式提示对方注意免除或者减轻其责任等与对方有重大利害关系的条款,按照对方的要求,对该条款予以说明。提供格式条款的一方未履行提示或者说明义务,致使对方没有注意或者理解与其有重大利害关系的条款的,对方可以主张该条款不成为合同的内容。"

经营者应以"显著方式"说明与消费者有重大利害关系的内容。《电子商务法》亦强化了对强制披露的立法态度,但在涉及互联网平台的披露义务时,则应结合互联网平台的适当性义务及相对人理解能力的特征来探讨强制平台披露的实际效果。

(三)适当性义务

适当性义务,是指卖方机构在向金融消费者推介、销售银行理财产品、保险投资产品、信托理财产品、券商集合理财计划、杠杆基金份额、期权及其他场外衍生品等高风险等级金融产品,以及为金融消费者参与融资融券、新三板、创业板、科创板、期货等高风险等级投资活动提供服务的过程中,必须履行的了解客户、了解产品、将适当的产品销售给适合的金融消费者等义务。①

我国法律体系中的适当性义务规则呈现渐进发展不断完善的趋势。2003年施行的《最高人民法院关于审理期货纠纷案件若干问题的规定》第16条②规定,期货公司在与客户订立期货经纪合同时,未提示客户注意《期货交易风险说明书》内容,并由客户签字或盖章,对于客户在交易中的损失,应当依据《合同法》第42条第3项的规定承担相应的赔偿责任。上述第16条指向,即指该行为属于"其他违背诚信原则的行为",应成立缔约过失责任。此后,适当性义务多散见于行政法规、部门规章中,例如,2008年4月国务院《证券公司监督管理条例》,2012年《证券投资基金法》,2016年7月证监会《证券期货投资者适当性管理办法》共同构成了资本市场中规制投资者适当性管理的基本框架。在司法层面上,《九民会议纪要》在第72条至第78条规定了"金融消费者权益保护纠纷案件审理"的问题,主要是对适当性义务的适用进行了界定。对适当性义务的法律性质进行了界定,明确了法院认定卖方机构是否违反适当性义务的法律渊源和责任主体,并对卖方机构

---

① 参见《全国法院民商事审判工作会议纪要》第72条。
② 2020年《最高人民法院关于审理期货纠纷案件若干问题的规定》第16条规定:"期货公司在与客户订立期货经纪合同时,未提示客户注意《期货交易风险说明书》内容,并由客户签字或者盖章,对于客户在交易中的损失,应当依据民法典第五百条第三项的规定承担相应的赔偿责任。但是,根据以往交易结果记载,证明客户已有交易经历的,应当免除期货公司的责任。"

与金融消费者在诉讼中举证内容和举证责任进行了规定。

《九民会议纪要》第 74 条所涉应承担民事责任的金融服务提供者,实际上是指为金融消费者参与融资融券、新三板、创业板、科创板、期货等投资活动提供服务的证券公司、期货公司,而不包括其他金融服务机构。互联网金融中介平台在现有法律框架下,并无法定的适当性义务,本案的审理亦属参照适当性义务规则。故在此类案件审理中,应当通过审查互联网金融平台方通过电子签约构建的交易模式,是否存在权利义务不对等的情形,并在此基础上衡量平台方履行告知说明义务的程度是否适当。如互联网金融平台仅是设置范围狭窄、简单易懂的授权模式,则无必要对其科以严格的告知说明义务。

二、显失公平情形的判定

从上述显失公平的定义可知其包含主观及客观两个层面,故司法实践中,准确判定合同是否存在显失公平的情形应同时考量主观要件与客观要件。

(一)主观要件之判定

《民法总则》第 151 条[①]规定的显失公平并不完全要求受益方存在主观故意,其主要目的在于对受损方的表意缺陷予以救济。司法实践中,可能造成受损方表意缺陷的情形主要有两种:处于危困状态和缺乏判断能力。

1. 处于危困状态的认定。危困状态作为显失公平的主观要件须满足受益方故意利用与受损方之间的相对优势,影响受损方的意思表示,造成受损方意思表示有瑕疵,从而造成显失公平情形的出现。[②] 需要注意的是,满足上述条件即受益方有利用相对优势的故意,受损方出现了意思表示的不自由,二者需同时满足,才构成显失公平的主观构成要件。

2. 缺乏判断能力的认定。行为人缺乏判断能力是指由于自身的特殊原因,在处分自己的权利时,并不能较为明确地认识到该行为对自身利益的影响。受益方利用受损方此种状态,与其订立契约,从受损方自身不当处分权

[①] 现为《民法典》第 151 条。
[②] 参见王少祥:《解释论视角下显失公平规则的适用》,载《河北科技师范学院学报(社会科学版)》2019 年第 6 期。

利中获利。① 本案中虽作出了真实的意思表示,但该意思表示却极大地损害了自身利益。这类损失并不是正常的交易风险,而是源于受损方所处弱势地位。信息不对称达到一定程度亦可造成缺乏判断力。

(二)客观要件之判定

从显失公平的定义可知显失公平制度设置的主要目的是保障受损方的意思自治,但在司法实践的审查过程中,依旧需要客观的标准予以辅助判断。目前学界有三种主流观点,即"主观价值说"、"客观价值说"和"综合说"。"主观价值说"认为,当事人作为合同的主体,对合同所涉标的物的价值最有发言权,所以应当以当事人的主观判断为标准。主观判断标准还可以保障意思自治,以当事人的主观意愿为转移,即使价格与市场价相差较大,由于是真实的意思表示,法律也不应予以干预。②"客观价值说"认为,显失公平的情况下意思自治原理已遭到破坏,不符合主观价值说的程序性要求,而此时客观价值说从实质正义出发即是妥当的选择。③"综合说"认为,考虑对价是否合理,应从主客观两方面入手,一方面合同对价要与市场价格大体相当,另一方面还要考察当事人是否愿意接受该对价。当两者发生冲突时,当事人的主观意愿优先。④ 由此可见,对于判定显失公平,需从主观要件与客观要件两方面综合考虑,分别适用不同的价值判断标准,运用科学的法律解释规则,实现对意思自治的全面保障。

三、平台格式条款的披露

(一)强制平台披露义务效果不佳的原因

1.当事人基于认知局限不去或省略阅读格式合同条款。一般而言,网站的格式合同篇幅较长。从心理学与经济学的角度看,顾客的眼光主要集中在价格或主给付义务上,对于从条件或附加条件,或因根本就未意识到,

---

① 参见王少祥:《解释论视角下显失公平规则的适用》,载《河北科技师范学院学报(社会科学版)》2019年第6期。
② 参见朱广新:《合同法总则》,中国人民大学出版社2012年版。
③ 参见王磊:《论显失公平规则的内在体系——以〈民法总则〉第151条的解释论为中心》,载《法律科学》2018年第2期。
④ 参见王利明:《合同法新问题研究》,中国社会科学出版社2011年版,第127页。

或因不清楚其效果,或因未想到其重要性等。①

2.格式合同条款语言过于专业化使消费者缺乏理性人的判断力,超出消费者的理解能力。这使强制披露无法与相对人的理解实现有效过渡。

3.格式条款中存在"修改条款"与"将来条款"。本案中,三份协议就存在签订后自动达成对后面相关法律行为的默许,这使相对人对于其当前行为的法律效果处于并非完全预知的状态。本案的情况即属于格式条款中存在一定的具有将来性的条款,使相应的风险并非在当事人的预料之中。

(二)强制平台披露义务的审查

为使强制平台披露义务产生实际效果,法院可从以下几方面予以审查,倒逼互联网平台更好地履行其适当性义务。

1.格式合同条款实质审查。考虑到互联网金融进入门槛低、社会受众广,通常相对方缺乏阅读合同条款的能力和意愿。该类案件审理中,不能机械地以"点击已经阅读风险提示""点击同意签约"等方式即认定合同成立后相对方应当风险自担,而应在案件审理中对合同条款及各方通过合同构建的交易模式本身是否公平进行实质审查判断。本案中,通过对三份涉案授权协议的条款内容进行审查,可见广西某甲科技公司通过对授权结构、授权期限的设置,经由自动匹配规则,使洪某某在授权后即无法撤销授权,而相关资金出借交易则均通过广西某甲科技公司计算机系统予以自动匹配控制,对其权利存在重大影响。

2.平台方举证责任适当加重原则。一方面,平台方作为中介服务提供者、记录交易信息的计算机系统控制方,具有更强的举证能力。另一方面,考虑到交易的复杂性、专业性和消极事实的证明难度,相关互联网金融消费者亦难以举证证实自己对交易结构缺乏充分理解。故从对投资者倾斜保护的角度出发,应当由平台方举证证明其已经履行了充分的告知说明义务,或经由其投资者调查教育可知相对方已经具备了与涉案交易匹配的认知能力。

---

① 参见[德]卡拉里斯:《债务合同法的变化即债务合同法的"具体化"趋势》,张双根译,载《中外法学》2001年第1期。

3. 审查平台方实际控制能力。即审查平台方通过电子签约方式构建的交易模式，是否通过复杂安排实现对交易资金的实质控制；相关授权范围是否必要；互联网金融消费者是否因授权安排而失去对投资意愿、投资用途的控制，是否可自主决定资金退出等。通过上述审查从而判断平台方履行告知说明义务达到何种程度。审查平台方履行告知说明义务的方式及深度，包括履行告知说明义务的时间节点，如是否在注册、电子签约前；履行告知说明义务的具体方式，如是否在合同文本中对相关条款进行加大、加粗显示，有无以较为通俗易懂的语言或可视化方式对交易模式进行描述，有无特别告知金融消费者主要风险因素和收益；在签约后，有无通过客服等工作人员对金融消费者个别咨询进行充分答疑，在接受咨询的过程中，有无进行误导和夸大宣传；有无对金融消费者的文化程度水平、风险承受能力进行评估分类；等等。

解读撰写人：广东省广州市中级人民法院　杨凡　袁绿凡

法答网问题链接

本案例回答了法答网第 C2023102701466 号问题，即关于格式条款提示说明义务与显失公平证明标准的问题。

在互联网金融市场中，受制于信息不对称、交易地位不平等等问题，互联网金融消费者在作出投资决策时往往面临着极大的不确定性，从而给互联网金融监管带来新的挑战。其中，对互联网金融平台的监管是互联网金融监管的关键环节。互联网金融平台掌握着大量的信息，在互联网金融市场中处于优势地位。根据权利义务相均衡原则，应苛以互联网金融平台以充分披露义务，而这一义务的履行通常以格式条款的形式呈现。对于格式条款的披露是否充分，本案例明确应坚持格式条款实质审查、平台举证责任适当加重、审查平台实际控制能力的审查原则。

入库案例编号:2024-08-2-269-001 | 法答网问题编号:C2023102500494

13."对赌协议"纠纷案件中股权回购约定涉及的股东优先购买权效力认定

——上海某某公司诉上海某某股权投资中心等、第三人叶某某股权转让纠纷案

入库案例适用参考

关键词

民事　股权转让　私募股权投资　"对赌协议"　股权回购股东　优先购买权　合同效力

裁判要旨

"对赌协议"又称估值调整协议,指投资方与融资方在达成股权性融资协议时,为解决交易双方对目标公司未来发展的不确定性、信息的不对称以及投资成本而设计的包含了股权回购、金钱补偿等对未来目标公司的估值进行调整的协议,是私募股权投资中常用的投资方法。对赌条款是投资方为保障资金安全及利益的最大化所设定的投资条件,在目标公司未完成对赌目标时多设定以股权回购方式要求对赌方回购投资方持有的目标公司股权,实质为附条件的股权转让行为。该股权转让是对赌方在对赌失败后被动性受让投资方股权的合同约定,应属有效。

关联索引

《中华人民共和国公司法》(2023年修订)第84条(本案适用的是2018年10月26日施行的《中华人民共和国公司法》第71条)

基本案情

一审：上海市虹口区人民法院（2019）沪0109民初13238号民事判决（2019年9月29日）

二审：上海市第二中级人民法院（2020）沪02民终2334号民事判决（2020年6月8日）

原告诉称：五被告某某中心、某甲公司、曾某某、李某某、朱某某系某乙公司股东。2016年5月18日，原告与五被告及某乙公司共同签订《增资协议》《补充协议》，约定原告以增资方式向某乙公司投资1500万元，若某乙公司2016年注册用户数少于8000万元、2017年净利润未达到3000万元、未于2017年2月30日前递交新三板挂牌申请资料、公司及实际控制人从事违法犯罪行为等，原告有权要求五被告按照投资金额并考虑12%资金成本全部或部分回购原告持有的股权。嗣后，原告向某乙公司交付投资款1500万元并登记为某乙公司股东，但某乙公司违反任一项承诺，股权回购条件成就，故原告要求五被告按照1500万元×(1+12%T)计算标准（T为自2016年5月27日至实际支付股权回购款的自然天数除以365）回购原告持有的某乙公司股权。原告不参与某乙公司实际经营，不清楚李某某与第三人叶某某的股权代持关系及某乙公司的违法犯罪行为，不同意适用股东优先购买权规则或股东按份承担回购责任。

被告某某中心辩称：根据江苏省苏州市中级人民法院（2018）苏05刑终766号刑事裁定书内容，曾某某、朱某某利用某乙公司自2016年1月经营网络赌博，涉案协议实质以合法形式掩盖非法目的，应为无效。即使五被告承担股权回购责任，根据《公司法》的相关规定，同等条件下的股权转让，因股东主张优先购买权且协商不成时，应按股东各自出资比例购买，现五被告对股权回购存在争议，无法确定各自的回购比例，故应按持股比例承担股权回购责任，并非共同责任。

被告某甲公司辩称：确认《增资协议》的效力，但其未在《补充协议》上加盖骑缝章，不清楚具体内容。即使骑缝章真实，因李某某及第三人均非本人签字，《补充协议》未生效，五被告不应承担回购责任。不主张股东优先购买权，不同意按份承担回购责任。

被告曾某某辩称:确认涉案协议的真实性,某乙公司股东除李某某外均为本人签名或盖章。李某某与第三人为股权代持关系,第三人为实际权利人,因二人均居住在外地,故涉案协议由第三人指定他人代签;股东微信群内讨论过涉案协议,第三人及其他股东均知晓并同意签订。原告不参与某乙公司经营,不清楚某乙公司犯罪行为,同意原告的诉讼请求。

被告李某某辩称:其非实际股权所有人,系为其子即第三人代持股权,未参与某乙公司经营,也未在涉案协议上签字,故不应当承担股权回购责任。

被告朱某某辩称:涉案协议为曾某某让其签字,未查看协议具体内容,不清楚股权回购责任,不同意原告的诉讼请求。

第三人叶某某述称:其股权由李某某代持,但二人均不参与公司经营。第三人在股东微信群内明确提出股权回购决定权在五被告而非原告,与《补充协议》内容不符,且笔迹鉴定表明涉案协议均非其与李某某本人签字,二人也未委托他人代签,不确认《补充协议》的效力。因其知晓增资事宜,故确认《增资协议》的效力。

法院经审理查明:(1)2016年5月18日,原告与某乙公司、五被告共同签订《增资协议》,约定原告以增资扩股方式向某乙公司投资1500万元,占增资完成后某乙公司股权的7.5%。同日,原告与五被告再签订《补充协议》,"业绩承诺与补偿"及"股权回购"主要约定,若某乙公司2016年注册用户数少于8000万人、2017年净利润未达到3000万元、未于2017年2月30日前申请新三板挂牌、公司或实际控制人从事违法犯罪活动等,原告有权要求五被告全部或部分回购原告持有的股权,回购金额为原告投资金额减去已补偿金额再考虑12%的资金成本;"担保条款"主要包括,五被告愿意对承诺和相关责任承担不可撤销的连带责任担保。(2)落款日期为2016年5月23日的《股东会决议》约定,公司注册资本由1870万元增加至2021.622万元,原告投资1500万元,151.622万元计入注册资本,被告曾某某、李某某、朱某某、某甲公司、某某中心及原告的持股比例分别为33.3737%、24.2721%、3.0342%、22.57%、9.25%、7.5%等。(3)2017年5月11日,原告分别向某某中心、某甲公司发送《关于要求回购股权的函》,以某乙公司未完成对赌目标为由要求回购原告持有的某乙公司全部股权。(4)江苏省苏州市中级人民法院(2018)苏05刑终766号刑事裁定于2019年1月15日维持江苏省张家港市人民法院一审判决,因曾某某、朱某某等人利用互联网招徕赌博人员赌博,某乙公司负责提供资金结算、技术维护、工资发放等,以开设赌场罪分别判处二人有期徒刑。(5)曾某某、某某中心副总经理方某、某甲公司法定代表人庄某某及第三人所在某乙公司股东微信群于2016年5月12日、18日多次讨论涉案协议内容,其中第三人虽称"补充协议"的"选择性"在原股东,但因微信记录提交不全,"最终版本"及其他微信内容均不详。

审理中,某甲公司及李某某、第三人分别申请对《补充协议》中骑缝印文及涉案协议中"李某某"签名进行鉴定,司法鉴定科学研究院分别出具司法鉴定意见书,确认《补充协议》中某甲公司骑缝印文真实,确认"李某某"签名非二人书写。

上海市虹口区人民法院于2019年9月29日作出(2019)沪0109民初13238号民事判决:(1)五被告按照1500万元×(1+12%T)(T为自2016年5月27日至实际履行之日的天数除以365)计算方式连带支付原告股权回购款;(2)股权回购款支付完毕后15日内,原告配合将其持有的某乙公司7.5%股权变更登记至五被告名下。宣判后,某某中心、某甲公司、李某某提出上诉。上海市第二中级人民法院于2020年6月8日作出(2020)沪02民终2334号民事判决:驳回上诉,维持原判。

裁判理由

法院生效裁判认为:本案的争议焦点有两个。一是《补充协议》的效力及被告李某某、第三人叶某某是否受《增资协议》及《补充协议》的约束;二是股权回购是否涉及股东优先购买权及责任承担。

一、《补充协议》的效力及被告李某某、第三人叶某某是否受《增资协议》及《补充协议》的约束

某乙公司的犯罪行为虽然早于涉案协议签订的时间,但无证据证明原告知晓并参与该犯罪行为或投资款用于犯罪经营,故本案仍属民事法律调整范畴。《补充协议》中某甲公司骑缝印章的真实性已由司法鉴定确认。李某某及第三人虽主张某乙公司相关文件中有其签名,但无法指出具体文件

名,且从法院查明的情况来看,《增资协议》《股东会决议》及工商登记文件上的签字均非二人本人签字,但二人从未提出异议,可推定存在长期由他人代为签字的惯常做法;某乙公司股东微信群内容表明第三人知晓并参与讨论,且在涉案协议均非二人签名的情况下,第三人仅确认《增资协议》的效力而否认《补充协议》的效力有违常理,故法院推定涉案协议系第三人授权他人代为签订,二人受涉案协议的约束。由于二人的股权代持关系未向原告披露,故涉案协议的法律后果由显名股东即李某某承担。

二、股权回购是否涉及股东优先购买权及责任承担

现有证据证明,某乙公司未完成《补充协议》约定的对赌目标,应当按约承担股权回购义务。对于股权回购责任的承担方式,因股权回购是在对赌失败情况下对赌方被动受让股权的行为,具有消极性,与一般股权转让的积极性不同;对赌失败后的回购责任系全体股东协商确定的结果,其特征为投资方成为股东后的再行转让行为,仅涉及股权在股东内部间的转让,与向股东之外的第三人转让股权不同,系约定权利;而股东优先购买权行使的前提条件为股权向股东以外的第三人流转,现有股东在同等条件下可享有法律规定的优先于他人的购买权,系法定权利。涉案股权回购与股东优先购买权在适用条件及法律特征上均存在较大差别,因此,本案股权回购争议不适用股东优先购买权。本案中,《补充协议》约定五被告对股权回购承担不可撤销的连带责任担保,其意思表示为五被告对回购原告股权负有同一债务,各债务人所负债务不分主次,彼此对所负债务承担连带责任,故五被告应连带支付原告股权回购款。此外,基于权利与义务相对等原则,在五被告支付全部股权回购款后,原告应配合将其持有的某乙公司股权变更登记至五被告名下。

案例解读

最高人民法院《全国法院民商事审判工作会议纪要》(以下简称《九民纪要》)首次对"对赌协议"进行了司法性质的界定,指投资方与融资方在达成股权性融资协议时,为解决交易双方对目标公司未来发展的不确定性、信息不对称以及代理成本而设计的包含了股权回购、金钱补偿等对未来目标公司的估值进行调整的协议,又称估值调整协议,是私募股权投资中常用的投资方法。对赌条款是投资方为保障资金安全及利益的最大化所设定的投资条件,如新三版上市、股权交易所挂牌、净利润额等,在目标公司未完成对赌目标时多设定以股权回购的方式要求对赌方回购投资方持有的目标公司股权,一般为投入资金加年化收益,其实质为附条件的股权转让。该股权转让是对赌方在对赌失败后被动性受让投资方股权的行为,涉及对赌主体的确定、对赌目标是否实现、回购责任的承担等问题,涉及投资方、融资方及对赌方等多方利益,具有复杂性。案件审理过程中,作为被告的对赌方往往以"对赌协议"侵犯股东优先购买权为由否认股权回购约定的效力。对此,本文结合具体案例,分析"对赌协议"的特征,进而区分股权回购与股东优先购买权二者的差异,以此阐述无须适用股东优先购买权法则对股权回购效力进行审查。

一、"对赌协议"的主要特征及股东优先购买权问题成因

投资方与融资方一般出于商业秘密、信息披露或者其他考虑,分别以签订主、从合同的形式完成商业投资。主合同指投资合同,投资方采取注资的方式成为目标公司的股东,一般仅涉及投资行为、投资形式、投资金额及持股比例等事项。从合同即指对赌协议,包括对赌主体、对赌目标、对赌后果等条款,是投资行为的核心内容,体现了投资方为保障资金安全及利益的最大化与融资方博弈的结果。对于"对赌协议"特征的分析即主要基于对从合同的分析,以便对该类合同有进一步的了解,有助于理解股东优先购买权问题的成因。

1. 表象因素:对赌主体具有多样性及复合性。对赌主体的多样性是指合同的一方主体为投资方,另一方主体身份具有多样性,可以为目标公司、目标公司原股东、目标公司实际控制人、目标公司管理层等不同身份主体。投资方可以选择与上述任意单一身份主体进行对赌,也可以选择与两种或者两种以上身份主体进行对赌,或者单一身份主体具有多数个体等,此时,对赌主体又具有复合性。对赌主体的多样性及复合性往往为投资方提供了较为宽松的选择权,能最大限度保障其对赌利益的可实现性。本案中,投资方上海某某公司以增资扩股的方式向目标公司即某乙公司投资,与某乙公司签订《增资协议》,履行投资义务后则成为某乙公司股东;同时,上海某某公司再与某乙公司全体股东即五被告签订《补充协议》，从而将对赌主体范围最大化，以最大限度保障其资金安全。对赌主体的选择不仅影响对赌责任的承担，还与股东优先购买权抗辩意见的提出有着密不可分的联系，一旦对赌主体为目标公司股东之外的第三人，从法律规定来看，目标公司股东有权利行使法定优先购买权以否认对赌协议中关于股权回购的效力。因此，看似股东优先购买权的提出具有表象上的合理性，实则未然。本文后续作进一步的分析。

2. 深层因素：对赌条款存在多样性及盲目性。对赌条款是"对赌协议"的核心组成部分，是投资方衡量目标公司价值的评估标准，可理解为一种财务工具，主要的评估标准以"业绩赌"及"上市赌"为常见。"业绩赌"是指对目标公司未来的业绩设定指标，主要为净利润额，或销售收入、利润率等其他柔性财务指标；"上市赌"是指以目标公司能否在特定时间内实现股权首次上市交易（IPO）为评估标准，也被认为是私募投资的终极目的。此外，还可以包括其他评估标准，如引进战略投资人、约定注册用户数或锁定管理层等。"对赌协议"既是投资方利益的"保护伞"，又是融资方缓和资金矛盾，激励其高效发展的促进剂。因此，对赌条款的设定应当基于理性并尽可能体现投资交易的公平、合理，如果设定了不切实际的对赌目标，导致对赌失败，则可能使双方均陷入两败俱伤的境地。对赌条款的设定对于判断投融资结果及是否存在诉讼风险亦可有所预判，是引发股东优先购买权抗辩的深层因素。本案中，对赌条款的设定为并列关系，对赌目标的实现也存在极大难度，一旦任意对赌目标未完成，则对赌失败，产生股权回购的法律后果，五被告将承担受让投资方股权、支付股权回购款的不利后果。因此，不排除对赌条款的设定存在盲目性及风险性，从而产生涉诉纠纷。

3. 根本因素：对赌后果表现为股权回购责任兼具其他形式。"对赌协议"除包括对赌条款外，还包括业绩补偿与股权回购等条款，即在对赌目标未能实现时，投融资方对目标公司的市场估值所进行的调整。业绩补偿指投资方与对赌方约定在目标公司未实现约定的业绩指标时，对赌方需按一定标准与方式对投资方进行的补偿，一般为现金补偿。股权回购则是在对赌失败时，投资方可要求对赌方全部或部分回购其持有的目标公司股权，股权回购价格一般为投入资金加年化收益。除此之外,对赌责任的承担方式还包括新股认购权及价格、反稀释条款等。在上述不同对赌责任承担方式中,多以股权回购为主要的表现形式,究其原因,当投资方判定目标公司已失去培育及发展的前景时,则希望连本带利快速抽回资本,以避免产生损失。从对赌后果来看,投资方看似经营一桩只赚不赔的买卖,但从诉讼风险角度考虑,投资方投资利益能否实现取决于对赌方的支付能力。在目标公司未达成对赌目标的情况下,对赌方的支付能力亦值得怀疑。正是基于对各股东支付能力的不确定性考虑,本案中,上海某某公司对某某中心提出按份承担回购责任的调解意见不予采纳;同时,某某中心亦担心其承担的回购责任可能超出其出资比例而以对赌协议损害股东优先购买权为由进行抗辩。

二、"对赌协议"的法律性质及与股东优先购买权的关联

1. "对赌协议"为附条件的股权转让合同。"对赌协议"的性质存在不同的观点,包括射幸合同说、附条件合同说、保证合同说等。射幸合同目的的实现完全依赖于偶发事件,"对赌协议"虽然具有一定的不确定性,但主要是投资方结合综合情况对融资方未来发展前景进行评估预判后所采取的以理性为主导的投资行为。因此,将"对赌协议"认定为射幸合同忽视了企业的经营管理行为对目标实现所产生的重要作用。附条件合同指所附条件影响合同的效力,而"对赌协议"所附条件是投资方衡量目标公司价值的评估标准,不影响合同的效力,只与对赌后果有关。"对赌协议"亦非担保合同,担保合同用以保障主合同约定的债权的实现,与主合同为从属法律关系,不能单独成立合同之债;而"对赌协议"与投资协议的主从关系并非法律关系上的判断,其作为独立的合同可理解为对投资行为的担保,非对金钱之债的担保。上述观点均混淆了投资关系与对赌关系,简单以投资法律关系确定对赌法律关系。在对赌合同关系中,无论投资方通过投资行为取得的股权是通过增资扩股方式还是股权转让方式,一旦对赌失败,则投资方可要求对赌方回购其持有的目标公司股权,其实质为附条件的股权转让合同,所附条件成就时股权由投资方转让给对赌方,故诉讼时立案案由为股权转让纠纷最为恰当。

2. 基于股权转让产生的股东优先购买权为形成权。优先购买权指民事主体依照法律规定或合同约定,在出卖人出卖标的物时所享有的以同等条件优先于他人购买该标的物的权利。公司法上的股东优先购买权则是随着有限责任公司制度的不断发展与完善而出现并由法律确认的权利,具体指有限责任公司的股东对外向第三人转让其全部或部分股权时,其他股东在同等条件下可优先于第三人购买该转让股权的权利。究其权利性质,存在期待权说、请求权说、自益权说、形成权说等。本文认为,股东优先购买权是基于股东身份而享有的一项法定权利,其性质为形成权。形成权指权利人得以自己的意思而使法律关系发生变化的权利。而股东优先购买权的形成权表现为,当有限责任股东向股东外第三人转让股权时,在同等条件下,其他股东一旦行使优先购买权即可排除第三人的购买,与转让股东达成股权交易,而转让股东不得拒绝。股东优先购买权具有专属权,基于股东身份和资格存在,其制度价值在于限制股东对外转让股权,以保护有限责任公司的人合性、公司的正常经营秩序以及原有股东的利益。因此,股东优先购买权与契约自由价值冲突时,前者利益高于后者,"对赌协议"的合同约定亦不可违反该项法定权利,否则将产生否定性的法律后果,也可以此判断股东优先购买权在"对赌协议"案件中的效力。

3. 股东优先购买权的法律规定及行使条件。股东优先购买权是一种法定权利。原《公司法》第71条规定:"有限责任公司的股东之间可以相互转让其全部或者部分股权。股东向股东以外的人转让股权,应当经其他股东过半数同意。股东应就其股权转让事项书面通知其他股东征求同意,其他股东自接到书面通知之日起满三十日未答复的,视为同意转让。其他股东半数以上不同意转让的,不同意的股东应当购买该转让的股权;不购买的,视为同意转让。经股东同意转让的股权,在同等条件下,其他股东有优先购买权。两个以上股东主张行使优先购买权的,协商确定各自的购买比例;协商不成的,按照转让时各自的出资比例行使优先购买权。公司章程对股权转让另有规定的,从其规定。"此条规定主要包括了以下内容:在有限责任公司内部股东间的股权转让不受限制;向股东之外第三方转让股权时需要经其他股东过半数同意,其他股东在同等条件下有优先购买权;两个以上股东同时主张优先购买权的,协商不成时按出资比例购买;公司章程可对股权转让进行约定。对于股东优先购买权行使条件的分析,可以帮助厘清对赌协议中的股权回购约定是否违反股东优先购买权而无效。

三、"对赌协议"纠纷案件涉及的股东优先购买权典型情况分析

基于对股东优先购买权法律规定的分析,判断"对赌协议"是否损害股东的优先购买权而无效的核心标准主要有三项,一是是否存在向股东之外的第三方转让股权的情形;二是向股东之外第三方转让股权时是否经过其他股东同意;三是是否违反股东优先购买权立法价值。前述分析的对赌主体具有多样性及复合性的特性是股东优先购买权产生的表象因素。因此,以此为出发点,结合对赌主体的不同身份情况,具体分析股东优先购买权在"对赌协议"纠纷案件中的效力认定。

1. 与目标公司股东的对赌。基于与目标公司的投资合同关系,投资人在履行投资义务后已取得了目标公司的股东资格,此种情况下,对赌失败后,按照"对赌协议"的约定,以公司股东作为对赌主体的股权回购实为公司内部股东间的股权转让,该股权转上行为符合向其他股东转让股权不受股东优先购买权约束的法律规定。因此,目标公司股东作为对赌方的股权回购不适用股东优先购买权法则对其效力进行审查。此时,"对赌协议"合法有效,对赌各方均应依约履行各自的合同义务。本案即属于对赌主体为目标公司股东的情况,上海某某公司依据《增资协议》成为某乙公司股东后,再依据《补充协议》的约定,在对赌目标未实现时,由某乙公司其他五名股东回购其股权,是股东间内部的股权转让,不受股东优先购买权的约束。因此,法院对某某中心提出的股东优先购买权抗辩意见不予采纳。

2. 与目标公司实际控制人的对赌。该情形包括与单一实际控制人的对赌及与实际控制人、其他股东等复合主体的对赌等。投融资对赌失败后,目标公司的实际控制人作为对赌主体受让投资方的股权,看似符合向股东之外的第三人转让股权而违反股东优先购买权的行为,然而,公司实际控制人虽然不是公司登记的股东,但与公司利益有千丝万缕的联系,一般以间接控股的方式实际经营目标公司,在与投资方的融资过程中,往往起着关键作用。投资方向实际控制人转让股权的行为究其实质仍为公司内部的股权转让,不违反保护有限责任公司的人合性、公司的正常经营秩序以及原有股东利益的立法目的。此外,在投资协议中,目标公司股东均确认了投资人的投资行为及持股比例,对于投资人的投资目的及"对赌协议"是明知的,目标公司股东虽未作为对赌主体在对赌协议中出现,但从对赌失败后股权回购的消极性及不利性来看,目标公司股东实际合意放弃了优先购买权,而同意由公司的实际经营人作为对赌主体承担对赌失利后的主要责任。故而,即使无直接证据证明目标公司全体股东均放弃优先购买权而同意投资方向实际经营人转让股权,结合上述分析,也可否定股东优先购买权在股权回购中的效力认定。即使在涉案股权价值增长的情况下,亦可作此推定。

3. 与目标公司的对赌。在审判实践中,目标公司作为对赌主体的案件并不鲜见,或由目标公司作为单一的对赌主体,或由目标公司与股东构成复合的对赌主体。无论何种情况,形式上均符合目标公司作为股东之外的第三人受让股权的情形。该情形是否违反了股东优先购买权,可参考公司实际控制人作为对赌主体的情况分析,目标公司作为对赌主体可推定为全体股东协商一致的结果,同样不能适用股东优先购买权对股权回购的效力进行否认。但是,目标公司作为对赌主体在股权回购的实际操作中存在较大的障碍,司法实践中的处理方式亦不统一。对此,《九民纪要》对与目标公司进行对赌的股权回购行为进行了规范,首先肯定了该类"对赌协议"的效力,同时指出,投资方主张目标公司履行股权回购义务的,应当依据原《公司法》第35条关于"公司成立后,股东不得抽逃出资"的规定,以及第142条第1款第1项关于公司非在减少公司注册资本情况下不得收购本公司股份的规定进行审查,公司收购本公司股份需完成减资程序。但因公司减资程序属于自治事项,司法不宜介入,因此,投资人要求目标公司履行减资程序的行为不具有可诉性。经查,目标公司未完成减资程序的,应当驳回投资方要求目标公司回购股权的诉请,实质为避免损害公司债权人的利益。以目标公司为对赌方的"对赌协议"忽视了公司在承担回购本公司股权或予以金钱补偿义务时存在的法律障碍,实为一次非审慎的投资。

4. 与其他第三人的对赌。目标公司股东外的其他第三人作为对赌主体对投资方进行股权回购的情形,如高管、隐名股东等,亦可参考公司实际控制人作为对赌主体的分析,在无其他相反证据予以推翻的情况下,应当认定"对赌协议"的效力,排除股东优先购买权的适用,否则亦有违商事活动的诚信及公平原则。

综上所述,"对赌协议"中的股权回购虽为股权转让的一种形式,但与一般的股权转让行为不同。从转让行为的内因来看,股权回购具有消极性与被动性,在对赌失败的情况下,某种程度预示着目标公司的前景或股权价值大打折扣,即使在同等转让条件下,其他未作为对赌主体的股东通常也会放弃优先购买权而避免进一步损失。而一般的股权转让则不必然存在上述消极状态,出于利益考虑,公司其他股东认为受让股权对其有利时,则会主张股东优先购买权,该行为具有积极性。因此,简单以是否违反股东优先购买权来判断股权回购的效力实则忽略了法律关系背后的资本与利益因素,从而误入迷途。再从法律适用条件来看,投资方基于投资协议成为目标公司股东时,目标公司全体股东对其投资目的及对赌协议是明知的,即使对赌协议约定的对赌主体非目标公司股东,也可推定目标公司股东对于对赌失败后投资方转让股权的行为是知晓并同意的,因此,即使受让主体为股东之外的第三人,也视为目标公司股东放弃优先购买权,从而使股权回购约定有效。最后,从立法价值来看,股东优先购买权的立法价值是保护有限责任公司的人合性、公司的正常经营秩序以及原有股东的利益,以限制股东对外转让股权。基于"对赌协议"中股权回购的消极性,对赌主体基本排除与目标公司经营及投资有关的人员,股东之外的第三人也多为公司实际控制人、高管、隐名股东或目标公司本身等,均与公司经营或利益有着密不可分的联系,上述主体受让股权实际仍为公司内部股权的转让,不违背股东优先购买权的立法目的。因此,无论对赌方即股权受让方为目标公司股东,还是股东以外的第三人,均无须适用股东优先购买权对股权回购的效力进行审查。

解读撰写人:上海市虹口区人民法院　严葫根　宋爱琴

法答网问题链接

本案例回答了法答网第 C2023102500494 号问题,即订立"对赌协议"后请求回购股权或金钱补偿的处理认定。

"对赌协议"纠纷案件中股权回购问题是司法实务中的难点,法答网中亦有相关问答,包括订立"对赌协议"后请求回购股权或金钱补偿的处理认定等。案例明确了对赌条款的实质为附条件的股权转让行为,该股权转让是对赌方在对赌失败后被动性受让投资方股权的合同约定,应属有效。在对赌条款与股东优先购买权的关系上,无论对赌条款中股权受让方为目标公司股东,还是股东以外的第三人,均无须适用股东优先购买权对股权回购的效力进行审查。

入库案例编号:2024-08-2-270-001　　法答网问题编号:C2024013100984

14. 股权转让条款性质认定应以当事人真实意思表示为准,股权让与担保情形中名义股东原则上不享有股东权利

——吴某诉北京某某公司等公司决议纠纷案

入库案例适用参考

关键词

民事　公司决议　股权让与担保　名义股东　真实意思表示　股东权利　权利边界

裁判要旨

对股权转让条款性质的认定应当根据转让协议体现的各方当事人真实意思表示予以确定。若当事人之间让渡股权的根本目的在于担保债权人债权实现,则该条款性质应属于股权让与担保。股权让与担保情形中,受让股权的名义股东原则上不享有公司法规定的股东所享有的参与决策、选任管理者、分取红利等实质性股东权利,但当事人之间另有约定的除外。

关联索引

《最高人民法院关于适用〈中华人民共和国公司法〉若干问题的规定(四)》(2020年修正)第5条(本案适用的是2017年9月1日施行的《最高人民法院关于适用〈中华人民共和国公司法〉若干问题的规定(四)》第5条)

基本案情

一审:北京市朝阳区人民法院(2019)京0105民初79879号民事判决

(2019年12月27日)

二审：北京市第三中级人民法院（2020）京03民终5136号民事判决（2020年12月20日）

吴某诉称：2010年1月8日，北京某某公司（以下简称某某公司）与某某甲公司签订《框架协议》，约定某某甲公司收购某某公司原债权人100%股权，承接对某某公司享有的9000万元债权；对某房地产项目进行整改、竣工验收等工作需要支出的资金由某某甲公司垫付，计入某某甲公司对某某公司的债权；某某公司股东即和××公司、吴某、秦某同意将其持有的某某公司68%股权无偿转让给某某甲公司或者某某甲公司指定的公司，待某某公司将债务全部清偿后，该股权无条件返还。2010年5月14日，为执行《框架协议》中的股权让与担保条款，某某甲公司指定的北京某某乙公司（以下简称某某乙公司）分别与某某公司的5位股东签订《出资转让协议书》，约定将某某公司70%的股权无偿转让给某某乙公司，同日办理了工商变更登记。2019年7月22日，某某乙公司作出某某公司股东会决议，选举了新一届董事会及监事，该董事会随即作出决议，决定吴某不再担任法定代表人、董事长，并责成吴某向新当选董事长马某移交该公司所有营业执照、印鉴、财务账册及凭证、公司签订的所有合同、协议等法律文件和档案以及其他属于公司的所有财产，并立即停止对外代表公司实施任何法律行为。根据有关规定，某某乙公司虽然基于股权转让担保受让取得了某某公司70%的股权，但并不享有股东所享有的参与决策、选任管理者、分取红利的权利，其在2019年7月22日的某某公司股东会决议上所作表决应为无效表决，该决议未达到公司法或者公司章程规定的表决比例，故该股东会决议不成立。现吴某起诉，请求法院判决2019年7月22日的某某公司股东会决议不成立。

某某公司持有吴某签名及加盖公章的授权委托书的委托代理人辩称：同意吴某的诉讼请求。

某某公司持有某某甲公司利益方出具的授权委托书的委托代理人辩称：不同意吴某的诉讼请求。2010年5月14日，某某公司股权变更登记完成后，某某公司一直由某某乙公司实际控制并管理，行使股东权利，吴某并未表示异议。

2019年7月22日的某某公司股东会决议符合法律规定,应属有效。

某某乙公司述称:不同意吴某的诉讼请求。某某乙公司受让某某公司原股东的股权,是吴某与某某乙公司进行的某某公司股权债务重组,某某乙公司合法持有某某公司股权,依法享有各项股东权利。我国现行法律中并没有股权让与担保的规定。2019年7月22日的某某公司股东会决议符合法律规定,没有损害他人利益,不属于不成立的情形,应属有效。

和××公司等某某公司原股东共同述称:同意吴某的诉讼请求。

某某甲公司述称:不同意吴某的诉讼请求。某某乙公司受让某某公司原股东股权不是吴某主张的让与担保,而是由某某甲公司委托某某乙公司以股东身份实际经营管理某某公司,且某某乙公司取得某某公司70%股权后一直行使股东权利。2019年7月22日的某某公司股东会决议符合法律及公司章程规定,应属有效。

法院经审理查明:吴某曾系某某公司法定代表人。某某公司开发某房地产项目中因无力支付工程款,被人民法院执行裁决将该房地产项目中的51套房屋折抵给债权人中交第四公路工程局有限公司(以下简称中交公司)。之后,某某公司从中交公司处回购并销售6套房屋。某某丙公司向某担保有限公司借款9000万元,代某某公司偿还给中交公司,回购了剩余45套房屋。

2010年1月8日,某某公司、某某甲公司、吴某等签订《框架协议》,约定基于上述诉讼及回购情况,由某某甲公司指定的某某乙公司代某某丙公司偿还某担保有限公司债务9000万元并承接该债权;为使该房地产项目达到销售条件,某某公司、某某甲公司应当在本协议签署生效后立即成立项目领导小组和项目经理部、办理大产权证、确定销售方案及物业管理方案等,产生的资金支出由某某甲公司垫付,计作对某某公司的债权;根据本协议形成的债权在清偿时应计收利息,利率双方另行协商;某某公司同意由某某甲公司指定的销售代理公司独家代理该房地产项目销售工作;为保障某某甲公司实现债权,吴某同意将其持有的某某公司股权无偿转让给某某甲公司指定的公司,待债权全部清偿或某某甲公司认为适当时机,上述股权应当无条件返还给吴某。

2010年5月14日,各方签订《出资转让协议书》并办理了股东及出资变更登记,某某甲公司指定的某某乙公司持股70%。

2019年7月22日,某某公司作出股东会决议,选举了新一届董事会及监事。随后,董事会作出决议,决定吴某不再担任法定代表人、董事长,并责成吴某向新当选董事长马某移交该公司所有营业执照、印鉴、财务账册及凭证、公司签订的所有合同、协议等法律文件和档案以及其他属于公司的所有财产,并立即停止对外代表公司实施任何法律行为。

一审法院认为,各方通过签订《框架协议》约定某某甲公司代某某公司清偿对外债务并对房地产项目进行销售,形成了某某甲公司对某某公司的债权,为保障债权实现,吴某将所持有的股权转让给某某乙公司,待某某甲公司债权获得清偿后,该股权无偿返还吴某。据此约定,股权变更至某某乙公司名下系作为某某甲公司债权的担保,而非真正的股权转让,此种通过转让股权所有权来担保债权实现的方式属于股权让与担保。因此,某某乙公司仅为名义股东,而非实际股东,其无权进行使用收益,不能享有公司法规定的股东所享有的参与决策、选任管理者、分取红利的权利。故而2019年7月22日某某公司股东会决议仅有某某乙公司投赞成票,该决议股东表决权不符合公司法及公司章程规定,应认定该股东会决议不成立。

北京市朝阳区人民法院于2019年12月27日作出(2019)京0105民初79879号民事判决:2019年7月22日的某某公司股东会决议不成立。宣判后,某某公司、某某乙公司、某某甲公司均不服提起上诉。北京市第三中级人民法院于2020年12月20日作出(2020)京03民终5136号民事判决:驳回上诉,维持原判。

裁判理由

法院生效裁判认为:本案的争议焦点是:(1)某某乙公司基于诉争《框架协议》的安排受让某某公司股权行为性质是否构成让与担保;(2)如某某乙公司基于《框架协议》约定受让某某公司股权构成股权让与担保,某某乙公司就该让与担保部分的股权是否享有表决权。

关于第(1)个争议焦点,对涉案《框架协议》中所约定的股权转让条款的性质认定,不能仅仅看合同的形式或名称,而要探究当事人的真实意思表示,而对于合同当事人的意思表示的解释应当以客观立场作为原则性评价标准。因双方让渡股权的根本目的在于担保债权人债权的实现,该条款在性质上属于股权让与担保。作为一种非典型担保方式,股权让与担保行为本身并未违反法律、行政法规的强制性规定,应认定合法有效。

关于第(2)个争议焦点,即某某乙公司就该让与担保部分的股权是否享有表决权。让与担保与财产权转让在法律性质上存有实质性区别,财产权转让的受让人是以获得财产权利为目的,而让与担保的债权人受让财产的目的在于为主债权提供担保,在主债权不能实现时可以受让的财产权价值优先受偿,且债权人通常无须支付受让财产权的对价。因此,债权人于形式上受让的财产权一般会受到一定的权利限制。股权让与担保就更具其特殊性,因为股权为兼具财产权和成员权属性的复合型权利。公司股东可就其享有的股权参与公司分红,亦通过其股东表决权参与公司的经营管理。而股权让与担保的债权人以受让或增资的方式取得股权,是期待以股权价值担保其债权未来可以实现,侧重于防范债务人通过行使股东权利对公司资产进行不当处置,从而导致其债权无法实现;债权人并非以成为公司股东,参与管理、获取分红为直接目的。因此,债权人虽在形式上为公司名义股东,但其仅在担保范围内享有优先受偿的权利,并不享有公司法规定的股东所享有的参与决策、获得股东红利等实质性权利。

综上所述,由于诉争股东会决议表决权未达到公司法或公司章程规定的通过比例,2019年7月22日某某公司股东会决议应为不成立。一审法院认定无误,二审法院依法予以维持。

案例解读

《民法典》出台之前,《担保法》《物权法》均未明确规定让与担保制度,但由于具有融资灵活、交易成本较低、第三人阻碍债权实现的可能性小等优势,让与担保一直在担保实践中扮演重要角色。《民法典》虽未明文规定让与担保,但通过界定担保合同范围为让与担保留下了空间。[①] 同时,《最高人

[①] 《民法典》第388条第1款:"设立担保物权,应当依照本法和其他法律的规定订立担保合同。担保合同包括抵押合同、质押合同和其他具有担保功能的合同。担保合同是主债权债务合同的从合同。主债权债务合同无效的,担保合同无效,但是法律另有规定的除外。"

民法院关于适用〈中华人民共和国民法典〉有关担保制度的解释》(以下简称《担保制度司法解释》)第四部分单设"关于非典型担保部分",从司法解释角度肯定了让与担保作为非典型担保的效力。在上述司法解释出台之前,《全国法院民商事审判工作会议纪要》(以下简称《九民会纪要》)第71条就让与担保问题作出原则性规定,明确肯定了让与担保协议的效力,为人民法院处理该类案件提供了重要的裁判指引。[1] 就股权让与担保而言,因目前缺少关于其审查标准及其情形下股东权利范围认定的具体规范,实践中判断当事人之间签订的协议究竟是真实的股权转让协议,还是名为股权转让实为股权让与担保协议往往成为司法审判的难点之一;同时,因股权让与担保还涉及股东身份权的行使,故股权让与担保情形下股权受让人(债权人)的权利行使范围也存在一定争议。

一、股权让与担保的审查要点——对当事人真实意思表示的探究

在审判实践中,股权让与担保从形式上看往往表现为股权转让的外观,但通常在两个方面区别于股权转让。其一,股权让与担保协议属于从合同范畴,与此相对应,各方往往还会约定一个主债权债务合同,或将股权转让条款约定在相应主债权债务法律关系协议中。其二,股权转让协议约定事项体现出担保主债权实现的功能,通常表现为受让人无须支付对价、主债务未届清偿期受让人不得行使和处分等。因此,审查股权转让条款或股权转让协议性质,不应拘泥于合同名称,而需探究当事人的真实意思表示,审查当事人签订合同的真实意思是为履行其他法律关系设定担保,确保相应债权得以实现,还是为了通过支付对价获得股权所有权。

通常情况下,人民法院可以通过审查当事人之间的协议安排、是否存在债权债务关系、是否具有转让的外观、股权受让人是否实际支付股权转让

---

[1] 《九民会纪要》第71条明确,债务人或者第三人与债权人订立合同,约定将财产形式上转让至债权人名下,债务人到期清偿债务,债权人将该财产返还给债务人或第三人,债务人到期没有清偿债务,债权人可以对财产拍卖、变卖、折价偿还债权的,人民法院应当认定合同有效。合同如果约定债务人到期没有清偿债务,财产归债权人所有的,人民法院应当认定该部分约定无效,但不影响合同其他部分的效力。当事人根据上述合同约定,已经完成财产权利变动的公示方式转让至债权人名下,债务人到期没有清偿债务,债权人请求确认财产归其所有的,人民法院不予支持,但债权人请求参照法律关于担保物权的规定对财产拍卖、变卖、折价优先偿还其债权的,人民法院依法予以支持。债务人因到期没有清偿债务,请求对该财产拍卖、变卖、折价偿还所欠债权人合同项下债务的,人民法院亦应依法予以支持。

款、受让方是否参与公司经营管理以及是否存在股权回购约定或股权清算约定等方面予以评断。具体而言,如果股权出让方与受让方之前存在债权债务关系,双方明确约定让渡股权的目的在于担保相关债权的实现,股权受让方在受让股权时并未支付相应对价,且双方约定了股权回购条款或债务届满时股权清算条款,那么即便双方签订的协议名为"股权转让协议",甚至已经办理了股权的工商变更登记手续,但因为债权人受让该股权的主要目的在于保障债权的实现,而非获得目标公司股权,此时仍然应当认定双方之间的"股权转让协议"构成股权让与担保性质。

二、股权受让人即名义股东的权利边界——基于对内关系和对外关系的不同视角

股权让与担保虽属非典型担保,却可以通过登记方式进行公示,即通过股权变更登记,债权人在形式上会登记为公司的股东,持有目标公司股权。同时,由于公司的组织性以及股权的复合性,股权让与担保因此具有特殊性,即不仅涉及设定股权让与担保的股东及其债权人利益,还涉及目标公司及其债权人利益;不仅涉及股东的分红权等财产性权利,还涉及投票权、决策权等人身性权利,甚至涉及整个公司的控制权是否转移等问题,并且为货币资本控制实业资本提供了可能。由此,股权让与担保情形下股权受让人即名义股东的权利边界的确定意义重大,在此复杂交易框架下,须遵循处理公司案件的一般原理,坚持法律关系的内外有别原则,同时应当注重平衡各方主体利益。该问题实质在于名义股东是否具有公司法意义上的股东身份,具体涉及三个问题:一是在股权转让人与股权受让人之间如何认定股权受让人的身份;二是在目标公司内部(包括目标公司及其他股东)如何认定股权受让人的身份,即股权受让人能否行使股东权利、履行股东义务;三是在目标公司外部,是将股权受让人视为股东还是有担保权的债权人。

(一)名义股东对于股权转让人原则上不享有股东权利,双方另有约定除外

揭开股权转让协议"面纱",股权受让人真实身份为主债权债务关系中债权人一方,其通过受让无须支付对价股权并与债务人即股权转让人约定股权回购条款、债务届满时股权清算条款等方式以确保自身债权得以顺利

实现。因股权转让人与股权受让人均系上述约定的主体,双方对于协议安排的内容及目的应当明知。基于诚信原则,从平等保护需求出发,人民法院应当根据上述当事人的真实意思表示来确定双方法律关系的性质,认定在该股权让与担保情形下名义股东即债权人不享有公司法意义上的股东权利。同时,对于商事主体之间在股权让与担保协议中约定了受让人具体权利的,人民法院在实践中应予充分尊重。

（二）名义股东在目标公司内部（包括目标公司及其他股东）的权利边界

《九民会纪要》明确了让与担保中已经完成财产权利变动的主体其地位是债权人,而非所有人或者股东。据此,如果股权转让人将让与担保的真实意思如实告知公司及其他股东,则即便股权受让人在股东名册上进行了记载,也仅应作为名义股东,而不能对抗公司及其他股东权利。此时名义股东亦不享有股东权利,即不享有股权中的财产权及成员权。

反之,如果股权转让人并未告知公司及其他股东实情,使其他股东有理由相信相关安排仅为一般股权转让,则法律也要保护此种信赖。在此情况下,一旦股权受让人在公司的股东名册上进行了记载,即便股权转让协议各方主体真实意思为股权让与担保,股权受让人仍然可以行使股东权利,包括财产权和成员权。[1]

据此,在目标公司内部,名义股东的权利边界应视股权转让人是否告知公司及其他股东股权让与担保之实情而有所不同。如果转让人与受让人之间签署了股权转让协议,并且告知目标公司和其他股东的意思是"股权转让",目标公司亦按照股权转让为受让人办理了股东名册变更的,则应当认定目标公司、其他股东以及受让人就受让人成为目标公司股东这一事项达成了合意。相应地,受让人成为目标公司的股东,可以行使股东权利。否则,受让人不能成为目标公司的股东,而只能是债权人。

（三）名义股东与外部第三人的法律关系

股权让与担保中,因具有股权转让的权利外观,基于股权登记的公示效

---

[1] 参见最高人民法院民事审判第二庭编著:《〈全国法院民商事审判工作会议纪要〉理解与适用》,人民法院出版社2019年版,第405页。

力,对外亦会产生对第三人信赖利益的保护问题,主要表现在当事人有关股权让与担保的约定能否对抗公司其他债权人。实践中主要体现为两种类型:一是对名义股东享有债权的债权人请求人民法院查封、执行标的股权,此时实际股东是否提出执行异议和执行异议之诉;二是基于股东出资瑕疵需对公司债权人承担责任的规则,名义股东是否应当与实际股东的出资瑕疵承担相应法律责任。对此第一个问题,实践中存在不同观点,倾向性观点认为,基于商事外观主义,名义股东的债权人有权请求执行名义股东的股权,但转让人作为实际股东可以请求确权,也可以通过提出执行异议之诉的方式保障自己的权利。[①] 对于第二个问题,《担保制度司法解释》予以了明确,即股东以将其股权转移至债权人名下的方式为债务履行提供担保,公司或者公司的债权人以股东未履行或者未全面履行出资义务、抽逃出资等为由,请求作为名义股东的债权人与股东承担连带责任的,人民法院不予支持。

解读撰写人:北京市第三中级人民法院　田璐　郭欣欣

法答网问题链接

本案例回答了法答网第 C2024013100984 号问题,即股权转让条款性质如何认定的问题。

股权让与担保具体的司法审查标准是当前公司法实务的难点,法答网中与之相关的问题较多。案例明确了股权转让条款性质的认定不应拘泥于合同名称,而应探究当事人的真实意思表示。若当事人之间转让股权的真实目的在于担保债权人债权的实现,则该条款性质应属于股权让与担保。在此等情形下,除当事人之间另有约定,受让股权的名义股东原则上不享有公司法规定的股东所享有的参与决策、选任管理者、分取红利等实质性股东权利。本案例确立的认定标准有助于统一此类案件的法律适用。

[①] 参见最高人民法院民事审判第二庭编著:《〈全国法院民商事审判工作会议纪要〉理解与适用》,人民法院出版社2019年版,第406页。

入库案例编号:2023-08-2-304-001 | 法答网问题编号:D2023120800075

15. 原油掉期交易中违约事件及违约责任应依约适用国际惯例予以认定

——某外资银行诉某石油公司金融衍生品种交易纠纷案

入库案例适用参考

关键词

民事　金融衍生品种交易　掉期交易　ISDA 主协议

裁判要旨

1. 衍生品交易是合同当事人对未来的不确定性进行的博弈,在金融机构对产品交易结构、蕴含风险进行充分揭示的情况下,当事人应对交易过程中可能产生的收益或亏损有一定的预期,并在此基础上自主作出商业判断,由此订立的交易协议应系双方当事人真实意思表示。根据交易协议约定,一方当事人要求终止交易构成违约的,作为协议相对方的金融机构有权依据协议约定提前终止协议。

2. ISDA 主协议为场外衍生品交易提供了适用于国际市场的标准化合约,作为国际惯例和国内行业规则被广泛采用并为交易参与方所熟知。法院在对违约责任进行认定时,应以《合同法》为基本依据,同时充分考量 ISDA 主协议相关规定及金融衍生品交易的自身特性,并以诚实信用原则和商业合理性原则为基础,计算提前终止款项的相应市场公允价值。

关联索引

《中华人民共和国民法典》第 465 条、第 509 条、第 577 条、第 585 条(本案适用的是 1999 年 10 月 1 日施行的《中华人民共和国合同法》第 8 条、第 60 条、第 107 条、第 114 条）

基本案情

一审：上海市浦东新区人民法院（2019）沪 0115 民初 25676 号民事判决（2019 年 12 月 26 日）

二审：上海金融法院（2020）沪 74 民终 533 号民事判决（2020 年 10 月 30 日）

2011 年 9 月 15 日，某外资银行与某石油公司签订 ISDA 2002 主协议及其附件（以下简称主协议）。2014 年 2 月 14 日，某石油公司签署《布伦特原油－买入绩效互换》交易条款（以下简称 2 月份交易条款）。2014 年 3 月 7 日，双方签订《布伦特原油－买入绩效互换》及对应的《交易确认书》（以下简称 3 月份交易条款），双方约定就布伦特原油开展互换交易；在《风险确认》中，某石油公司向某外资银行确认及承认：某石油公司已经基于自身的判断对是否订立交易以及交易是否合适或适当做了最终决定，且对于其认为需要取得其他咨询以协助其作出本决定的，其已经取得自身顾问的所有意见。同日，某外资银行特别就布伦特原油价格跌破执行价格的亏损风险向某石油公司进行说明，某石油公司最终确认进行系争交易。主协议于 3 月份交易条款签订后，某外资银行与某石油公司依约履行了 4 期互换交易。2014 年 5 月 28 日、9 月 17 日，某外资银行与某石油公司的授权交易员齐某通话，就系争交易向某石油公司提示油价下跌风险。某石油公司均表示了解且希望按原约定 3 月份交易条款执行。2014 年 11 月 11 日，某石油公司出具《关于终止布伦特原油—买入绩效互换的函》，要求提前终止 2 月 18 日签署的"布伦特原油—买入绩效互换"协议，否认 2014 年 11 月 10 日后互换交易的效力，并表示不再承担 11 月 10 日后的损失。2014 年 11 月 27 日，某外资银行向某石油公司发出《提前终止通知》，指定 2014 年 12 月 2 日为主协议项下所有未完成交易的提前终止日。

2014 年 12 月 2 日，某外资银行向 5 家市场交易商发送电子邮件，就系争交易提前终止所需的平仓成本发送询价函。2014 年 12 月 3 日，某外资银行向某石油公司发出《提前终止金额计算报告》及其附件，载明：要求某石油公司支付提前终止款项,提前终止日期在本报告生效日起的第二个本地工作日到期(以下简称支付到期日),要求某石油公司在支付到期日支付以上提前终止款项加上到期应付的利息。

某外资银行因索赔未果,于2019年4月1日向上海市浦东新区人民法院提起诉讼,要求某石油公司向某外资银行支付互换交易项下欠付的提前终止款项1,328,560.97美元、自2014年12月2日至其实际支付结算款项之日止的利息以及律师费人民币20万元等。

上海市浦东新区人民法院于2019年12月26日作出(2019)沪0115民初25676号民事判决,判令某石油公司支付某外资银行互换交易项下欠付的提前终止款项1,305,777.97美元及利息;驳回某外资银行其他诉讼请求。某石油公司不服,提起上诉。上海金融法院于2020年10月30日作出(2020)沪74民终533号民事判决,维持了一审法院关于支付提前终止款和驳回律师费的判决内容,并基于某外资银行自愿放弃利息诉请而对一审其他判决作出相应变更。

裁判理由

经法院生效裁判认为,本案的争议焦点主要集中在以下三个方面:第一,涉案交易协议是否成立并有效;第二,上诉人某石油公司发函终止协议是否构成违约;第三,终止净额结算条款的性质为何及款项如何计算。

1. 关于涉案主协议及相关交易条款效力问题,某外资银行在缔约过程中已履行了相应的客户审查及风险提示义务,某石油公司应对交易过程中可能产生的收益或亏损有一定的预期,并在此基础上自主作出商业判断,关于对冲现货交易中的损益,不能从涉案交易本身的盈亏来判断合同的公平性。故涉案交易条款均系双方当事人的真实意思表示,且内容不违反法律和行政法规的效力性强制性规定,也不存在其他导致合同无效的事由,故上述合同合法有效,当事人理应恪守。

2. 关于违约责任及违约的后果问题,有相对人的意思表示的解释,应当按照所使用的词句,结合相关条款、行为的性质和目的、习惯以及诚信原则,确定意思表示的含义。现双方当事人对实际履行的协议为3月份交易条款并无争议,故某石油公司向某外资银行出具此函应理解为要求终止3月份交易条款。而根据主协议约定,任何一方取消、否认、放弃或拒绝全部或部分之主协议、由该方签订和交付之任何确认书或由此等确认书证明之任何交易,或对主协议、上述确认书或交易之有效性提出异议,构成该方之违约事件。某外资银行据此确定双方之间互换交易的提前终止日并要求某石油公司支付提前终止款项及其利息的主张,具有合同依据。

3. 关于提前终止款项的法律性质和金额的确定问题,在掉期交易中,交易双方对具体违约责任触发交易提前终止的合约安排,实质上属于继续性合同的约定解除。违约事件下提前终止应付额包括终止款项和未付款项两部分,其中未付款项的清偿属于对已发生并确定之债务的履行,而提前终止款项即为交易违约方在合同解除后对非违约方应承担的违约责任,也就是赔偿非违约方因交易提前解除而遭受之损失。ISDA 主协议作为国际惯例和国内行业规则在衍生品交易实践中被广泛采用并为交易参与方所熟知。因此,若交易协议中实际采用了 ISDA 主协议的相关规定,则应当认为交易各参与方对协议中所列违约责任的承担具有一定的预期。在某石油公司要求提前终止交易后,为确定合同约定的提前终止款项金额,某外资银行向行业内数家第三方机构咨询了有关替代交易的报价,并结合其他市场信息计算出了提前终止款项金额,该询价方法具有合理性。

案例解读

自 20 世纪 70 年代以来,金融衍生品迅猛发展。虽然金融衍生品的设计初衷是降低交易风险,但是用之不当,也会因杠杆效应而使得风险成倍增加。本案所涉争议系因 2014 年国际市场原油价格暴跌,客户为止损提前解除金融衍生品合约而引发的违约纠纷。在案件审理中,法院充分遵循场外金融衍生品交易的自身特性和国际惯例,确认了提前终止净额结算条款的性质和效力,对类案裁判具有一定指引作用。

本案所涉及的金融衍生品为掉期合约,是场外金融衍生品交易的一种,是指双方私下达成协议,约定在未来的某一时间段内按照约定的价格、数量交换一系列标的物或现金流的合同。① 掉期合约实际上就是约定交易各方权利义务的合同,合约性是其本质属性。与普通买卖合同的不同之处在于虽然交易的盈亏与基础资产价格变动密切相关,但其往往不以取得基础资产所有权为目标。为降低市场参与者的协商成本,保护市场参与者的权益,ISDA 主持制定了一系列相关文件,其中 ISDA 主协议及其相关附件以格式合同的形式在目前国际金融衍生品交易中被广泛采用,其所确立的单一协议、瑕疵资产与净额结算这三大条款作为国际惯例,在维护国际金融衍生品市场稳定运行方面发挥了重要作用。终止净额结算条款项下,合同提前终止后应付款项包括终止款项和未付款项两部分,也就是说依然要兑现未来的盈亏,合同提前终止的效果与假定合同在终止日全部履行完毕的效果差别不大,关于该类终止净额结算条款性质和效力的认定是司法实践中审理该类纠纷不能回避的前提性问题。

一、法律探析——终止净额结算条款性质认定

(一)终止净额结算的概念

净额结算又称轧差,指交易各方对其之间的权利、义务进行合意冲抵。② 净额结算分为两部分"净额"和"结算"。前者是指对交易各方之间的头寸进行轧差,得到一个净值;后者是指按照得出的净额进行支付。

具体到本案中的终止净额结算条款,即某石油公司与某外资银行签订的 ISDA 主协议约定"任何一方取消、否认、放弃或拒绝部分或全部主协议、确认书等,构成违约,交易对方可以确定提前终止日并要求其支付终止净额结算的款项及利息"。

(二)终止净额结算条款的构成及计算方式

根据终止净额结算条款的约定,发生违约提前终止应付款项包括终止款项和未付款项两部分,其中未付款项的清偿属于对已发生并确定之债务的履行,而提前终止款项可理解为交易违约方在合同解除后对守约方应承

---

① 参见刘燕、楼建波:《金融衍生交易的法律解释——以合同为中心》,载《法学研究》2012 年第 1 期。
② 参见贾静:《国际金融衍生交易中净额结算的法律性质》,载《对外经济贸易大学学报》2001 年第 6 期。

担的违约责任,也就是赔偿守约方因交易提前解除而遭受的损失。根据《民法典》第 584 条的规定,违约损失赔偿范围包括可得利益,但不得超过订立合同时预见到或应当预见到的违约损失。交易中采用了 ISDA 主协议中终止净额结算的约定,则应当认为交易各参与方对协议中所列违约责任的承担具有一定的预期。可见,该种责任承担方式与我国法律并不相悖。

终止净额结算条款约定的计算方式是 1992 年版 ISDA 主协议和 2002 年版 ISDA 主协议主要区别之一。案件审理中,应注意区分当事人签订的协议版本分别判断:其中,1992 年版采用损失法(Loss)或市场报价法(Market Quotation)作为计算基础,当事人可自行选择。2002 年版则采用终止款项法(Close-out Amount),是指为取得与被终止交易的重大条款相同的经济效果而进行替代交易,由此所产生的损失或成本金额(以正数表示),或由此而得到的收益(以负数表示)。此外,在最终支付上,1992 年版主协议中,当事人可以选择适用"脱身条款"(Walk Away),即在终止净额计算结果是负数的情况下,守约方无须向违约方支付。2002 年版则不存在该条款,无论何方盈亏,均须按净额支付。

2002 年版 ISDA 主协议中终止净额结算分为终止交易、计算和净额结算三个阶段,以前一个阶段作为后一个阶段的基础。其第 14 条规定:计算方将以诚信原则,并按照合理商业程序确定结算款项,以达到合理的商业效益。对于如何确定结算款项合理商业程序,主协议规定:(1)适用由第三方提供的相关市场数据或源自内部的数据进行评估时,应采用在日常商业过程中评估与第三方进行类似交易时所使用的模式;(2)根据一笔终止交易或者一组终止交易的类型、复杂性、规模和数量,对该笔终止交易适用不同的评估办法。另外,2002 年版主协议对确定结算款项的时间也有规定:每笔结算款项应在提前终止日确定,或如果已在商业上非合理可行,也可以按提前终止日之后的商业上合理之日确定。

(三)终止净额结算条款的性质及价值

当事人对具体违约责任触发交易提前终止的合约安排实质上属于继续性合同的约定解除。与一时性合同不同,继续性合同的内容并不是一次性就可以完成的,甚至在合同订立时并不明确,而是随着时间的延展而逐步确定的。这与金融衍生品合约"当前定约、未来履行"的属性一致,合同的全部条款已经合意妥当,但是合同的履行、标的物的实际交付均在未来的某个时日或时段。因为继续性合同持续时间长,双方当事人对后期的情势可预见程度明显低于一时性合同,同时合同周期越长,不确定风险越大,故对继续性合同的解除限制不应过于严格。继续性合同的解除可以分为约定解除和任意解除,而终止净额结算条款事先已经约定在 ISDA 主协议之中,是对金融衍生品合约的约定解除。

继续性合同的约定解除的属性使得终止净额结算条款具有减轻信用风险及防范系统性风险功能价值。一旦发生违约或终止交易的情形,守约方所承担的损失由原来的总金额降低至结算后的净值。经过终止净额结算,交易双方对履约支付的实际金额大大减少,交易当事人只需要承担净额支付的风险。一方面节省了交易成本,另一方面降低了资本流动的风险,从而在一定程度上避免了巨额亏损甚至破产的情况。在防范系统风险方面,场外掉期交易的参与者多为金融机构或大型企业,当一方发生违约甚至破产时,如果没有通过终止净额结算来削减风险敞口,极有可能引起系统性金融风险。

二、理念突破——终止净额结算条款效力的认可

终止净额结算条款与传统民商法中继续性合同的约定解除法律后果不同。在传统民商法下,合同提前终止意味着仅仅对已经履行的部分进行结算,对尚未到期、尚未履行的部分不再履行。但在终止净额结算条款项下,合同提前终止后应付款项包括终止款项和未付款项两部分,也就是说依然要兑现未来的盈亏,合同提前终止的效果与假定合同在终止日全部履行完毕的效果差别不大。该制度设计的目的在于衍生合约价值性的实现,即不能因为违约方的过错导致守约方失去利用衍生合同套利保值的目的,所以违约方需要补偿守约方本该获得的收益。[①] 以传统民商法理念为判断依据,则可能否认净额终止结算条款的效力,从而拒绝认可净额终止结算条款的

---

① 参见刘燕、楼建波:《金融衍生交易的法律解释——以合同为中心》,载《法学研究》2012 年第 1 期。

处理方式。故长期以来,关于终止净额结算条款效力的认定亦存在争议。

(一)终止净额条款效力否定说

对条款的性质的认定持否定观点者认为,该条款名为提前终止而无终止之实,应认定无效。例如,我国台湾地区法院认为,支持衍生品的投资人支付合约尚余部分的利息净额,会使合同形式上虽然已经终止,但是双方当事人没有退场机制,仍要求衍生品投资人支付未到期部分的净额,将使得合同的解除或终止没有任何意义。

(二)终止净额条款效力肯定说

衍生合约提前终止与实际履行没有本质的区别,都必须兑现合约项下的全部损益,以保障衍生交易发挥预期的套期保值功能。这虽然与传统民商法的合同终止理念不符,但是因为符合衍生交易的基本目的,从理论上说终止净额结算条款的效力应得到认可。①

结合金融衍生品纠纷的特征及审理的基本原则,本案支持终止净额结算条款效力肯定说,原因主要有以下三方面。

1. 对《合同法》预见规则的恪守。在处理金融衍生品纠纷案件时,应以合同条款作为判断权利义务内容、违约责任等的依据。终止净额结算条款出自ISDA主协议,在2002年版本的ISDA主协议第6条中涵盖了终止净额结算的各个步骤安排,在6(a)、6(b)提前终止中明确发生了违约事件或终止事件后,违约方向守约方通知上述事件及守约方指定终止日。在6(e)(i)(ii)(iii)和6(d)(i)轧差计算中规定了提前终止款项的计算方式,明确通过协议中约定的方法计算被终止交易的公允价值,从而确定提前终止的款项。可见,在交易双方共同认可且签订的ISDA主协议中,终止净额结算条款的各个步骤内容明确,金额计算方式明确披露,与我国合同法预见规则一致。

2. 对可预见范围内商业风险的自担。本案的交易模式为现货交易对冲型,即经营者通过签订与其出售的现货相同或类似但方向相反的衍生合约,由衍生合同结算的盈亏来抵销实际经营中的损失,从而控制自身的经营成

---

① 参见刘燕、楼建波:《金融衍生交易的法律解释——以合同为中心》,载《法学研究》2012年第1期。

本。因为金融衍生品交易具有杠杆性及射幸性,交易风险巨大,且交易合约多为金融机构提前制定的格式合同,基于金融机构与客户之间信息的不对称性,金融机构在交易的初始缔约阶段和交易的后续履行阶段都应负有信息披露与风险揭示义务。金融衍生品交易是一项商业活动,而交易相对人作为商事主体,也应当承担相应的风险,本着金融交易中"卖者尽责,买者自负"的原则,金融机构负有信息披露与风险揭示义务,交易相对方也有审慎注意义务,对可预见范围内的商业风险应有合理的预期。在金融机构已经对终止净额结算条款进行说明并揭示风险后,不宜以显失公平为由否认终止净额结算条款的效力。

3. 对金融衍生品交易国际惯例的尊重。由于衍生品交易结构复杂、设计精巧,普通交易参与者并不具备制定交易条款的能力,ISDA 主协议为该类交易提供了适用于国际市场的标准化合约,并作为国际惯例在衍生品交易中被广泛使用,为交易参与者熟知。因此在交易中采用 ISDA 主协议中关于终止净额结算条款的约定,应认定交易参与者对该条款的效力予以充分的认可,并且对违约责任的承担具有一定的预期。终止净额结算条款亦未与我国现行法律法规相违背,并且也未涉及监管问题、交易安全及不良社会影响等问题,亦与公序良俗不相违背,应作为国际惯例加以适用,其效力亦应得到认可。

三、小结

ISDA 主协议及其相关附件在场外金融衍生品交易中被广泛采用,其所确立的终止净额结算制度作为国际惯例,在规制金融衍生合同违约方面起到重要作用。终止净额结算制度的性质为继续性合同的约定解除,但是与传统民商法上合同解除的法律后果不同,根据终止净额结算制度规定,发生违约提前终止应付款项包括终止款项和未付款项两部分。也就是说,合同提前终止后依然要兑现未来的全部盈亏,由违约方支付给守约方,合同提前终止的效果与假定合同在终止日全部履行完毕的效果相差不大。这种对传统民商法基础性理念的突破,导致终止净额结算条款的效力认定出现争议。但是该条款是被普遍认可的国际惯例,与我国现行法律法规及公序良俗不相违背,双方当事人在对交易将会产生的风险具有一定预期的基础上共同签署 ISDA 主协议,其中就包括终止净额结算条款。出于对合同法预见规则的恪守、对国际惯例的尊重、对商业风险自担原则的遵守,应肯定终止净额结算条款的效力并根据其约定的规则进行净额结算。

解读撰写人:上海金融法院　孙倩　翟爽

法答网问题链接

本案例回答了法答网第 D2023120800075 号问题,即原油掉期交易中违约事件及违约责任应依约适用国际惯例予以认定。

掉期合约是场外金融衍生品交易的一种,ISDA 主协议及其相关附件在国际金融衍生品交易中被广泛使用,具有典型的国际性,为交易各方所熟知。ISDA 主协议所确立的终止净额结算制度对传统民商法合同解除制度产生冲击,引发法律适用上的争议。案例结合合同法预见规则、国际惯例和商业风险自担等因素,肯定了终止净额结算条款的效力,明确了提前终止款项的计算方法,对于同类案件的裁判具有参考价值。

入库案例编号:2023-08-2-341-001 | 法答网问题编号:C2024011700388

16. 商业汇票承兑人就提示付款申请一直未作应答或签收后却一直不兑付票据款的行为是否构成事实上的拒绝付款

——瑞安市某甲标准件厂诉重庆某乙财务有限公司、重庆某丙智造汽车有限公司票据追索权纠纷案

入库案例适用参考

关键词

民事　票据追索权　商业汇票　付款请求权　票据义务

裁判要旨

承兑人虽对持票人的提示付款申请予以签收,票据状态显示为"票据已结清",但根据当事人的陈述意见,票据在电子商业汇票系统中有关信息记载不实,承兑人至今未实际履行汇票付款义务,其行为构成实质上的拒绝付款,持票人的付款请求权没有得到实现,其有权行使票据追索权、请求相关票据义务人履行票据义务。

关联索引

《中华人民共和国票据法》(2004年修正)第44条、第61条

基本案情

一审:重庆自由贸易试验区人民法院(2019)渝0192民初17829号民事判决(2020年2月6日)

二审:重庆市第一中级人民法院(2020)渝01民终3327号民事判决

(2020年6月17日)

原告瑞安市某甲标准件厂诉称:其经合法背书受让票据,金额为32万元的电子银行承兑汇票一张,出票人为某有限公司(后更名为重庆某丙智造汽车有限公司),承兑人为重庆某乙财务有限公司,出票日为2018年9月29日,到期日为2019年3月29日。2019年3月25日,经提示付款,案涉票据款至今未获兑付。根据《票据法》的相关规定,出票人重庆某丙智造汽车有限公司亦应对票据款承担连带清偿责任。故诉请:(1)重庆某乙财务有限公司立即兑付据票款32万元及利息损失(以32万元为基数,按照中国人民银行同期同档次贷款基准利率,自2019年3月30日起至实际兑付之日止);(2)重庆某丙智造汽车有限公司对上述款项义务承担连带责任。

被告重庆某乙财务有限公司辩称:瑞安市某甲标准件厂提供的票据无法证明瑞安市某甲标准件厂是案涉票据的合法持有人,其希望与瑞安市某甲标准件厂协商分期付款,其并未拒绝付款,瑞安市某甲标准件厂无权行使票据追索权,其也不应支付利息。

被告重庆某丙智造汽车有限公司辩称:瑞安市某甲标准件厂提供的票据无法证明瑞安市某甲标准件厂是案涉票据的合法持有人,瑞安市某甲标准件厂应该提供相应的拒付证明以及退票理由书才能向其主张票据权利。

法院审理查明:瑞安市某甲标准件厂持有电子银行承兑汇票一张,出票人为某有限公司,收款人为万向钱潮传动轴有限公司,承兑人为重庆某乙财务有限公司,出票日期2018年9月29日,汇票到期日2019年3月29日,票据金额为32万元。该汇票可转让,承兑信息处注明:出票人承诺:本汇票请予以承兑,到期无条件付款;承兑人承诺:本汇票已经承兑,到期无条件付款,承兑日期2018年9月29日。该汇票经连续背书转让后,最终由瑞安市某甲标准件厂于2018年10月18日取得。2019年3月25日,瑞安市某甲标准件厂提示付款;2019年4月1日,重庆某乙财务有限公司对瑞安市某甲标准件厂的提示付款申请予以签收,案涉电子银行承兑汇票的票据状态显示"票据已结清",但重庆某乙财务有限公司至今未支付票据款项。2019年1月17日,某有限公司名称变更为重庆某丙智造汽车有限公司。

重庆自由贸易试验区人民法院于2020年2月6日作出(2019)渝0192

民初 17829 号民事判决,判决重庆某乙财务有限公司于判决生效之日起 10 日内向瑞安市东方标准件厂支付票据款 32 万元及利息(利息以 32 万元为基数,自 2019 年 3 月 30 日起至 2019 年 8 月 19 日止按照中国人民银行同期同类贷款利率计算,自 2019 年 8 月 20 日起至付清之日止按照同期全国银行间同业拆借中心公布的贷款市场报价利率计算);重庆某丙智造汽车有限公司对重庆某乙财务有限公司的上述债务承担连带清偿责任。宣判后,重庆某乙财务有限公司不服,向重庆市第一中级人民法院提起上诉。重庆市第一中级人民法院于 2020 年 6 月 17 日作出(2020)渝 01 民终 3327 号民事判决,驳回上诉,维持原判。

裁判理由

法院生效裁判认为:本案的争议焦点为瑞安市某甲标准件厂是否享有票据追索权以及票据义务人是否应当支付票据款利息。根据本案认定事实,瑞安市某甲标准件厂持有的涉案电子银行承兑汇票形式完备、必要记载事项齐全,为合法有效票据。持票人瑞安市某甲标准件厂在汇票到期日之前,向承兑人重庆某乙财务有限公司提示付款,虽然重庆某乙财务有限公司对提示付款申请予以签收,票据状态显示为"票据已结清",但根据当事人的陈述意见,案涉汇票在电子商业汇票系统中有关信息记载不实,重庆某乙财务有限公司至今未实际履行汇票付款义务,其行为构成拒绝付款,瑞安市某甲标准件厂的付款请求权没有得到实现。《中华人民共和国票据法》第 44 条规定:"付款人承兑汇票后,应当承担到期付款的责任。"《中华人民共和国票据法》第 61 条第 1 款规定:"汇票到期被拒绝付款的,持票人可以对背书人、出票人以及汇票的其他债务人行使追索权。"瑞安市某甲标准件厂有权向承兑人重庆某乙财务有限公司、出票人重庆某丙智造汽车有限公司行使票据追索权。

案例解读

一、释义:票据追索权的含义及特征

所谓票据追索权,是指持票人享有的当票据到期不获付款、期前不获承兑或有其他法定原因时,在采取保全权利行为之后,能够请求前手或其他票

据债务人偿还票据金额、利息和有关费用的票据权利。[1] 票据权利包括票据付款请求权与票据追索权,其中,付款请求权是第一顺位请求权,追索权则是第二顺位请求权。与付款请求权相比,票据追索权具有以下基本特征:

1. 追索权是一种期待权。追索权为补救付款请求权之不足而设立的一项权利,持票人仅在付款请求权得不到实现时,方可行使追索权。若付款请求权得以顺利实现,则票据关系消灭,追索权也就无发生效用之必要;一旦付款请求权遇阻,持票人便可发挥追索权之功效,向有关票据债务人追索票据金额、利息及有关费用,实现付款请求权未达到的目的。

2. 追索权的请求范围较付款请求权更广泛。持票人行使付款请求权仅能以承兑人为请求对象,而持票人行使追索权,得以承兑人、出票人、背书人(直接前手、任何前手)、保证人等票据债务人为请求对象。[2] 所谓追索,一方面,为追寻索要之义;另一方面,又有穷追遍索之义,按照在票据上签名者依票据文义负责的法则,一切在票据上签名者,都属于被追索人范围。[3] 同时,追索权的标的较付款请求权亦更为宽广,付款请求权的作用在于获得票据金额及相应利息,其标的不能有追索费用,仅限票据金额与利息;而追索权的目的在于使未获付款的持票人得到偿还,其标的包括票据金额、利息及追索费用。

3. 追索权的行使较付款请求权更具灵活性。持票人可以自由选择追索对象行使追索权,而不受承担票据债务的前后顺序的限制,也可以选择前手中任何一人、多人或者全部债务人行使追索权;同时,追索权可以多次行使,某一票据义务人(出票人除外)因被追索而承担了票据付款义务后即可取得了该票据的相应权利,其同样可以作为持票人向其前手行使追索权,直到最后债务人清偿债务为止。

4. 追索权是持票人履行了保全手续后才能行使的权利。票据权利的保全是指票据权利人为防止票据权利丧失而进行的行为,如按期提示付款、时

---

[1] 参见刘心稳:《票据法》(第3版),中国政法大学出版社2015年版,第179页。
[2] 《票据法》第68条第1款规定:"汇票的出票人、背书人、承兑人和保证人对持票人承担连带责任。"
[3] 参见刘心稳:《票据法》(第3版),中国政法大学出版社2015年版,第180页。

效中断等。

二、司法困境:应然与实然的矛盾

(一)应然:行使追索权需兼具实质要件与形式要件

票据追索权的行使需具备实质要件和形式要件。所谓实质要件,又称追索原因,是指法律规定的引起追索权发生的客观事实。根据《票据法》第61条的规定,追索原因分为:到期行使追索权的原因与到期日前行使追索权的原因。前者只有一种情况,即"汇票到期持票人被拒绝付款",至于被拒绝付款的原因包括付款人无力履行付款义务而无法付款的各种情形,如付款人拒绝付款、承兑人或付款人死亡、逃匿、被依法宣告破产或因违法被责令终止业务活动。后者则包括以下几种情形:一是汇票被拒绝承兑;二是承兑人或者付款人死亡、逃匿;三是承兑人或者付款人被依法宣告破产的或者因违法被责令终止业务活动的,可以归纳为拒绝承兑及无法获得承兑或付款。

所谓形式要件,是指权利人为了不使追索权丧失必须依法律规定而为的一定行为。与其他权利相比,追索权只在一定条件下存在,否则很容易丧失。[①] 根据《票据法》第62条、第65条的规定,持票人行使追索权应当提供"被拒绝承兑或者被拒绝付款的有关证明",否则丧失对前手的追索权。根据《票据法》第62条第3款、第63条、第64条的规定,被拒绝承兑或被拒绝付款的有关证明包括以下几种形式:一是持票人提示付款被拒绝的,付款人出具的"拒绝证明"或者"出票理由书";二是持票人因付款人死亡、逃匿或者其他原因,不能取得拒绝证明的,可以依法取得"其他有关证明";三是付款人被依法宣告破产的,人民法院的"有关司法文书";四是付款人因违法被责令终止业务活动的,有关行政主管部门的"处罚决定"。

针对电子商业汇票的特殊性,《电子商业汇票业务管理办法》(以下简称《商业汇票办法》)对行使追索权的形式要件作了进一步规定。根据追索原因的不同,《商业汇票办法》第65条将追索细分为拒付追索与非拒付追索,拒付追索是指电子商业汇票到期后被拒绝付款,持票人请求前手付款的行为。非拒付追索是指存在承兑人被依法宣告破产、因违法被责令终止业务

---

① 参见谢怀栻:《票据法概论》(增订版),法律出版社2006年版,第208页。

活动的情形,持票人请求前手付款的行为。《商业汇票办法》第67条规定,持票人追索时,应当提供"拒付证明",即属于《票据法》规定的"被拒绝承兑或被拒绝付款的有关证明"。拒付追索时,应当提供的拒付证明为"票据信息和拒付理由";非拒付追索时的拒付证明为"票据信息和相关法律文件"。

根据《商业汇票办法》第72条的规定,票据信息包括票面信息和行为信息。其中票面信息通常包括:(1)表明"电子银行承兑汇票"或"电子商业承兑汇票"的字样;(2)无条件支付的委托;(3)票据金额;(4)出票人名称;(5)付款人名称;(6)收款人名称;(7)出票日期;(8)票据到期日;(9)票据状态;(10)票据号码;(11)承兑日期等。[①] 行为信息一般包括:(1)背书信息;(2)承兑人付款或拒绝付款的记载事项。拒付理由,即付款人拒绝付款的原因,包括:(1)与自己有直接债权债务关系的持票人未履行约定义务;(2)超过提示付款期;(3)被法院冻结或收到法院止付通知书;(4)票据未到期;(5)承兑人账户余额不足等。[②] 付款人拒付时,根据拒付理由选择拒付理由代码,随后电子商业汇票系统自动生成相应的票据状态,如"提示付款已拒付"。相反,付款人同意付款后,票据状态一般生成为"票据已结清"。有别于传统纸质票据活动,电子商业汇票系统记录着票据当事人的票据行为,一旦承兑人拒付,电子商业汇票系统会自动生成被拒付的票面信息与拒付理由,持票人同时取得拒付证明,即行使追索权的形式要件。

(二)实然:行使追索权欠缺形式要件

持票人行使追索权应当提供被拒绝付款的有关证明,但是电子商业汇票的持票人,在特定情况下,无法取得拒付证明,面临丧失向其前手行使追索权的风险。区别于传统的纸质汇票,电子商业汇票承载权利的媒介脱离了传统票据的纸本载体,电子商业汇票的签章、交付、承兑、提示付款等流通过程均系在互联网上进行。基于电子商业汇票的该项特征,持票人与承兑人无须面对面完成汇票的提示付款、兑付等交易行为。在此情形下,持票人在提示付款后,承兑人可以就该提示付款一直不签收或签收后一直不付款。

---

① 参见谢利华:《电子商业汇票拒付证明探微》(上),载《首都建设报》2020年1月6日,第5版。
② 参见谢利华:《电子商业汇票拒付证明探微》(上),载《首都建设报》2020年1月6日,第5版。

但从票据信息来看,因承兑人并未作出拒绝付款的意思表示,持票人很难取得书面拒付证明。依据目前《票据法》的相关规定,持票人将无法向相关票据义务人行使票据追索权。实务中,持票人难以取得拒付证明的情形主要有以下两种情形:

1. 承兑人对持票人的提示付款未予应答,电子商业汇票的票据状态显示"提示付款待签收"。审查承兑人是否明确拒绝付款依赖于电子商业汇票系统的信息记载,而票面信息与拒付理由的生成又依赖于票据当事人的票据行为。在该种情形下,持票人在汇票到期后于提示付款期内向承兑人提示付款,但承兑人消极对待持票人的付款申请一直未予签收,票据状态通常显示为"待签收"。承兑人对是否兑付票据款不作出拒绝付款或同意付款的明确意思表示,且一直未兑付票据款。此时,承兑人实际上已经以其行动默示地作出了拒绝付款的意思表示,而持票人却因汇票尚未签收,无法取得拒付证明。若持票人向其前手行使追索权,就会因缺少拒付证明而欠缺行使追索权的形式要件。

2. 承兑人对持票人的提示付款予以签收但未实际兑付票款,电子商业汇票的票据状态显示"票据已结清"或"结束已结清"。该种情形下,承兑人未实际兑付票据款,而持票人却因票据信息与付款实际情况不相吻合而无法取得拒付证明。这种情形通常发生在承兑人系财务公司,电子承兑汇票的持票人向财务公司提示付款后,财务公司对提示付款的申请予以签收,票据状态显示为"票据已结清",但财务公司的签收行为仅针对线下结算,即承兑人向持票人付款系线下进行,一旦承兑人没有通过线下结算票据款项,就会导致虽然"票据已结清",但承兑人未向持票人付款,持票人无法取得拒付证明的问题。

三、价值判断:追索权行使要件的认定应实质重于形式

(一)付款人未履行出具拒绝证明的法定义务导致持票人无法取得拒付证明

承兑人作为电子商业汇票的第一付款义务人,在票据到期后,对持票人的提示付款申请负有签收并付款的票据义务;即使因票据信息存在瑕疵,承兑人拒绝付款亦应作出拒绝付款的明确意思表示。因此,持票人在法定期限内提示付款后,承兑人负有兑付票据款或出具拒付证明的义务。况且,根据《票据法》第54条的规定,持票人于提示付款期内提示付款,付款人必须在当日足额付款。即使通过线下清算,付款人也应在提示付款日足额付款。签收后付款,因此上述规定也具有付款人应于当日对持票人的提示付款请求予以签收的含义。《商业汇票办法》第60条则明确规定,持票人在提示付款期内提示付款的,承兑人应在收到提示付款请求的当日至迟次日付款或拒绝付款。持票人因付款人自身原因无法取得拒付证明,依据《票据法》第62条第2款的规定,付款人应当承担由此产生的民事责任。

(二)追索权的形式要件仅系实质要件的表现形式

持票人行使追索权提供拒绝证明的目的在于,让其前手确信持票人被拒绝付款,付款请求权没有实现,由此确定持票人享有合法的追索权。因此,持票人若能让其前手确信其被拒绝付款,就能发生追索的效果。为了维护票据的安全性与稳定性,拒绝证明或拒付证明作为行使追索权的凭证,法律法规对其形式作了明确的规定,以增加拒绝证明的信用。虽然持票人未取得拒绝证明,但是只要其在诉讼中举示的证据足以证明,其取得的票据实际处于拒绝付款状态,则同样达到提供拒付证明的目的。实务中,综合"票据待签收"的票据状态与收款账户银行流水及当事人陈述,通常可以认定付款人构成拒绝付款。而"票据已结清"与"付款人未付款"的矛盾,虽然《商业汇票办法》第11条明确规定"电子商业汇票信息以电子商业汇票系统记载的为准",但在尚未取得票据款的情况下,持票人明显没有交付票据的意思表示,票据已结清的票据信息明显不真实。票据本质上属于债权,债权具有相对性,只能约束具有直接法律关系的当事人,即使通过判决对错误的票据状态予以纠正,也并不影响票据相对人以外的他人利益或社会公共利益。

(三)电子商业汇票效率价值的减损需在诉讼中予以衡平

电子商业汇票效率价值的减损需在诉讼中予以衡平。效率是法律经济学的基本概念,[①]法律经济学家科斯的交易成本理论表明交易活动是稀缺

---

① 参见[美]罗伯特·考特、托马斯·尤伦:《法和经济学》,张军等译,上海三联书店、上海人民出版社1996年版,第22页。

的,稀缺就需要配置,配置就需要效率。而法律制度也是"一种配给制度"。[1]这就要求以法律手段来促进资源的最佳配置,促进有效率的结果产生,从而实现帕累托式的最适宜状态。[2] 追索权的效率价值是通过和其他制度的比较而得以体现,若没有追索权制度,持票人行使付款请求权未果后,只能像普通民事债权债务关系一样,以诉讼或非诉讼方式向付款人或承兑人主张权利。持票人无法取得法定的拒付证明,则其无法及时迅速地向其前手行使追索权,票据上的债权债务关系始终得不到终结,票据债务人便会一直处于不稳定的权利义务关系中,迫使持票人转而通过诉讼方式维护其权益,这必然导致交易成本过高,资本使用效率降低,票据信用削弱。司法作为维护公平正义的最后一道防线,在持票人无法通过常规路径行使追索权时,应对持票人的合法权益予以保护。

四、规则适用:价值判断融入推理逻辑实现合法性

在该类案件的审理过程中,司法实践对于持票人行使票据追索权的要件成就标准的认定存在争议。与本判决相反观点认为,承兑人就提示付款申请进行签收,也未曾作出拒绝付款的意思表示,持票人也未举示承兑人拒绝付款的证明材料,依据《票据法》规定,票据追索权的行使要件不成立,持票人应依据票据付款请求权要求承兑人承担票据义务。笔者认为,该种观点在法律适用方面过于机械化,缺乏应有的价值判断,有失公平正义,对该类案件的审理应按以下方式进行评析:

(一)诚信原则在行为人真实意思表示探寻中的适用

诚信原则是民法的一项基本原则,我国《民法总则》第 7 条[3]明确规定:"民事主体从事民事活动,应当遵循诚信原则,秉持诚实、恪守承诺。"诚信原则要求民事主体从事民事活动时应当诚实、守信,正当行使权利和履行义务。诚信由来已久,《礼记·祭统》中有"是故贤者之祭也,致其诚信,与其忠敬",[4]

---

[1] 参见[美]米尔顿·弗里德曼:《法律制度》,李琼英、林欣译,中国政法大学出版社 1994 年版,第 23 页。
[2] 参见钱弘道:《经济分析法学》,法律出版社 2005 年版,第 7 页。
[3] 现为《民法典》第 7 条。
[4] 卢代富、刘云亮:《诚实信用原则的经济法解读》,载《政法论丛》2017 年第 5 期。

就其字义而言,"诚信"二字有先后,先"诚"后"信","诚"为本,"信"为"诚",二者合一则完美和谐。诚信的本意即诚实无欺、信守诺言、言行相符、表里如一,主要包括两个方面:一是对待他人诚信不欺;二是对自己的承诺要信守不怠。实践中,因社会变迁、经济快速发展、事实关系变动等往往导致法律适用的滞后性,而诚信原则因其内涵的不确定性和变化性,赋予法官依据社会经济发展变化的现状,通过对诚信内涵的解释,行使自由裁量权,实现法的续造及法律漏洞的填补,弥补法律的不足,对当事人之间的利益进行平衡。

虽然我国《民法典》在编纂过程中并未将《票据法》列入《民法典》的范畴,但票据法亦属于大民法的范畴,在《票据法》就相关问题缺乏规定时,亦可适用《民法典》的相关规定。当前,电子商业票据的快速发展与现行《票据法》的规定存在利益冲突,承兑人表示同意支付票据款,但却不实际履行付款义务的现象屡见不鲜。此时,承兑人作出的表面意思表示与其客观行为相互矛盾,其已经以实际行动表明拒绝支付票据款,为平衡各方的权益,应根据承兑人的客观行为,结合诚信原则来推定其真实的意思表示。本案中,承兑人虽就提示付款申请进行签收,并表示其愿意付款,但承兑人亦自认其尚未兑付票据款。此时承兑人愿意付款的意思表示与其一直未支付票据款的客观行为相矛盾,根据诚信原则,应认定承兑人以实际行动作出拒绝付款的意思表示。此时,若仍按照票据法律法规的相关规定,要求持票人先举示拒付证明材料才能行使票据追索权,有失公允,亦不符合电子商业票据设立的初衷。因此,在适用《票据法》审理涉及电子商业汇票的票据追索权纠纷案件时,应当突破《票据法》的相关规定。

(二)将价值判断运用于法律解释推演被诉行为属性

当前,就电子商业汇票并没有与之匹配的完整体系的法律规定,在法律规定空缺时,形式逻辑推理可能陷入僵局,运用法律解释的方式来弥补法律的不足势在必行。

1.运用法律解释明确"拒绝付款"含义。票据法上的拒绝付款是指票据付款人或担当付款人在汇票持票人于法定提示付款期限内请求付款而予以拒绝的行为。承兑人拒绝付款的,应当出具明确表示拒绝付款的材料,如书面拒付证明等。狭义的"拒绝付款"系指承兑人明确作出拒绝支付票据款的意思表示;广义的"拒绝付款"是指除承兑人明确表示拒绝付款外,还应当包括承兑人以其实际行动作出拒绝付款的意思表示的情形。

司法实务中,电子商业汇票承兑人往往不会明确表示拒绝付款,更不会出具拒付证明。但就提示付款申请一直未作应答或签收后却一直不兑付票据款的行为而言,构成了事实上的拒绝付款。因此,在实务中运用相关票据法律法规审理涉及电子商业汇票的案件时,就承兑人是否构成"拒绝付款"作扩大解释,只要承兑人构成了实质上的拒绝付款,即可认定持票人的付款请求权未获实现,其有权向相关票据义务人行使票据追索权。

2. 结合价值判断推演行为属性。该类案件中,承兑人往往称其一直愿意付款,并未拒绝付款,但在汇票到期后却一直未兑付票据款。承兑人所述的"愿意付款"仅是其对未出具拒付证明及阻碍持票人票据追索权要件成就的"权宜之策"。此时,持票人的诉求与票据义务人的辩解意见产生冲突,就需结合诚信原则,运用价值判断的方法就承兑人是否构成"拒绝付款"审慎处理。若承兑人的行为已经构成了事实上的拒绝付款,却未按照《票据法》的规定向持票人出具拒付证明材料,则持票人无法取得拒付证明的后果应由承办人承担。此时,根据诚信原则认定持票人票据追索权行使要件成就,更有利于维护票据交易活动的平稳运行,符合商事交易行为规则。

五、启示

电子商业汇票区别于传统纸质票据,其权利承载的媒介、交付、背书等交易活动均系在互联网上进行。承兑人就持票人的提示付款申请不作应答或虽签收但却未实际支付票据款的行为已经构成了实质上的拒绝付款,却不履行出具书面拒付证明的义务,进而导致持票人难以取得书面的拒付证明。在此种情况下,若严格要求持票人行使票据追索权必须同时具备形式要件及实质要件,有违公平正义与诚信原则。因此,电子商业票据追索权的行使,就形式要件应从宽掌握,应重点审查实质要件。

解读撰写人:重庆市第一中级人民法院　刘燕双　毕汇林

法答网问题链接

本案例回答了法答网第 C2024011700388 号问题,即关于事实上拒绝付款行为的认定问题。

当商业汇票承兑人就提示付款申请一直未作应答或签收后却一直不兑付票据款,持票人应否享有票据追索权? 问题的关键在于商业汇票承兑人未作应答或签收后却一直不兑付票据款的行为的法律性质。本案例指出,截至提示付款期满,持票人的付款请求权未能实现,商业汇票承兑人的不作为构成事实上的拒绝付款行为。立足票据法相关规定,回归请求权基础思维,在付款请求权未能实现的前提下,持票人始得向商业汇票承兑人行使追索权。本案例解答了法答网上"商业承兑汇票到期日前提示付款至到期日承兑人未予应答,是否视为拒付?"和"票据持有人提示付款后,承兑人进行签收,但未付款,能否认定承兑人拒付?"这两个问题,不仅明确了商业汇票承兑过程中事实上拒绝付款行为的认定规则,同时还重申了付款请求权和追索权的行使顺位关系。

入库案例编号:2023-08-2-421-022　　法答网问题编号:C2023121300074

17. 申请人对不予受理破产申请的裁定可以申请再审

——上海某投资公司与烟台某经贸公司申请破产清算案

入库案例适用参考

关键词

民事　申请破产清算　不予受理破产申请裁定　申请再审　破产申请人　破产原因

裁判要旨

申请人对不予受理破产申请的裁定,可以申请再审。经审查,虽不属于依据2017年《中华人民共和国民事诉讼法》第200条第4项、第5项或者第9项裁定再审的情形,但为做好受理破产申请后的衔接工作,可以指令原审人民法院再审。

关联索引

《中华人民共和国民事诉讼法》(2023年修正)第208条(本案适用的是2022年1月1日施行的《中华人民共和国民事诉讼法》第204条)

《最高人民法院关于适用〈中华人民共和国民事诉讼法〉的解释》第393条

基本案情

一审:山东省烟台市中级人民法院(2018)鲁06破申4号民事裁定(2018年7月12日)

二审：山东省高级人民法院（2018）鲁民终1873号民事裁定（2018年11月29日）

再审：最高人民法院（2019）最高法民申3125号民事裁定（2020年3月5日）

2000年3月30日，山东省高级人民法院作出（2000）鲁经终字第62号判决，判决烟台某经贸公司、烟台某矿产公司共同偿还某宁波公司烟台代表处借款本金6,877,991.20元及相应利息。判决生效后，某宁波公司烟台代表处于2000年4月17日向山东省烟台市中级人民法院申请执行。执行过程中，某宁波公司与某经贸公司于2003年2月20日达成执行和解协议，烟台市中级人民法院裁定中止执行。因某经贸公司未能履行该协议，某宁波公司烟台代表处与某投资公司于2015年2月6日签订债权转让协议，某宁波公司烟台代表处将（2000）鲁经终字第62号判决项下全部债权转让给某投资公司，并将债权转让事宜书面通知了各被执行人。2015年10月30日，烟台市中级人民法院裁定变更某投资公司为申请执行人。2016年8月18日，烟台市中级人民法院作出（2015）烟执恢字第17-3号裁定，指定该案由烟台市莱山区人民法院执行。执行过程中，某投资公司向烟台市中级人民法院提出对某经贸公司进行破产清算的申请。根据国家企业信用信息公示系统显示，某经贸公司于2005年8月15日被工商机关吊销营业执照。一审审查过程中，某经贸公司表示公司现已不经营，也无财产。

山东省烟台市中级人民法院于2018年7月12日作出（2018）鲁06破申4号裁定，对某公司的申请，不予受理；山东省高级人民法院于2018年11月29日作出（2018）鲁民终1873号裁定，驳回上诉，维持一审裁定。裁定生效后，某投资公司向最高人民法院申请再审，请求撤销一审、二审法院裁定，指令烟台市中级人民法院受理对某经贸公司进行破产清算的申请。最高人民法院于2020年3月5日作出（2019）最高法民申3125号裁定：指令山东省高级人民法院再审本案。

裁判理由

最高人民法院经审查认为，某投资公司经受让合法取得对某经贸公司的债权，债权至今未获清偿，符合破产申请人资格。2016年8月16日，烟台市中级人民法院出具执行裁定书,指定烟台市莱山区人民法院执行。然而某经贸公司一直并未向某投资公司清偿债务,且公司尚无财产可供执行。根据国家企业信用信息公示系统显示,某经贸公司于2005年8月15日被工商行政管理机关吊销营业执照。在一审询问笔录中,某经贸公司表示公司现已不经营,也无财产。根据《企业破产法》第2条第1款、《最高人民法院关于适用〈中华人民共和国企业破产法〉若干问题的规定(一)》(以下简称《企业破产法司法解释(一)》)第4条第1款第3项的规定,应认定债务人某经贸公司已经具备破产原因。二审法院以执行案件尚未终结,某经贸公司是否资不抵债或丧失清偿能力尚不能确定为由裁定不予受理,不符合《企业破产法》及其司法解释的规定,属于法律适用不当。据此,经最高人民法院审判委员会民事行政审判专业委员会会议讨论决定,裁定指令山东省高级人民法院再审本案。

案例解读

本案的争议问题有两个:一是关于破产原因的审查认定;二是不予受理破产申请的裁定能否适用审判监督程序,以及在符合再审条件的情形下,本案应裁定提审并作出指定受理裁定还是可以指令原审法院再审。前一个问题是某投资公司再审申请中涉及的主要问题;后一个问题虽未完整体现在再审申请中,却是审理中关注的重点问题。具体分析如下:

一、破产原因的审查认定

破产原因,又称破产界限,"是指认定债务人丧失清偿能力,当事人得以提出破产申请,法院据此启动破产程序的法律事实"。[1] 国际上通行的破产原因认定标准主要包括"清偿力、现金流量或全面停止付款标准"和"资产负债表标准"。前者指"债务人已全面停止偿付到期债务,而且没有充足的现金流量偿付正常营业过程中到期的现有债务",这一标准使得判断破产的要素基本在债权人的控制范围之内;后者即通常所说的"资不抵债",指债务人

---

[1] 王欣新:《破产法》(第4版),中国人民大学出版社2019年版,第37页。此外,破产原因同时也是宣告债务人破产的根据。转引自王卫国:《破产法精义》(第2版),法律出版社2020年版,第6页;许德风:《破产法论——解释与功能比较的视角》,北京大学出版社2015年版,第100-101页。

的资产负债表上,全部资产之和小于其对外的全部债务,表明债务人遇到财务困境。总的来说,各国破产立法或是对上述两个标准进行组合使用,或是附加条件后单独使用,但基本未超出上述两个标准的范畴。在立法模式上,有的采用列举主义,明确列举当债务人出现某些行为或发生某些状况时,便可认定其发生破产原因,此种方式主要为英美法系国家采用;有的采用概括主义,将破产原因抽象为一个或数个条件,此种方式主要为大陆法系国家采用。

根据《企业破产法》第2条第1款、《企业破产法司法解释(一)》第1条第1款的规定,我国将破产原因分为两种情形:(1)债务人不能清偿到期债务,且资产不足以清偿全部债务;(2)债务人不能清偿到期债务,且明显缺乏清偿能力。不难看出,我国采用的是概括主义的立法模式;而关于破产原因的第一种情形,采取的是将"清偿力、现金流量或全面停止付款标准"和"资产负债表标准"结合起来的办法。根据参与《企业破产法》立法的人员讲述,因破产原因的第一种情形落脚在"资不抵债"上,而债务人是否资不抵债依赖于债务人控制的材料,债权人无法举证证明,也不能通过推定解决,为避免破产程序启动的延误和困难,全国人大常委会法工委又补充规定了"债务人不能清偿到期债务,且明显缺乏清偿能力"作为破产原因的第二种情形,目的在于扩大债务人破产原因的认定。[①]《企业破产法》施行后,为推动破产案件的受理,最高人民法院于2011年9月发布《企业破产法司法解释(一)》,对"不能清偿到期债务""资产不足以偿付全部负债""明显缺乏清偿能力"作了进一步细化的规定。根据《企业破产法司法解释(一)》第4条的规定,债务人账面资产虽大于负债,但存在下列情形之一的,人民法院应当认定其"明显缺乏清偿能力":(1)因资金严重不足或者财产不能变现等原因,无法清偿债务;(2)法定代表人下落不明且无其他人员负责管理财产,无法清偿债务;(3)经人民法院强制执行,无法清偿债务;(4)长期亏损且经营扭亏困难,无法清偿债务;(5)导致债务人丧失清偿能力的其他情形。本案

[①] 关于《企业破产法》立法过程中,对破产原因的相关争议和审议过程,参见王欣新:《破产法》(第4版),中国人民大学出版社2019年版,第48-49页;安建主编:《中华人民共和国企业破产法释义》,法律出版社2006年版,第378页。

自2000年作出生效判决已逾10年,自2016年8月16日烟台市中级人民法院指定烟台市莱山区人民法院执行也已逾2年,某经贸公司经人民法院强制执行,仍未执行到任何款项,在一审询问笔录中,某经贸公司也表示公司现已不经营、已无财产,虽然在某投资公司提出破产申请时,相关执行案件尚未裁定终结本次执行,但某经贸公司已然符合《企业破产法司法解释(一)》第4条第1款第3项"经人民法院强制执行,无法清偿债务"的情形,应认定其明显缺乏清偿能力。

另外,需要说明的是关于"不能清偿到期债务"的认定问题,在法理上是指债务人对请求偿还的到期债务因丧失清偿能力而无法偿还的客观情况,强调债务人不能以财产、信用或者能力等任何方法清偿债务才属于丧失清偿能力。各国立法以此作为普遍适用的破产原因时,通常均规定债务人停止支付可以推定为"不能清偿到期债务",以解决债权人申请破产时的举证责任问题。而我国《企业破产法》在立法审议过程中将"停止支付"这一概念删除,从而导致债权人提出破产申请时难以对法理上的"不能清偿"进行严格举证。为解决这一问题,保障债权人的破产申请权,《企业破产法司法解释(一)》第2条对"不能清偿到期债务"的认定从审判实务的角度进行了界定。根据该条的规定,"不能清偿到期债务"是指债务人以明示或者默示的形式表示其不能支付到期债务,强调的是债务人不能清偿债务的外部客观行为,而不是债务人的财产客观状况。①

据此,债权人在根据《企业破产法》第7条第2款的规定申请债务人破产时,只要证明债务人存在不能清偿到期债务的外部客观行为即可推定债务人出现破产原因,如果债务人不能推翻存在破产原因的推定,即举证证明其既非"资产不足以偿付全部负债",也非"明显缺乏清偿能力",法院应当依法受理破产申请。《企业破产法司法解释(一)》第5条、第6条第1款均是这一思路的体现。从这个角度讲,本案中,因某经贸公司在法定期限内未提出异议,人民法院应当依法受理该案。

---

① 参见《依法受理审理案件 充分发挥企业破产法应有作用——最高人民法院民二庭负责人就〈破产法司法解释(一)〉答记者问》,载《人民法院报》2011年9月26日,第2版。

二、对不予受理破产申请裁定的再审申请权

有观点认为,债权人申请破产的通道是畅通的,不予受理破产申请并不影响其再次申请;如果债务人的情况继续恶化,债权人可以再行申请,没有申请再审的必要。赞同该观点的一般援引《民事诉讼法司法解释》第380条作为理论依据,"适用特别程序、督促程序、公示催告程序、破产程序等非讼程序审理的案件,当事人不得申请再审"。笔者认为,应当赋予申请人对不予受理破产申请裁定的再审申请权,主要理由如下:

第一,《最高人民法院关于适用〈中华人民共和国民事诉讼法〉的解释》(以下简称《民事诉讼法司法解释》)第380条之所以规定上述四类案件,当事人不得申请再审,原因在于该四类案件的性质均为非讼程序,程序功能并非解决民事权益争议,与再审系民事争讼程序的性质存在根本差异。非讼程序的判决、裁定作为申请再审的对象,既无必要,也与其价值功能相悖。[①]但破产程序以人民法院受理破产申请为起点,不予受理破产申请,则意味着尚未启动破产程序,其不属于《民事诉讼法司法解释》第380条所规定的适用"破产程序等非诉程序审理的案件"。也正是基于此,《企业破产法》第12条规定了申请人对不予受理破产申请和裁定驳回申请的上诉权。除此之外,破产程序中作出的其他裁定均不可以上诉。2016年7月6日发布的《关于调整强制清算与破产案件类型划分的通知》亦明确"对强制清算或破产申请的不予受理、驳回申请裁定以及强制清算与破产上诉案件的监督,作为强制清算与破产监督案件"。

第二,赋予申请人对不予受理破产申请裁定的再审申请权有现行法律依据。《企业破产法》第4条规定:"破产案件审理程序,本法没有规定的,适用民事诉讼法的有关规定。"根据《民事诉讼法司法解释》第381条的规定,"当事人认为发生法律效力的不予受理、驳回起诉的裁定错误的,可以申请再审"。虽然如前述观点所言,在出现新事实的情况下,例如,债务人的情况继续恶化,债权人可以再行提出破产申请,但不予受理裁定生效后即产生当

[①] 参见最高人民法院修改后民事诉讼法贯彻实施领导小组编著:《最高人民法院民事诉讼法司法解释理解与适用》(下),人民法院出版社2015年版,第1007页。

事人不得再以同样的请求、事实理由起诉的效力。及时启动破产程序对保全债务人财产、避免债权人争夺财产意义重大,一旦不予受理的裁定存在错误,且无法得到及时纠正,对当事人利益的损害将难以弥补甚至扩大,故应赋予申请人再审申请权。

第三,为推动法院正确适用或准确把握破产案件受理条件,最高人民法院也通过发布《关于破产案件立案受理有关问题的通知》等司法文件的形式,强调"不得在法定条件之外设置附加条件,限制剥夺当事人的破产申请权,阻止破产案件立案受理,影响破产程序正常启动"。赋予申请人对不予受理破产申请裁定的再审申请权,通过上级法院对个案的审判监督,对推动破产案件的依法及时受理将产生更为直接的效果。另外,司法实践中,还应注意将对不予受理破产申请的审判监督程序与对不依法裁定是否受理破产申请的审判监督程序区分开来,后者依据的是《企业破产法司法解释(一)》第9条的规定。

三、破产申请再审审查的处理方式

司法实践中,对于破产申请的再审审查,若当事人的再审申请符合法定条件,一般做法是裁定提审后作出指令受理的裁定。[①] 对于能否指令原审法院再审,有意见认为,本案不符合《民事严格指令再审和发回重审的规定》规定的指令再审的条件。该规定第2条第1款规定:"因当事人申请裁定再审的案件一般应当由裁定再审的人民法院审理。有下列情形之一的,最高人民法院、高级人民法院可以指令原审人民法院再审:(一)依据民事诉讼法第二百条第(四)项、第(五)项或者第(九)项裁定再审的;(二)发生法律效力的判决、裁定、调解书是由第一审法院作出的;(三)当事人一方人数众多或者当事人双方为公民的;(四)经审判委员会讨论决定的其他情形。"

最高人民法院经审查认为,企业破产是一项系统工程,破产案件的受理需要综合考虑各方利益的平衡与协调,与普通诉讼案件不同,受理破产申请

[①] 参见再审申请人宝鸡市某某房地产开发有限责任公司申请破产清算纠纷案,最高人民法院(2019)最高法民申4434号民事裁定书、(2020)最高法民再283号民事裁定书;再审申请人浙江某某商业银行股份有限公司上海分行与被申请人上海某某资产管理有限公司申请破产清算纠纷案,上海市高级人民法院(2019)沪破监1号民事裁定书、(2019)沪民再32号民事裁定书。

后破产程序的推进仍须由具有管辖权的人民法院具体负责,如果直接由本院裁定提审并作出指令受理裁定,对于下级法院而言,后续指定管理人、①企业职工安置等具体工作可能难以衔接。故建议指令由下级法院再审,给予一个缓冲期间,由具有管辖权的人民法院与当地相关部门作好沟通协调,依法做好破产案件受理的准备工作。基于此,根据《民事严格指定再审和发回重审的规定》第2条第1款第4项的规定,决定指令再审。

　　本案结合破产案件不同于一般民事案件的特点,为破产申请的再审审查提供了另一种处理方式。需要注意的是,山东省高级人民法院在后续再审过程中,即应加强对后续破产案件审理法院的指导,做好管理人指定等准备工作。另外衍生出的一个问题是,若山东省高级人民法院再审撤销一审、二审法院的裁定,并指定下级法院裁定受理破产申请,下级法院是否仍须作出受理裁定?若仍须作出受理裁定,是以上级法院指定受理的日期为破产申请受理时间,还是以下级法院作出受理裁定的日期为破产申请受理时间?笔者认为,下级法院仍应作出"破"字号受理裁定,在下级法院作出的"破"字号受理裁定中未载明上级法院指令受理的日期,并明确以该日期作为破产申请受理时间的情况下,原则上仍应以下级法院作出"破"字号受理裁定的日期作为破产申请受理的时间。因破产申请受理的时间直接带来解除保全、中止执行、中断债务人对外享有债权的诉讼时效的法律效力,并影响管理人破产撤销权等权利的行使,所以在此过程中,上下级法院间应作好衔接,保持沟通,以保障破产程序的顺利推进。

解读撰写人:最高人民法院　郁琳

法答网问题链接

　　本案例回答了法答网第C2023121300074号问题,即关于当事人可否对

---

① 《企业破产法》第13条规定:"人民法院裁定受理破产申请的,应当同时指定管理人。"司法实践中,为实现受理破产申请与指定管理人同步,破产申请审查法院一般利用审查期间提前完成管理人的选任工作。

不予受理破产申请的裁定申请再审的问题。

《最高人民法院关于适用〈中华人民共和国民事诉讼法〉的解释》第380条规定了"适用特别程序、督促程序、公示催告程序、破产程序等非讼程序审理的案件,当事人不得申请再审"。在实践中,有观点认为不应对不予受理破产申请的裁定进行再审。本案例明确指出,申请人对不予受理破产申请的裁定可以申请再审,原因在于:在作出不予受理破产申请的裁定时,该案件尚未启动破产程序,不属于该解释第380条规定的范围。这对于此类案件的再审申请应否受理提供了明确的指引,具有较强的参考意义。

入库案例编号：2023-08-2-483-007　　法答网问题编号：C2023123000158

18. 不享有解除权的一方向另一方发出解除通知的司法认定

——天津某甲航空服务股份有限公司诉深圳市某乙公司、第三人广东华某丙发展有限公司合同纠纷案

入库案例适用参考

关键词

民事　合同解除权　违约方　解除通知　提出异议　违约责任

裁判要旨

不享有解除权的一方向另一方发出解除通知，另一方即便未在异议期限内提起诉讼，也不发生合同解除的效果。人民法院判决解除合同的，违约方本应当承担的违约责任不能因解除合同而减少或者免除。合同解除后，一方依据合同中有关违约金、约定损害赔偿的计算方法、定金责任等违约责任条款的约定，请求另一方承担违约责任的，人民法院依法予以支持。

关联索引

《中华人民共和国民法典》第564条、第584条、第591条（本案适用的是1999年10月1日施行的《中华人民共和国合同法》第94条、第113条、第119条）

《最高人民法院关于当前形势下审理民商事合同纠纷案件若干问题的指导意见》第10条

基本案情

一审:北京市朝阳区人民法院(2018)京0105民初22837号民事判决(2019年10月31日)

二审:北京市第三中级人民法院(2020)京03民终373号民事判决(2020年6月2日)

原告天津某甲航空服务公司诉称:判令深圳某乙公司支付包销机位票款2,485,000元及逾期付款利息损失。根据《香港—塞班—香港机位包销协议》(以下简称《包销协议》)以及《补充协议》,天津某甲航空服务公司和第三人广东华某丙发展有限公司(以下简称华某丙公司)按约履行了向深圳某乙公司提供航线班机及座位的义务,但深圳某乙公司拖欠票款未付。

被告深圳某乙公司辩称:不同意天津某甲航空服务公司的诉讼请求。(1)天津某甲航空服务公司在履行合同的过程中违背诚信原则及双方约定的"互利互惠"原则,恶意低价销售机票,致使合同目的无法实现,深圳某乙公司有权解除合同;(2)深圳某乙公司已在合理期限内通知天津某甲航空服务公司解除合同,合同于2017年2月15日解除,未履行的部分终止履行;(3)即使深圳某乙公司违约,深圳某乙公司已在合理期限内通知天津某甲航空服务公司要求退回机位,天津某甲航空服务公司已经收到深圳某乙公司的通知。之后,天津某甲航空服务公司可另行出售机票,天津某甲航空服务公司理应采取适当措施防止损失扩大,未采取适当措施的,不得就扩大的损失向深圳某乙公司要求赔偿;(4)2017年2月15日至合同约定期限届满前,天津某甲航空服务公司和华某丙公司未提供机位,也未要求深圳某乙公司继续履行合同,已经超过合理期限。

同时,深圳某乙公司提出反诉:(1)确认天津某甲航空服务公司与深圳某乙公司于2016年6月30日签订的《包销协议》和《补充协议》于2017年2月15日解除;(2)判令天津某甲航空服务公司返还押金178,800元并支付违约金;(3)判令天津某甲航空服务公司支付律师费48,000元。

天津某甲航空服务公司针对反诉辩称:不同意深圳某乙公司的反诉请求。(1)即使深圳某乙公司向华某丙公司支付押金,由于深圳某乙公司存在未按约足额支付机位款的违约行为,华某丙公司也有权扣除押金不予退还;

（2）天津某甲航空服务公司从未在网络平台低价销售航线机票,深圳某乙公司等下游旅行社有权决定机票销售价格,天津某甲航空服务公司无权干涉网上机票价格,深圳某乙公司不应以此为由拒绝履行合同。

华某丙公司对于本诉及反诉述称:华某丙公司认可天津某甲航空服务公司对深圳某乙公司的诉讼请求;深圳某乙公司向华某丙公司支付了178,800元押金,该押金天津某甲航空服务公司和华某丙公司均有权扣除,且该押金不足以弥补天津某甲航空服务公司和华某丙公司的损失。

法院经审理查明:2016年6月30日,华某丙公司作为甲方与乙方深圳某乙公司签订《包销协议》,约定:乙方包销甲方代理的航班,双方本着平等自愿、互惠互利原则签订本协议;包销期限为2016年7月6日至2017年7月5日;航班号HX076和HX077,在香港和塞班之间往返;每个往返机位2980元;乙方包销座位数每班20个;乙方需在出票前向甲方支付包销机位全部票款,包销座位如未能售罄,则剩余机位乙方应于航班起飞前7天前与甲方确认并退还机位给甲方,乙方按照每个往返机位1500元缴纳空位损耗给甲方,乙方不再承担任何责任和损失等内容。

6月30日,华某丙公司作为甲方、深圳某乙公司作为乙方与丙方天津某甲航空服务公司签订《补充协议》,约定:《包销协议》中甲方华某丙公司变更为甲方1华某丙公司、甲方2天津某甲航空服务公司;《包销协议》中甲方权利义务由甲方和丙方共同享有和承担。

2016年8月29日,深圳某乙公司员工王某华通过穷游商城购买"香港直飞塞班5~6天往返含税机票（全国联运）",单价为1899元,航班号HX076、HX077。

2016年10月17日,华某丙公司作为甲方与乙方深圳某乙公司签订《航班包座补充协议》（以下简称《包座补充协议一》）,约定:原由乙方在执行日期中每班包销20个座位,自2016年10月12日起由原包销座位20个变更为每班包销25个。

2016年11月1日,华某丙公司作为甲方与乙方深圳某乙公司签订《航班包座补充协议》（以下简称《包座补充协议二》）,约定:2016年10月19日起至2017年1月10日所有航班,包位费由原价2980元/人/往返架次降至

2680元/人/往返架次;2017年1月11日起至2月7日所有航班,包位费为2980元/人/往返架次;2017年2月8日起至3月25日香港快运航空与香港航空并飞香港—塞班航线时,此期间所有航班包位费为2200元/人/往返架次;2017年3月26日起至本航季合同结束期间,如香港快运航空停飞,则包位费为2580元/人/往返架次,如在此期间香港快运航空仍与香港航空并飞香港—塞班航线,则包位费仍按2200元/人/往返架次结算,直到香港快运航空停飞。

2017年2月15日,深圳某乙公司员工王某华通过微信分别向天津某甲航空服务公司员工贾某辉、华某丙公司股东葛某明发送函件,载明:天津某甲航空服务公司通过网上平台销售大量低价机票并低于深圳某乙公司包位价2980元/张,使深圳某乙公司蒙受巨大经济损失,现网上又出现大量价格低至1499元/张的机票,深圳某乙公司无法再销售天津某甲航空服务公司的机位,自2017年2月15日起退回每班25个机位,请天津某甲航空服务公司于10个工作日内退回押金223,500元。贾某辉通过微信回复称:深圳某乙公司直接退机位,天津某甲航空服务公司将保留起诉的权利,网上低价票并非天津某甲航空服务公司放票等。葛某明通过微信表示其将通过诉讼追究深圳某乙公司的责任等。

朝阳区人民法院于2019年年10月31日作出(2018)京0105民初22837号民事判决,判决确认华某丙公司与深圳某乙公司于2016年6月30日签订的《香港—塞班—香港机位包销协议》及华某丙公司、天津某甲航空服务股份有限公司、深圳某乙公司于同日签订的《补充协议》以及相关附属协议于2017年2月15日解除;驳回天津某甲航空服务股份有限公司的全部诉讼请求;驳回深圳某乙公司的其他反诉请求。宣判后,上诉人天津某甲航空服务股份有限公司提起上诉。北京市第三中级人民法院于2020年6月2日作出(2020)京03民终373号判决,判决撤销北京市朝阳区人民法院(2018)京0105民初22837号民事判决;深圳某乙公司于本判决生效之日起15日内向天津某甲航空服务股份有限公司支付违约损失65万元;驳回天津某甲航空服务股份有限公司的其他诉讼请求;驳回深圳某乙公司的全部反诉请求;驳回天津某甲航空服务股份有限公司的其他上诉请求。

裁判理由

法院生效裁判认为,本案二审的争议焦点是深圳某乙公司是否有权解除合同及相应的法律后果。

第一,关于合同解除。深圳某乙公司明确其系根据《合同法》第94条第4款的规定行使法定解除权。根据上述规定,只有享有解除权的当事人才能以通知方式解除合同;不享有解除权的当事人向另一方发出解除通知,另一方即便未在异议期限内提起诉讼,也不发生合同解除的效果。本案中,深圳某乙公司主张天津某甲航空服务公司销售低价机票的行为违反了合同中关于"互惠互利"的规定。对此,法院认为,双方在合同中并未对机票价款作出限制,机票市场价格变化属于当事人应当预见并承担的商业风险;且根据本案现有证据,亦不能证明低价销售机票的行为系天津某甲航空服务公司和华某丙公司本身所为,因此,难以认定天津某甲航空服务公司和华某丙公司存在根本违约行为,故深圳某乙公司无权行使法定解除权;即使天津某甲航空服务公司和华某丙公司未在异议期限内提出异议,亦不发生合同解除的效果。此外,亦无证据证明华某丙公司、天津某甲航空服务公司对深圳某乙公司解除合同的意思表示认可,故不能认定案涉合同已经解除。一审法院对此认定有误,法院予以纠正。

第二,关于违约责任。根据《合同法》第113条、2009年《最高人民法院关于当前形势下审理民商事合同纠纷案件若干问题的指导意见》第10条的规定,本案案涉合同的标的物为机票,天津某甲航空服务公司、华某丙公司从承运人或其代理人处购买机票,需要支付相应成本。同时,机票销售具有时效性,一旦超过了航班时间,机票就无法销售,丧失了经济价值,而且根据行业惯例,销售时间距离航班时间过近,销售难度会加大。深圳某乙公司无法定理由不履行合同义务,应当赔偿天津某甲航空服务公司和华某丙公司包括可得利益在内的相应损失。否则,任由深圳某乙公司根据机票市场行情决定是否履行合同而无须承担相应赔偿责任,实际上使合同约定失去了意义,既对守约方不公,也不利于维护市场诚信公平秩序。

根据《香港—塞班—香港机位包销协议》第2条第1款、第3条第1款的约定,对于华某丙公司、天津某甲航空服务公司而言,案涉合同的履行利益有两种实现方式:第一种方式为深圳某乙公司按照包销价格支付票款并使用机票;第二种方式为深圳某乙公司按照每个机位1500元的标准支付空位损失并返回机位,由天津某甲航空服务公司、华某丙公司二次销售并获得二次销售价款或自行承担无法二次销售所带来的损失。根据本案履行情况,系深圳某乙公司单方终止了合同约定的购买机票行为,且天津某甲航空服务公司、华某丙公司认可对于深圳某乙公司终止履行后的机票进行了二次销售,本案故按照第二种方式计算华某丙公司、天津某甲航空服务公司的可得利益损失更为合理。

根据合同约定,案涉合同履行期限届满日期为2017年7月5日,自2017年2月15日深圳某乙公司明确向天津某甲航空服务公司表示退回包销机位并不再履行案涉合同后,剩余40个左右航班尚未履行,应当参照前述深圳某乙公司支付1500元空位损失并返回机位为基础计算可得利益损失,且该项损失计算方式在合同中明确约定,属于深圳某乙公司可以预见的范围。

根据《合同法》第119条第1款的规定,本案中,虽然深圳某乙公司违反合同约定单方终止了合同履行,但是距离合同届满尚有近5个月时间,华某丙公司、天津某甲航空服务公司在剩余期间内完全可以另行签订包销合同等方式减少损失,不能放任机票无人使用或者以不合理的低价销售,因此应当认定华某丙公司、天津某甲航空服务公司在合理期限内没有采取适当措施致使损失扩大,对相应部分法院依法予以酌减。同时,鉴于法院已经支持了天津某甲航空服务公司、华某丙公司关于可得利益的损失,故对其关于利息损失的主张,法院不予支持。因此,综合上述各项因素,除深圳某乙公司已经支付的押金冲抵违约损失外,法院酌定深圳某乙公司还需承担因违约造成的天津某甲航空服务公司、华某丙公司损失65万元。深圳某乙公司主张案涉合同第4条第1款限定了合同的违约金金额为押金178,800元,但从合同约定的内容分析,上述条款只规定了押金的具体用途,双方并未表达将违约损失限定于此金额的明确意思表示,故对深圳某乙公司的相关主张,法院不予支持。

案例解读

合同解除是指在合同成立以后,当解除的条件具备时,因当事人一方或双方的意思表示,使合同关系自始或仅向将来消灭的行为,它也是一种法律制度。[①] 合同解除作为合同消灭的一种方式,其目的在于当事人不再受合同之拘束,另行寻求机会实现合同目的。

一、合同解除权的行使

(一)基础理论

合同解除就性质上而言,可以分为协议解除和单方解除。协议解除是指当事人双方通过协商同意将合同解除的行为,它不以解除权的存在为必要,解除行为也不是解除权的行使。单方解除是解除权人行使解除权将合同解除的行为。它不必经过相对人的同意,只要解除权人将解除合同的意思表示直接通知对方,或经过人民法院或仲裁机构向对方主张,即可发生合同解除的效果。[②] 根据我国法律规定,单方解除所涉及的解除权,又可以分为法定解除权和约定解除权,分别是指当法定解除或约定的解除条件成就时,享有解除权的当事人发出解除合同的意思表示,从而导致合同解除的情形。

根据合同理论通说,因违约而产生解除权,系将合同解除作为违约的补救手段。就其本来的功能而言,在于非违约方"合同义务的解放",由此而派生的功能尚包括非违约方"交易自由的回复"及违约方"合同利益的剥夺"。[③] 同时,分析《民法典》第563条的相关文义,亦以违约方存在根本违约作为产生解除权的前提,因此,合同解除制度主要目的在于维护守约方的利益,在因违约导致合同具备解除条件的情形下,合同解除权系守约方享有的权利。行使解除权的程序必须以当事人享有解除权为前提。[④] 如果违约方也可以享有这样的权利,必然会纵容违约行为并由此对有约必守原则造成严重损害;而如果仅由非违约方享有,不仅可以起到使非违约方从毫无意义

[①] 参见崔建远主编:《合同法》(第6版),法律出版社2016年版,第188页。
[②] 参见崔建远主编:《合同法》(第6版),法律出版社2016年版,第188页。
[③] 韩世远:《合同法总论》(第3版),法律出版社2011年版,第507页。
[④] 参见王利明主编:《民法》(第7版),中国人民大学出版社2018年版,第454页。

的合同约束中解脱出来的救济效果,而且会对违约行为产生积极抑制效果。①

(二)违约方"解除通知"的效力

但在司法实践中,往往出现的一种情况是,一方自认系守约方,主张对方存在合同约定或法律规定的根本违约情形,并据此向对方发出了解除合同通知;对方收到通知后并未在3个月内提出异议。3个月后,合同一方提起诉讼。经法院审查,发出解除合同通知的一方并不属于守约方,或者接收解除合同通知一方并不存在合同约定或法律规定的根本违约的情形,在此情况下,已经发出的解除合同通知是否发生解除合同的效力存在一定争议。

司法实践中,有的观点对于《最高人民法院关于适用〈中华人民共和国合同法〉若干问题的解释(二)》第24条规定②的理解存在一定偏差,认为根据上述司法解释,无论发出解除合同一方是否具有解除权,只要收到解除通知的一方未在法定期限内提出异议,该通知就产生解除合同的法律效果。一般认为,合同系各方当事人意思表示一致的产物,而合同解除权的性质为形成权,由一方当事人单独行使即可发生法律效果,无须对方当事人同意。因此,为了平衡另一方当事人的利益,司法解释规定对方当事人有权通过提出异议,要求法院或仲裁机构对于形成权的效力进行"复审"或"确认",③但是,是否提出异议及后续启动的"复审"本身并不影响一方当事人是否具有解除权,不能以该条司法解释反推对方未提出异议即具有解除权。换言之,发送解除合同通知一方是否具有合同解除权是一个前提性、客观性的构成要件,如果发送一方具有解除权,无论对方是否提出异议,均产生合同解除的法律后果,即使因合同解除后的纠纷进入诉讼,法院亦将以发送通知行为作为合同解除的节点。如果发送一方没有解除权,如对方已提出了异议,经

---

① 参见朱广新:《合同法总则研究》(下册),中国人民大学出版社2018年版,第621页。
② 《最高人民法院关于适用〈中华人民共和国合同法〉若干问题的解释(二)》第24条规定:"当事人对合同法第九十六条、第九十九条规定的合同解除或者债务抵销虽有异议,但在约定的异议期限届满后才提出异议并向人民法院起诉的,人民法院不予支持;当事人没有约定异议期间,在解除合同或者债务抵销通知到达之日起三个月以后才向人民法院起诉的,人民法院不予支持。"
③ 《民法典》第565条第1款规定:"对方对解除合同有异议的,任何一方当事人均可以请求人民法院或者仲裁机构确认解除行为的效力。"

过法院或仲裁机构认定,该通知自然不产生合同解除的法律后果;如果对方没有在法定期限内提出异议,亦可在后续纠纷诉讼中提出抗辩,法院亦将否认该通知所产生的合同解除后果。

《全国法院民商事审判工作会议纪要》第 46 条亦就此作出了明确澄清,不享有解除权的一方向另一方发出解除通知,另一方即便未在异议期限内提起诉讼,也不发生合同解除的效果。人民法院在审理案件时,应当审查发出解除通知的一方是否享有约定或者法定的解除权来决定合同应否解除,不能仅以受通知一方在约定或者法定的异议期限届满内未起诉这一事实就认定合同已经解除。本案中,经审查,某乙公司系合同履行中的违约方,因此,即使天津某甲航空服务公司、华某丙公司未在 3 个月内提出异议,某乙公司的解除合同通知亦因其本身不享有解除权而不发生解除合同的法律效果,一审法院对此认定合同因某乙公司的通知而解除,并以天津某甲航空服务公司、华某丙公司收到解除通知的时间作为合同解除时间是不妥当的。

二、违约方解除合同的方式

需要注意的是,《全国法院民事商事审判工作会议纪要》第 48 条规定了违约方有权起诉解除合同的例外情形,主要针对在一些长期性合同如房屋租赁合同履行过程中,双方形成合同僵局,一概不允许违约方通过起诉的方式解除合同,有时对双方都不利。在此前提下,符合下列条件,违约方起诉请求解除合同的,人民法院依法予以支持:(1)违约方不存在恶意违约的情形;(2)违约方继续履行合同,对其显失公平;(3)守约方拒绝解除合同,违反诚信原则。人民法院判决解除合同的,违约方本应当承担的违约责任不能因解除合同而减少或者免除。对于违约方例外享有的合同解除权,应当注意以下几点:

1. 就起诉方式而言,相比于守约方行使合同解除权的"通知"方式,《全国法院民商事审判工作会议纪要》明确了违约方例外的合同解除权只能通过起诉方式行使,这是两类解除权在行使上的显著差别,这种区别可以视为提高了违约方解除合同的行使"门槛",对于形式要求更高。本案中,作为违约方的某乙公司虽然在反诉中提出了解除合同的请求,但其请求内容为确认案涉合同于 2017 年 2 月 15 日解除(对方收到其发出解除合同通知的时间），实际上仍然是对于其以通知方式解除合同的事后确认，而性质上并非依据《全国法院民商事审判工作会议纪要》第48条规定的以起诉作为形成权行使方式的合同解除。

2. 违约方解除合同的情形一般涉及一些长期性合同。正是基于合同的长期性，若不在特定条件下赋予违约方解除权，容易形成"合同僵局"，可能造成合同各方利益严重失衡，而本案的合同并非长期性合同，双方合同期限为一年，而发生争议时，双方已经履行过半。本案中，对于某乙公司而言，实际上并非合同无法履行造成僵局，而仅仅是其认为履行合同会使自己无法获利或蒙受损失。

3. 违约方解除合同必须是违约方继续履行合同，对其显失公平。依据该条规定，违约方享有的例外合同解除权本身系衡平合同双方利益的产物，因此，为了避免违约方获利，因继续履行合同而给违约方造成的不利必须达到显著程度。换言之，如果仅仅是遭受合同履行中轻微不利或者正常商业风险，则不属于违约方有权解除合同的情形。本案中，就某乙公司而言，其对于履行合同的情况，尚未达到显失公平的程度。

4. 违约方解除合同必须是守约方拒绝解除合同，违反诚信原则。一般而言，守约方违反诚信原则是指守约方明知合同解除条件已经成就，但试图以合同恶意约束对方，造成损失扩大，获取不当利益的情形。本案中，安科公司、某丙公司并不存在该情形。因此，法院并未支持某乙公司关于解除合同的反诉请求，案涉合同应属到期终止。

三、合同解除后违约责任的确定

《全国法院民商事审判工作会议纪要》第49条的规定，合同解除时，一方依据合同中有关违约金、损害赔偿的计算方法、定金责任等违约责任条款的约定，请求另一方承担违约责任的，人民法院依法予以支持。审判实践中，有一种观点认为，既然合同已经解除，那么合同中关于违约责任的条款亦不再适用。事实上，这种观点误解了合同解除的性质。

1. 对于继续性合同而言，合同解除的效力原则上不具有溯及力，因此，对于已经发生的履行合同的行为，如果存在违约情形，当然有理由按照合同约定追究违约方已经产生的违约责任。

2. 对于具有溯及力的合同解除的场合而言,根据《民法典》第567条的规定,合同的权利义务终止,不影响合同中结算和清理条款的效力。因此,虽然合同的权利义务基于合同解除而终止,但对于合同中违约责任的条款,可以视为结算和清理条款而继续适用。

3. 考虑到在法定解除的情形下,以根本违约为主要、典型的原因,如果合同解除不适用违约责任条款,那么在逻辑上可能产生悖论,即未达到根本违约情形的,可以适用违约责任条款;达到根本违约,导致合同解除的,不适用违约责任条款,这在逻辑上是难以自圆其说的,并且合同解除本身对于双方同时发生法律效力,很难说是对于守约方的补偿及违约方的惩戒,"合同严守"的精神就会落空。

因此,合同解除后,守约方按照合同约定请求违约方承担相应的违约责任,人民法院依法予以支持。但是在违约责任的认定上,根据《全国法院民商事审判工作会议纪要》第50条的规定,不仅要考虑直接损失即违约行为直接造成的损害后果,还要考虑间接损失即合同履行后可以获得的利益。可得利益具有未来性(在违约行为发生时并没有为合同当事人实际享有)、期待性(当事人订立合同时希望通过合同履行获得相应的利益)和现实性(具备实现的客观基础和条件,如约履行即会获得)的特点,故可得利益的确认也是司法实践中的一个难点,一般需要根据合同的约定及履行情况、日常生活经验、交易习惯等多方面综合判断。同时,虽然违约方应承担相应的违约责任,但如果守约方在收到违约方提出的解除合同通知后,仍放任损失扩大,则应该考虑当事人的过错情况对违约责任予以酌减。在本案中,生效判决对于违约责任的认定既考虑了可得利益损失,也考虑了当事人的过错情况,兼顾了法理与情理,从而实现定分止争。

解读撰写人:北京市第三中级人民法院 曹炜 肖笛

法答网问题链接

本案例回答了法答网第C2023123000158号问题,即关于不享有解除权的一方向另一方发出解除通知的司法认定的问题。

当不享有解除权的一方向另一方发出解除通知时,合同是否解除?案例对此进行了详尽的说明,明确指出解除通知的效力取决于通知的发出主体是否享有解除权,否则即使不享有解除权的一方向另一方发出解除通知且另一方未在异议期内提起诉讼,双方当事人之间仍然不发生合同解除的效果。回归权利视角,本案例明确了解除权的行使主体并阐明了该权利的法律效力。

入库案例编号:2024-08-2-494-001 | 法答网问题编号:C2023123100268

19. 公司注销后,公司遗留债权并不自然归于消灭
——潘某诉陈某、郭某与公司有关的纠纷案

入库案例适用参考

关键词

民事　与公司有关的纠纷　公司注销　未经合法清算　公司遗留债权　诉讼主体资格

裁判要旨

公司注销后,公司遗留债权并不随之消灭,对于尚未处理的公司遗留债权,原公司股东作为原公司权利承继主体,可以自己名义提起诉讼直接向债务人主张公司遗留债权。

关联索引

《中华人民共和国公司法》(2024年修订)第236条(本案适用的是2018年12月26日施行的《中华人民共和国公司法》第186条)

《最高人民法院关于适用〈中华人民共和国公司法〉若干问题的规定(二)》(2020年修正)第14条(本案适用的是2014年3月1日施行的《最高人民法院关于适用〈中华人民共和国公司法〉若干问题的规定(二)》第14条)

基本案情

一审:福建省漳州市中级人民法院(2017)闽06民初276号民事判决(2018年12月26日)

二审:福建省高级人民法院(2019)闽民终529号民事判决(2019年12月24日)

原告潘某诉称:潘某与陈某共同投资C公司。2011年10月至2013年12月,陈某通过直接取现、将资金转入郭某的银行卡等方式,累计挪用公司资金4,276,247.54元。陈某、郭某为此共同出具借条。2014年5月4日,经确认,陈某与郭某应当归还给潘某的款项共计392.54万元,陈某承诺分期偿还,并为此出具《还款确认书》给潘某收执。其后,陈某向潘某偿还了部分款项后拒还余款,故请求法院判令陈某、郭某共同偿还潘某2,465,460元,并支付自2014年5月5日起至还清款项之日止按年利率6%计算的逾期利息。

被告陈某辩称:其并未挪用公司资金,案涉《还款确认书》等材料系其受他人胁迫所签,不具有法律效力。C公司账目不清,潘某所提供的证据之间多处矛盾且主体混乱,其并未实际结欠潘某所主张的那么多款项。郭某仅为C公司的挂名股东,C公司的债权债务与其无关。

被告郭某辩称:C公司是潘某与陈某共同实际控制,其只是代持陈某股份,并被指定为公司法定代表人,C公司与股东之间的所有债权债务纠纷均与其无关。潘某与陈某在2014年产生严重分歧之后,C公司没有办理税和年检手续,导致其作为该公司法定代表人被列为失信人员,不得已才办理了该公司的注销手续。

第三人蔡某述称:潘某以其名义出资,与陈某合作经营C公司。陈某挪用C公司资金400多万元被发现后,其主张报警,但陈某请求潘某原谅,并为此与郭某共同出具了借条。郭某在担任公司法定代表人期间也经常将公司资金挪为私用。

法院经审理查明:C公司成立于2009年4月23日,自2011年10月起,潘某与陈某开始合作经营该公司,潘某以第三人蔡某名义出资881.6万元,占比为80%,陈某以郭某名义出资220.4万元,占比为20%,并由郭某担任该公司的法定代表人。

2013年1月1日,陈某、郭某出具一份借条,载明:"兹有股东陈某、郭某从C公司借取人民币肆佰贰拾柒万陆仟贰佰肆拾柒元伍角肆分整(¥4,276,247.54),特立此据!借款人:陈某 郭某2013年1月1日。"

2014年5月4日,陈某在一份《还款确认书》上签名捺印,该《还款确认书》列明截至2014年5月4日其尚欠款项金额及具体还款计划,并载明其所还款项应汇入潘某指定账户以及在其还清款项之前潘某保留追溯钱款和报案的权利等内容。

2016年3月14日,郭某代表C公司向当地市场监督管理局递交《公司注销登记申请书》,该申请书中载明C公司的对外投资清理情况、债权债务清理情况、清税情况至申请注销登记时均已清理完毕。在一审庭审中,蔡某主张《公司注销登记申请书》中的"蔡某"签名并非其本人所签,申请注销登记并未经过其同意,郭某对蔡某上述主张当庭予以确认。

2016年3月15日,C公司所在地的市场监督管理局给予办理了C公司的注销登记手续。

福建省漳州市中级人民法院于2018年12月26日作出(2017)闽06民初276号民事判决:(1)陈某、郭某应于判决发生法律效力之日起10日内共同向潘某支付欠款本金2,465,460元,并按年利率6%支付自2017年8月21日起至实际还清款项之日止的逾期利息;(2)驳回潘某的其他诉讼请求。宣判后,陈某、郭某提起上诉。福建省高级人民法院于2019年12月24日作出(2019)闽民终529号民事判决:驳回上诉,维持原判。

裁判理由

法院生效裁判认为:本案争议焦点有三个。一是关于潘某是否具有本案诉讼主体资格的问题;二是关于本案讼争款项的还款责任主体如何确定的问题;三是关于潘某能否主张案涉C公司遗留债权全部余额的问题。

一、关于潘某是否具有本案诉讼主体资格的问题

本案中,潘某所主张的款项在性质上属于已注销的C公司的遗留债权。C公司虽已被注销,其法人人格已消灭,但公司的债权并不因其主体的消灭而灭失,根据民法权利承继原则及"谁出资,谁受益"原则,对于尚未处理的遗留债权,原公司全体股东成为权利承继主体,可以一般债权人的身份主张其权利。

本案一审庭审中,潘某、陈某、郭某、蔡某一致确认潘某、陈某系C公司的实际出资人,具有股东资格,因此,潘某作为C公司的原实际出资人(隐名股东)之一,具有本案诉讼主体资格,有权以个人名义起诉主张 C 公司的遗留债权。

二、关于本案讼争款项的还款责任主体如何确定的问题

陈某、郭某在相应的借条上的"借款人"处签名,依法应认定陈某、郭某系该笔欠款的共同欠款人。虽然其后的《还款确认书》等材料中并无郭某本人的签名确认,但《陈某挪用 C 公司资金的数额》等经陈某签名确认的材料中亦载明相关款项转入了郭某的银行卡,且本案借条原件至今仍由 C 公司的实际出资人之一潘某持有,C 公司亦未曾作出放弃对欠款人郭某主张权利的明确意思表示。因此,郭某在借条上签名的行为仍具有法律约束力,陈某、郭某作为该借条明确载明的共同欠款人,依法应承担共同还款责任。

三、关于潘某能否主张案涉 C 公司遗留债权全部余额的问题

本案中,虽然潘某与陈某之间未有关于 C 公司遗留债权的书面分配协议,但从本案现有证据来看,本案《还款确认书》中所记载的接收陈某还款的银行账户并非 C 公司的银行账户,而系由潘某指定的账户,且该《还款确认书》中明确写明"公司股东潘某保留追溯钱款和报案的权利",结合本案借条、《还款确认书》原件均由潘某持有的事实,可以认定,C 公司的实际出资人潘某与陈某在公司注销前已经实质上将本案讼争的该项债权全额分配给潘某,故潘某依法有权主张案涉 C 公司遗留债权的全部债权余额。现潘某起诉要求陈某、郭某向其支付欠款本金 2,465,460 元,未超过其可主张的欠款本金范围,应予支持;但其所主张的逾期利息起算时间点缺乏依据,应依法予以调整。

> **案例解读**

一、问题的提出

本案主要涉及已注销公司之遗留债权的具体处理问题。按照我国公司清算及注销登记制度的设计初衷,在公司制度规范运作的理想状态下,公司办理了注销登记,即意味着其已完成合法的清算程序,其全部债权债务关系已得到清理,一般不会出现遗留债权债务的问题。但由于当前我国尚未完全建立起全方位的高效市场监督管理机制,相当一部分公司股东的法律意识、责任意识不足,公司的整体运作尚未完全实现规范化、法治化,在进行公司清算及申请注销登记过程中不规范、不合法操作现象较多。很多小公司并未进行真正的合法清算即以自行申报、提交虚假清算报告、承诺等方式申请注销登记,即使是经合法清算后注销的公司,也可能受限于主客观条件而遗漏了个别债权债务的清理,因此,已注销公司的遗留债权债务问题在实务中并不鲜见。

关于公司遗留债务问题,《最高人民法院关于适用〈中华人民共和国公司法〉若干问题的规定(二)》第18条、第19条、第20条、第21条的规定内容为未经合法清算程序保障的公司遗留债务之债权人提供了救济途径。但我国现行法律法规及司法解释中对于公司遗留债权问题并无明文规定,公司遗留债权能否主张、若可主张则应由谁主张、如何主张及如何分配等问题需要法官在公司法之法理精神及原则的指导下,对有关规定进行立法原意解释及体系解释,结合个案的具体案情求解答案。下面,笔者主要围绕公司遗留债权请求权之承继与具体行使问题展开分析。①

二、公司遗留债权请求权之承继

公司注销登记后,其法人人格消灭,丧失了继续以其名义从事民事活动的主体资格与行为能力。为此,有一种观点认为,公司注销后,公司的原有债权债务关系均随之消灭,尽管客观上可能存在遗留债权,但公司未在清算程序中主张,应视为其对相关债权的自动放弃,从维护法律秩序及诉讼效率的角度考虑,不应允许任何主体在公司注销后再行主张公司遗留债权。但多数观点持相反意见,认为公司注销登记后,公司遗留债权并不自然归于消灭。笔者赞同多数观点,理由如下:

(一)从民法的权利承继原则来看

公司注销登记的确使公司丧失了以公司名义主张公司遗留债权的主体资格,但并不能由此直接否认遗留债权这一实体权利本身的客观存在。根据民法的权利承继原则,自然人死亡或公司分立、合并后均会发生权利义务承继的法律后果,对于已注销登记的公司而言,若客观上存在遗留债权,则

---

① 本案例中关于公司遗留债权之司法处理问题的探讨,主要基于本案涉及的普通清算注销情形展开,对于经破产清算而注销的公司之遗留债权问题,因破产清算有着不同于普通清算的严格程序,与本案情形有所不同,囿于篇幅,不在本篇展开分析。

同样可发生权利承继的法律后果,公司遗留债权可通过权利承继而继续被主张,而不是因公司注销而消灭。《北京市高级人民法院关于企业下落不明、歇业、撤销、被吊销营业执照、注销后诉讼主体及民事责任承担若干问题的处理意见(试行)》第26条规定的"被注销登记的企业为债权人的,如有权利义务承受人,可应其申请直接变更其为诉讼主体;无权利义务承受人或权利义务承受人表示不参加诉讼的,终结诉讼"等内容即采此观点。

(二)从兼顾公平与效率的原则来看

虽然公司清算制度的一项内含功能即为清理公司债权债务,避免公司注销后的遗留债权债务问题,但如前所述,在当前实务中,受限于主客观条件,公司清算注销后仍有遗留债权未处理的现象并不鲜见,如果只是为了强化清算制度的制度功能以及法律秩序与效率,而无视实务中处理公司遗留债权的客观需求,不为公司遗留债权的处理留出制度空间和救济途径,则将使公司遗留债权的债务人因此不当获利,公司原股东及原债权人等相关人员遭受损失,有失公平。而且,从慎重保障民事权利的民法"慈母般"的立场出发,权利的放弃应以明示为审查标准,公司清算报告或注销登记申请书中所陈述的"原公司债权债务已经清理完毕"或"公司债权债务已经全部了结"等内容,仅可解读为当时已知的债权债务已清理完毕,并不包括被遗漏的债权债务,这些陈述内容并未明确表示其放弃对可能遗留债权的请求权,不宜因公司在注销前已完成清算程序就推定公司已自动放弃可能遗留的公司债权。因此,应该确认公司遗留债权在公司注销后仍可被主张,以体现实质公平;同时,在确立公司遗留债权的具体处理规则时注重与清算制度的协调,以兼顾制度效率。

(三)从我国现行立法的隐含立场及精神来看

我国《企业破产法》第123条规定:"自破产程序依照本法第四十三条第四款或者第一百二十条的规定终结之日起二年内,有下列情形之一的,债权人可以请求人民法院按照破产财产分配方案进行追加分配:(一)发现有依照本法第三十一条、第三十二条、第三十三条、第三十六条规定应当追回的财产的;(二)发现破产人有应当供分配的其他财产的。有前款规定情形,但财产数量不足以支付分配费用的,不再进行追加分配,由人民法院将其上交国库。"该条文规定了在企业破产程序终结2年内发现可追回的公司财产的,可追加分配,而这类可"追回的财产"在公司注销后即具有公司遗留债权的性质[①],由此可见,立法者也认可公司遗留债权在公司注销后存在继续被主张、被追回的空间,也从侧面印证了"公司的注销登记并不导致公司遗留债权随之消灭"的观点与我国现行公司制度体系是协调统一而不相悖的。

综上分析,公司注销登记并不导致公司遗留债权随之消灭,除非公司遗留债权在公司注销登记前后已被明示放弃,否则,相应的请求权并不因此丧失。

三、公司遗留债权请求权之行使

(一)行使主体:公司原股东具有原告主体资格

从公司法制度体系中股东与公司的关系以及"谁出资,谁受益"原则出发,公司注销登记后,公司的原股东应是当然的权利承继者,除非公司的原股东明示放弃继受公司遗留权利。因此,对于公司遗留债权,公司的原股东有权以公司权利承继者的身份,以自己的名义作为原告直接提起诉讼,主张权利。

有观点认为,为防止出现公司股东故意隐瞒公司债权,侵害原公司债权人利益的情形,对于未经合法清算即注销的公司,不应赋予其原股东提起公司遗留债权之诉的主体资格。应当认为,公司原股东因其未经合法清算即注销公司的行为而负有的法律义务与责任,与公司原股东向公司原债务人主张公司遗留债权的权利,具有不同的属性,属于不同范畴,其履行义务、承担责任的对象(公司原债权人)与其主张权利的对象(公司原债务人)并不相同,不可混而论之。考虑到当前我国已通过《公司法》第189条、第204条、第206条以及《最高人民法院关于适用〈中华人民共和国公司法〉若干问题的规定(二)》第19条、第20条、第23条等条文,对公司未经合法清算即以虚假清算报告骗取公司登记机关办理注销登记、在清算过程中隐匿财产、隐瞒或遗漏重要事实、在未清偿债务前分配公司财产、清算组成员因故意或重大过失给公司或债权人造成损失等情形,均规定了相应的处罚、追责以及向公司债权人赔偿损失等法律后果,公司原债权人的权益有充分的法律救

[①] 参见张尚谦:《公司遗留债权债务法律问题探讨》,载《人民司法·应用》2008年第19期。

济途径保障,其权益并不会因公司原股东对公司遗留债权的主张而受损,反而可能因公司原股东所追回的公司遗留债权而获得更多保障。① 因此,对于未经合法清算而注销的公司之遗留债权,亦应允许公司原股东作为原告直接向相应的公司原债务人主张。地方司法文件《上海市高级人民法院关于印发〈关于公司被依法注销后其享有的财产权益应如何处理的若干问题的解答〉的通知》的第 5 条解答内容亦采此观点。②

(二)行使方式:公司原股东提起遗留债权之诉的具体程序安排

公司全体原股东均是公司遗留债权的权利承继人,除非有股东明示放弃或股东之间有其他有效的内部约定,公司遗留债权相应的财产权益归属于公司全体原股东,故公司全体原股东可作为共同原告提起诉讼向公司原债务人主张权利。但实践中,往往是单个股东或部分股东提起诉讼,有观点认为,在此种情形下,法院应当追加其他股东作为共同原告参加诉讼;③也有观点认为,此时法院无须追加其他股东作为共同原告参加诉讼。④无须追加的主要理由如下:

公司原股东向公司遗留债权的债务人主张权利之诉,诉讼标的实质为原公司与原公司债务人之间的债权,其胜诉利益归于全体股东,并不因其他股东是否到案而改变。在公司遗留债权经法院确认后,其他股东可另行起诉主张分配,除非其他股东属于查明公司遗留债权相关基本事实的必要共同诉讼人,否则,未追加其他股东作为共同原告参加诉讼,并不违反民事诉讼的法定程序,也不会侵害其他股东的实体及程序权利。而且,实务中,存在公司原股东之间因内部争议纠纷而不愿作为共同原告参与诉讼的情况,

---

① 参见《最高人民法院关于适用〈中华人民共和国公司法〉若干问题的规定(二)》第 14 条及《企业破产法》第 123 条的规定。

② 该解答第 5 条认为"根据公司法规定,股东自行对公司进行的清算不具有免除公司债务的功能。如果股东未经合法清算而注销公司,导致公司债权人利益受到损失的,应当对公司债权人承担相应的民事责任。但在公司注销后,公司的财产权益应归股东所享有,股东可对外主张原公司的债权或财产权益"。

③ 参见张尚谦:《公司遗留债权债务法律问题探讨》,载《人民司法·应用》2008 年第 19 期。

④ 《上海市高级人民法院关于印发〈关于公司被依法注销后其享有的财产权益应如何处理的若干问题的解答〉的通知》的第 2 条解答认为"除非原公司全体股东愿意作为共同原告提起诉讼外,法院一般无需追加全体股东作为共同原告提起诉讼"。

也存在类似本案情形,即公司遗留债权的债务人为公司部分原股东,在上述情形下,若仍将追加其他股东为共同原告参加诉讼作为必要的程序事项,在客观上难以操作,也将阻碍诉讼进程,导致诉讼不经济。

综上分析,从一次性解决纠纷、减少当事人诉累的角度考虑,人民法院在受理公司单个或部分原股东提起的公司遗留债权之诉后,可将诉讼情况通知公司其他原股东,若其他原股东有意愿参与诉讼,则可追加为共同原告参加诉讼;若全体原股东均到案并提出了分配要求,则法院可视情况合并审理,在确认公司遗留债权的同时一并判定各股东的分配份额。但应明确的是,公司原股东向公司原债务人主张公司遗留债权之诉,与公司原股东之间分配公司遗留债权的财产权益之诉,其诉讼标的系属不同的法律关系,追加其他股东作为共同原告参加诉讼,系公司原股东主张公司遗留债权之诉的"可选项",而非"必选项";若并非全体原股东均到案,则对于部分公司原股东在主张公司遗留债权之诉中所提出的要求确定分配份额的请求,应释明告知其另案主张权利。

四、需要说明的问题

如前所述,虽然公司原股东主张公司遗留债权之诉,与公司原股东之间分配公司遗留债权财产权益之诉并非必要的共同诉讼,但实践中,在全体原股东均参加了主张公司遗留债权之诉的情况下,股东往往会同时提出分配请求,对此,人民法院宜合并审理,因此,如何分配公司遗留债权之财产权益也是审理公司遗留债权之诉常常要面临的问题。

在公司经合法清算后注销,其对外债务已全部清偿完毕的情形下,公司遗留债权属于公司剩余财产,若股东之间在公司注销前后达成关于如何分配公司遗留债权的协议,且该协议并不违反法律效力性强制性规定的,则可按照股东之间达成的分配协议进行分配;若股东之间并未达成相关分配协议,则可参照《公司法》第186条第2款所规定的公司剩余财产分配方式处理,亦即有限责任公司按照股东的出资比例分配,股份有限公司按照股东持有的股份比例分配。

在公司未经合法清算即注销,可能尚有潜在的公司原债务未清偿的情形下,根据《公司法》第186条第3款所作的"公司财产在未依照前款规定清偿前,不得分配给股东"之规定,从公司法的原则精神出发,被追回的公司遗留债权应首先用于清偿公司遗留债务。在理想状态下,如果公司的注销登记符合《企业登记程序规定》①第 17 条所规定的可撤销情形,那么,可以通过行政诉讼等方式撤销公司原注销登记,重启合法清算程序,并在重新清算的过程中将公司遗留债权首先用于清偿公司原债务,若有剩余,再按照《公司法》第 186 条第 2 款所规定的公司剩余财产分配方式在股东间进行分配。但实务中,公司的注销登记并非都是可撤销的,且依法可提出撤销注销登记行政诉讼的主体有限,而有起诉主体资格的法定代表人未必愿意起诉,所以,撤销注销登记并重启清算程序进行分配的处理方式并不能解决实务中的大多数公司遗留债权分配问题。

那么,在撤销公司注销登记不具有现实可能性,亦即公司注销状态不可逆转,无法重启清算程序的情形下,未经合法清算即注销的公司之遗留债权能否分配? 应当认为,在此种情形下,可能尚有潜在的公司原债务未清偿,但这种潜在的公司原债务是不确定的,若因为这种不确定的公司原债务的"可能存在",即阻断已由法院确认的公司遗留债权在原股东之间的分配,则有只考虑公司原债权人利益而未考虑公司原股东权益的偏颇之嫌,未能充分平衡各方利益,也不利于社会财产的及时、有效利用。如前所述,考虑到我国《公司法》及其相关司法解释已为未经合法清算即注销公司的原债权人设置了请求公司原股东在其分配所得的公司财产范围内向其清偿债务或请求原公司股东、实际控制人赔偿因清算问题给其造成的债权无法完全实现的损失等充分救济途径,在公司是否确实存在未清偿债务及公司原债权人具体情况等事实尚不能确定的情况下,可依公司全体原股东之申请,将已确认的公司遗留债权先行在公司原股东之间进行分配,以促进社会财产的有效利用。以上解决了能否分配的问题,至于具体如何分配,可参照前述经合法清算后注销的公司遗留债权的分配方式进行。需要特别指出的是,根据权利义务相统一原则,公司原股东分配取得一定份额的公司遗留债权之财

---

① 2020 年 7 月 13 日,《国家市场监督管理总局关于废止部分规章的决定》已于 2020 年 7 月 7 日经国家市场监督管理总局 2020 年第 5 次局务会议审议通过,对《企业登记程序规定》予以废止。

产权益的同时,也被施加了在其分配所得的财产范围内对潜在的公司原债务进行清偿的责任,公司原股东通过遗留债权之诉所获得的财产权益,在日后公司原债权人另案主张相关权利时,应根据《最高人民法院关于适用〈中华人民共和国公司法〉若干问题的规定(二)》第14条的规定处理。

五、启示

由于法律本身的滞后性,法律空白与法律漏洞等情况客观存在,既有的法律法规及司法解释无法事无巨细地为全部可能发生的现实纠纷预先设计好具体的解决路径。人民法院在审理纠纷过程中难免会碰到"法无明文规定"的难题,本案的审理经过及裁判思路的提炼过程反映了人民法官在司法实践中遇到"法无明文规定"之法律问题时的一种法律适用思路及裁判方法:法官不能拒绝裁判,不能因相关的请求权暂无明文规定就简单地驳回当事人诉求,而应穷尽法律检索、类案检索、法律解释、要素分析等方法,全面厘清案涉请求权之法理基础,确定案涉请求权行使之主体资格、程序要求等,从实体法与程序法层面厘清裁判思路,进而结合个案案情,审查请求权能否成立并作出正确裁判。

与此同时,对于司法实践中遇到的"法无明文规定"的问题,不应止步于个案摸索,而应及时总结提炼从个案中探索出的思路与经验,提出完善相关司法解释乃至填补相关立法空白的建设性意见,以司法实务与立法的良性互动,促进人民法院的裁判规范与统一适用。以本案涉及的公司遗留债权问题为例,目前仅有上海等地的部分地方司法文件对公司遗留债权司法处理的相关问题提出指导性意见,建议总结地方司法文件以及个案探索经验,结合既有的公司遗留债务司法处理的相关条文设计,出台相关司法解释,就公司遗留债权请求权的承继以及行使主体、行使程序等作出制度安排,明确解答公司遗留债权能否主张、由谁主张、如何主张、如何分配等问题,特别是对争议较大的未经合法清算即注销的公司之遗留债权司法处理问题作出回应,以促进公司遗留债权相关纠纷的裁判思路之规范与统一,实现各方主体利益的平衡保护,维护公司法的秩序。

解读撰写人:福建省漳州市中级人民法院　王玲珊

法答网问题链接

本案例回答了法答网第 C2023123100268 号问题,即公司注销后股东能否以自身名义行使原公司遗留债权的问题。

司法实践中,已注销公司的遗留债权债务问题并不少见。我国现行法律法规和司法解释对于该问题并没有作出明确规定。各地法院对公司遗留债权能否主张、由谁主张、主张后如何处理等问题存在较大争议。案例从民法基本原理、兼顾公平与效率的原则等角度进行综合分析,明确了公司注销后,公司遗留债权并不随之消灭。对于尚未处理的公司遗留债权,原公司股东有权以自己的名义提起诉讼,直接向债务人主张公司遗留债权。

知识产权

入库案例编号:2023-09-2-173-020 | 法答网问题编号:E2023111700010

20. 以具有不良影响的标志作为显著识别部分的包装装潢不能得到《反不正当竞争法》的保护

——江苏某食品公司诉江苏南方某科技公司仿冒纠纷案

入库案例适用参考

关键词

民事　仿冒　知名商品　包装装潢　商业标识　显著识别部分

裁判要旨

包装装潢中包含具有不良影响的商业标识,且该标识构成包装装潢的主要识别部分,该包装装潢不能作为知名商品特有包装装潢获得《反不正当竞争法》的保护。

关联索引

《中华人民共和国反不正当竞争法》(2019年修正)第6条

基本案情

一审:浙江省衢州市中级人民法院(2018)浙08民初342号民事判决(2019年4月12日)

二审:浙江省高级人民法院(2019)浙民终459号民事判决书(2019年6月27日)

申请再审:最高人民法院(2019)最高法民申4478号民事裁定(2019年12月27日)

再审:最高人民法院(2020)民再133号民事判决(2020年6月30日)

湛江某公司先后申请并获准注册第1111584X号"特种兵"盾牌图文组合商标(以下简称盾牌商标)、第760056X号"特种兵"七个兵图文组合商标(以下简称七个兵商标),后盾牌商标的注册人变更为江苏某食品公司。"特种兵生榨椰子汁"(涉案商品)的标签、纸箱外观设计平面图由湛江某公司委托案外人设计,江苏某食品公司自2010年起开始试点生产涉案商品,2012年起开始进行广告宣传。另查明,北京市高级人民法院(2017)京行终4384号行政判决以盾牌商标具有不良影响、违反《商标法》第10条第1款第8项规定为由,认定应予无效。江苏某食品公司诉至法院认为,江苏南方某科技公司生产的"椰依"生榨椰汁(被诉侵权产品)侵害了江苏某食品公司就涉案商品享有的特有包装装潢权益。江苏某食品公司进一步明确,其请求保护的知名商品特有包装、装潢的主要特征为:瓶身整体为深蓝、浅蓝白色相间的蓝色迷彩图案,瓶身上半部分标注注册商标标识,由"特种兵"中文字样、横排的五个黑色五角星和白底内嵌黑边的盾形图案组成,"特种兵"中文字样上方有七个人像剪影。

浙江省衢州市中级人民法院于2019年4月12日作出(2018)浙08民初342号民事判决:江苏南方某科技公司立即停止生产、销售并销毁包装、装潢与江苏某食品公司"特种兵生榨椰子汁"商品包装、装潢近似的被诉侵权商品,并赔偿经济损失及为制止侵权支付的合理费用共计7万元。江苏南方某科技公司不服一审判决,提起上诉,请求撤销一审判决。浙江省高级人民法院于2019年6月27日作出(2019)浙民终459号民事判决:驳回上诉,维持原判。江苏南方某科技公司不服二审判决,向最高人民法院申请再审。最高人民法院提审后,于2020年6月30日作出(2020)民再133号民事判决,撤销一审、二审判决,改判驳回江苏某食品公司全部诉讼请求。

裁判理由

最高人民法院再审认为,关于涉案包装、装潢的构成要素。商品的包装、装潢一般可由商标、商品名称以及装饰性图案、颜色等要素组合构成。商标是识别商品来源的标志,具有一定知名度的商标可以产生溢出效应,能够使相关公众将含有该商标的包装、装潢与商品提供者建立一定的联系。因此,含有商标的包装、装潢通常整体发挥识别商品来源的作用。当然,在商标以外的其他包装、装潢要素也产生了独立的市场价值,能够独立发挥识别作用时,也需要考虑包装、装潢中其他构成要素的利益保护。本案中,江苏某食品公司据以请求保护的权利基础是含有特种兵商标元素在内的包装、装潢整体。事实上,发挥识别商品来源作用的也是涉案包装、装潢整体。从商标标志要素来看,"特种兵"文字及盾牌图形元素是涉案包装、装潢的显著识别部分。从包装、装潢的其他元素与特种兵标志的关系来看,涉案包装、装潢的其他元素与特种兵商标标志相同的元素难以分离。

业已发生法律效力的判决已明确指出,"特种兵"标志作为商标使用具有不良影响,构成《商标法》第10条第1款第8项规定的情形。对此本院认为,2001年《商标法》第10条第1款第8项规定,有害于社会主义道德风尚或者有其他不良影响的标志不得作为商标使用。商标是否具有社会不良影响,是对标识本身能否作为商标注册的一种价值判断,即不能有悖于社会公共利益或公共秩序。社会公众是判断有关商业标识是否具有不良影响的主体,社会公众的认知和价值判断标准在一定时期内应当是相对稳定的,且一般不因使用情况、商品类别等事实变化而变动。虽然江苏某食品公司主张,其指定使用在饮料商品上的"特种兵 THE SPECIAL ARMS 及图"商标(涉案商标)尚未被生效判决认定具有不良影响。但已经被生效判决认定具有不良影响的"特种兵"标志与涉案商标完全相同。因此,该生效判决关于"特种兵"商标是否具有不良影响的结论对本案具有重要的参照意义。江苏某食品公司虽提出相反主张,但并未提供足以推翻生效判决认定结论的证据,故对其相关主张不予支持。江苏某食品公司提交(2019)浙杭东证字第10842号公证书是其通过电子商务平台销售"特种兵生榨椰子汁"商品的用户评价,此类用户评价多以产品功能质量为内容进行评价,仅凭商品的好评率难以证明涉案商标符合公共秩序与公共利益的要求。江苏某食品公司的相关主张不予支持。

根据《反不正当竞争法》第1条的规定,《反不正当竞争法》的立法目的在于通过制止不正当竞争行为,鼓励和保护公平竞争,保护经营者和消费者的合法权益。因此,经营者请求保护的包装、装潢只有在不损害他人及社会公共利益的情况下,才能够成为《反不正当竞争法》保护的合法权益。换言之,如果包装、装潢的显著识别部分是可能损害公共利益的商业标识时,包装、装潢与该商业标识均不具有获得法律保护的正当性基础。否则,将导致无法依据《商标法》获得保护的标志,反而能够通过《反不正当竞争法》获得保护的不良导向。

本案中,在已有生效判决认定"特种兵"文字及盾牌图形作为商标注册将产生不良影响的情况下,涉案包装、装潢将与上述商标构成完全相同的文字及图形部分作为显著识别部分,且包装、装潢中的其他构成要素均与上述文字及图形具有较高关联程度,易引发消费者将包装、装潢的整体与"特种兵"产生联想,涉案包装、装潢同样不应当作为反不正当竞争法意义上的具有一定影响的包装、装潢进行保护。据此,江苏南方某科技公司关于涉案包装、装潢构成《反不正当竞争法》司法解释第5条规定情形的再审理由成立,本院予以支持。

案例解读

本案是不正当竞争案件中仿冒包装装潢的典型案件。包装、装潢复合了商标、商品名称等多种具有识别性的商业标识,对与其有关的仿冒行为的认定是实践中的难点。本案的核心争议是江苏某食品公司的以具有不良影响的商业标识作为显著识别部分的包装、装潢能否获得《反不正当竞争法》保护。以下从仿冒纠纷的审理思路,含不良影响标识的包装、装潢的可保护性以及包装、装潢拆分保护的考虑因素等方面对裁判理由作进一步说明。

一、《反不正当竞争法》中仿冒纠纷的审理思路

2017年修正的《反不正当竞争法》第6条第1项规定,经营者擅自使用与他人有一定影响的商品名称、包装、装潢等相同或者近似的标识,引人误认为是他人商品或者与他人存在特定联系的,构成不正当竞争。上述法律规定是对仿冒商业标识行为的规范。

通常认为,反不正当竞争法属于行为法,与专利法、商标法等设权法不同,不正当竞争行为的认定采取行为正当主义而非法益保护主义,且对于竞争行为的正当性判断采取利益衡量的方式进行。即便如此,由于竞争本身并非《反不正当竞争法》规制的对象,《反不正当竞争法》制止的仿冒行为仅是有损竞争秩序的特定竞争行为。因此,在适用《反不正当竞争法》调整仿

冒行为的过程中,不仅需要区分竞争行为的表征,也要审查经营者主张遭受损害的利益是否属于正当的竞争利益。如果主张受到保护的竞争利益非法或缺乏正当性,对此类竞争利益的争夺通常不构成不正当竞争行为。故竞争者主张的被仿冒的包装、装潢是否具有受法律保护的竞争利益是本案首先要讨论的问题。当然,此处的竞争利益并非事前设定的、具有绝对权利性质的法益,而是在行为评价过程中动态认定的利益。此处对法益正当性的要求应当是最低限度的要求。

对于包装、装潢的仿冒行为,受到《反不正当竞争法》保护的竞争利益,应当符合以下两个层次的要求:(1)被仿冒的包装、装潢不属于《商标法》第10条第1款规定的不得作为商标使用的标志。这是基于具有一定影响的包装、装潢事实上发挥了识别产品来源的功能,此类商业标识获得法律保护的最低限度应与《商标法》保持一致。对于在商标法下基于社会公共秩序与公共利益的考量给予否定性评价的标识,同样不具有获得《反不正当竞争法》保护的最低正当性要求。(2)被仿冒的包装、装潢有一定影响,具有可识别性。不具有可识别性的商业标识通常不会引起相关公众的混淆误认,因此也不具备受到《反不正当竞争法》保护的前提条件。上述要件中,不违反法律对商业标识的禁止性规定是第一层次的判断,如果包装、装潢属于法律规定禁止作为商业标识使用的情形,则无须进一步判断该包装、装潢是否具有一定影响。即使其能够产生独立的识别性,也不应受到《反不正当竞争法》的保护。

二、包装、装潢的整体保护与拆分保护

商品的包装、装潢一般可由商标、商品名称以及装饰性图案、颜色等要素组合构成。商标是识别商品来源的标志,具有一定知名度的商标可以产生溢出效应,能够使相关公众将含有该商标的包装、装潢与商品提供者建立一定的联系。因此,含有商标的包装、装潢通常整体发挥识别商品来源的作用。当然,在商标以外的其他包装、装潢要素也产生了独立的市场价值,能够独立发挥识别作用时,也需要考虑对包装、装潢中其他构成要素的利益保护。判断包装、装潢能够拆分保护需要考虑两个因素:

一是当事人主张的包装、装潢保护范围。当事人如果在诉讼中并未明确主张对包装、装潢的部分要素进行拆分保护,则不宜在相同或相近似的判定过程中,对个别要素进行单独比对,并进行拆分保护。本案中,江苏某食品公司在一审庭审中明确其请求在本案保护的有一定影响的包装、装潢的特征,包括"瓶身上半部分标注注册商标标识,由'特种兵'中文字样、横排的五个黑色五角星和白底内嵌黑边的盾形图案组成,'特种兵'中文字样上方有七个人像剪影"。江苏某食品公司已于一审法庭辩论终结前明确其请求保护的包装、装潢包含"特种兵"文字及盾牌图形。因此,江苏某食品公司在再审审理过程中,又主张将与涉案商标构成相同的文字及图形从保护范围中剥离,缺乏事实与法律依据,本院对此不予支持。据此,再审法院判断涉案包装、装潢能否获得《反不正当竞争法》保护的基础,应当以江苏某食品公司一审阶段明确主张的包装、装潢的构成要素为准。

二是涉案包装、装潢的实际使用情况。《反不正当竞争法》保护的包装、装潢是经过使用具有一定影响的包装、装潢。上述商业标识是基于使用获得保护的,因此,商业标识的使用状态决定了它的保护范围。如果涉案包装、装潢的使用过程中,各要素之间紧密联系,则不宜在事后人为拆分保护。本案中,发挥识别商品来源作用的是涉案包装、装潢整体。从商标标志要素来看,"特种兵"文字及盾牌图形元素是涉案包装、装潢的显著识别部分。其原因在于:首先,根据一审审理查明的事实,江苏某食品公司无论在广告宣传中订立的代言合同,还是产品销售过程中订立的产品经销合同书,以及在产品包装印刷合同等交易文件中都突出使用了"特种兵"文字,因此,对于"特种兵"生榨椰子汁产品,"特种兵"文字在其中发挥主要识别作用。其次,涉案包装、装潢的其他元素识别性较弱。在涉案包装、装潢中,特种兵商标含有的"特种兵、THE SPECIAL ARMS"文字、七名士兵的剪影、盾牌图形、五角星图形等元素均占据涉案包装、装潢的显著位置。在"特种兵"商标之外,涉案包装、装潢的其他要素或是与"特种兵"相关的元素,如瓶身整体的迷彩图案,或是商品名称,如"生榨椰子汁""植物蛋白饮料"。因此,"特种兵"商标元素是涉案包装、装潢的显著识别部分。

从包装、装潢的其他元素与"特种兵"标志的关系来看,涉案包装、装潢的其他元素与"特种兵"商标标志相同的元素难以分离。涉案包装、装潢是以"特种兵"为核心进行的设计构思,涉案包装、装潢的整体颜色和包装外形均与特种兵相关。江苏某食品公司主张其蓝白相间的迷彩图案源于海洋与椰汁的颜色,但从涉案包装、装潢整体看,社会公众更容易将迷彩图案与处于包装、装潢显著位置的特种兵元素联系起来。江苏某食品公司此项主张难以成立。因此,"特种兵"文字及图形部分为涉案包装、装潢的核心组成部分,而非可以随意替换的要素。

在江苏某食品公司请求保护的涉案包装、装潢的整体中,与涉案商标标志构成完全相同的"特种兵"文字以及盾牌图形具有较为显著的识别作用,且蓝白迷彩等图案构成与上述文字及图形组合的关联程度较高,即实际上是以上述文字与图形组合含义为核心进行的设计构思,故作为包装、装潢构成要素的"特种兵"文字及盾牌图形,对涉案包装、装潢可保护性的判断具有重要影响,不宜将其拆出而单独保护涉案包装、装潢的其他元素。

三、以具有不良影响的商业标识作为显著识别部分的包装装潢不宜受到《反不正当竞争法》保护

根据《反不正当竞争法》第1条的规定,《反不正当竞争法》的立法目的在于通过制止不正当竞争行为,鼓励和保护公平竞争,保护经营者和消费者的合法权益。因此,经营者请求保护的包装、装潢只有在不损害他人及社会公共利益的情况下,才能够成为《反不正当竞争法》保护的合法权益。换言之,如果包装、装潢的显著识别部分是可能损害公共利益的商业标识时,包装、装潢与该商业标识均不具有获得法律保护的正当性基础。否则,将导致无法依据《商标法》获得保护的标志,反而能够通过《反不正当竞争法》获得保护的不良导向。

本案中,在已有生效判决认定"特种兵"文字及盾牌图形作为商标注册将产生不良影响的情况下,涉案包装、装潢将与上述商标构成完全相同的文字及图形部分作为显著识别部分,且包装、装潢中的其他构成要素均与上述文字及图形具有较高关联程度,易引发消费者将包装、装潢的整体与"特种兵"产生联想,此时涉案包装、装潢同样不应当作为《反不正当竞争法》意义上的具有一定影响的包装、装潢进行保护。

解读撰写人:最高人民法院　戴怡婷

法答网问题链接

本案例回答了法答网第 E2023111700010 号问题,即知名商品特有包装装潢如何认定的问题。

包装、装潢复合了商标、商品名称等多种具有识别性的商业标识,是多种权益的结合体,相关仿冒行为的认定是司法实务中的难点。案例明确了《反不正当竞争法》中仿冒纠纷的审理思路,即先判断包装装潢是否属于法律规定禁止作为商业标识使用的情形,其次是判断该包装装潢是否具有一定影响。如果包装装潢中包含具有不良影响的商业标识,且该标识构成包装装潢的主要识别部分,此时该包装装潢不能作为知名商品特有包装装潢获得《反不正当竞争法》的保护。案例对《反不正当竞争法》意义上具有一定影响的包装装潢的界定具有参考价值,有助于统一此类案件的法律适用。

入库案例编号：2023－09－2－176－016　　法答网问题编号：E2024072500015

21. 侵害技术秘密纠纷中损害赔偿数额的认定
——某集团公司等诉嘉兴市某化工公司等侵害商业秘密纠纷案

入库案例适用参考

关键词

民事　侵害商业秘密　技术秘密　损害赔偿数额　共同侵权　连带赔偿责任

裁判要旨

权利人举证证明被诉侵权人非法获取了完整的产品工艺流程、成套的生产设备等技术秘密，且被诉侵权人已经实际生产出相同产品的，人民法院可以根据优势证据规则和日常生活经验推定被诉侵权人使用了全部技术秘密。

侵害涉案技术秘密的恶性程度、危害后果、侵权时间、妨碍诉讼等可以作为人民法院以销售利润计算损害赔偿的考虑因素。被诉侵权行为相关产品的销售利润难以确定的，人民法院可以以被诉侵权行为相关产品的销售量乘以权利人相关产品的销售价格及销售利润率为基础计算损害赔偿数额。

关联索引

《中华人民共和国反不正当竞争法》（2019年修正）第9条、第17条（本案适用的是2018年1月1日施行的《中华人民共和国反不正当竞争法》第9条、第17条）

基本案情

一审:浙江省高级人民法院(2018)浙民初25号民事判决(2020年4月24日)

二审:最高人民法院(2020)最高法知民终1667号民事判决(2021年2月19日)

再审:最高人民法院(2021)最高法民申3890号民事裁定(2021年10月19日)

在再审申请人某集团公司、宁波某科技股份公司、某香料(宁波)公司、傅某、王某与被申请人嘉兴市某化工公司、上海某技术公司侵害技术秘密纠纷案中,嘉兴市某化工公司、上海某技术公司向浙江省高级人民法院提起诉讼,认为某集团公司、宁波某科技股份公司、某香料(宁波)公司、傅某、王某(以下统称再审申请人)侵害其享有的"香兰素"技术秘密,请求判令被诉侵权人停止侵害并赔偿经济损失和维权合理开支共计5.02亿元。

浙江省高级人民法院于2020年4月24日作出(2018)浙民初25号民事判决:判令被诉侵权人停止侵害,某集团公司、宁波某科技股份公司、傅某连带赔偿经济损失300万元、维权合理开支50万元,共计350万元;某香料(宁波)公司对其中7%即24.5万元承担连带赔偿责任。除王某外,本案各方当事人均不服,向最高人民法院提起上诉。二审中,嘉兴市某化工公司、上海某技术公司将其赔偿请求降至1.77亿元(含维权合理开支)。最高人民法院于2021年2月19日作出(2020)最高法知民终1667号民事判决:撤销原判,五被诉侵权人停止侵害,某集团公司、宁波某科技股份公司、傅某、王某连带赔偿经济损失和维权合理开支共计1.59亿元,某香料(宁波)公司对其中7%即1115万元承担连带赔偿责任。

某集团公司、宁波某科技股份公司、某香料(宁波)公司、傅某、王某不服二审判决,向最高人民法院申请再审。

最高人民法院于2021年10月19日作出(2021)最高法民申3890号民事裁定:驳回某集团公司、宁波某科技股份公司、某香料(宁波)公司、傅某、王某的再审申请。

裁判理由

最高人民法院审查认为：

一、关于再审申请人是否实施了侵害涉案技术秘密的行为

1. 再审申请人是否获取并使用了全部185张设备图以及15张工艺流程图

经原审审理查明，再审申请人经由案外人冯某某获取200张设备图和14张工艺流程图。各方当事人均认可上述图纸中有184张设备图、14张工艺流程图与涉案技术秘密的载体相同，宁波某科技股份公司提供给某特公司的设备图中有37张与被申请人的设备图相同，且包含在再审申请人获取的上述图纸范围内。同时，宁波某科技股份公司提供给某特公司的脱甲苯冷凝器设备图、宁波某科技股份公司的2015年《年产6万吨乙醇、4万吨丁烯醛、2万吨山梨酸钾、0.6万吨香兰素生产项目环境影响报告书》（以下简称2015年环境影响报告书）附15氧化单元氧化工艺流程图虽然未包含在冯某某提交的图纸之内，但也在涉案技术秘密范围内，因此，原审法院认定再审申请人非法获取包含涉案技术秘密的185张设备图以及15张工艺流程图并无不当。

再审申请人否认其从冯某某处获取200张设备图和14张工艺流程图，并主张冯某某的证言多次前后矛盾，不应采信。本院认为，原审判决综合嘉兴市南湖区公安分局多次询问笔录的记载以及庭审中冯某某的证言，认定有关事实并无不当，再审申请人未提交相反证据推翻原审判决的相关认定。

再审申请人否认原审法院自某特公司调取的图纸由其提供。根据在案证据，嘉兴市南湖区公安分局调取了宁波某科技股份公司向某特公司提供的设备图105张，其中部分设备图显示设计单位为南通某有限公司，部分图纸上有傅某、费某某签字或"技术联系傅工01516859018X 王龙"字样，傅某确认该移动电话号码为其所有。再审申请人对此未提交相反证据，原审判决认定自某特公司调取的图纸系由宁波某科技股份公司等提供并无不当。

原审判决认定再审申请人使用的8个非标设备记载于宁波某科技股份公司提供给某特公司的设备图中，而5张工艺流程图来源于2015年环境影响报告书，且上述设备与工艺仅占生产香兰素的全部设备与工艺的一小部分,因此,再审申请人根据上述设备与工艺流程存在差异主张其未实际使用的理由不能成立。

2015年环境影响报告书附件13、附件14、附件19、附件21虽与涉案技术秘密中的对应技术信息存在差异,但上述差异并非实质不同,某集团公司等在获取涉案技术秘密后进行规避性或者适应性修改即可实现,二审判决认定上述附件13、附件14、附件19、附件21依然使用了涉案技术秘密并无不当。

某集团公司、宁波某科技股份公司等在再审审查中仅主张上述附件14显示其使用的是反萃技术,而非涉案技术秘密中的愈创木酚回收工段。上述附件14木酚萃取单元流程图与嘉兴市某化工公司的木酚萃取工段工艺管道及仪表流程图相比,仅缺少甲苯回收工艺流程信息。某集团公司、宁波某科技股份公司等再审申请人未提交其实际使用的全套设备及工艺流程图,亦未提交相关的完整研发记录,某集团公司、宁波某科技股份公司关于其愈创木酚回收工段与涉案技术秘密存在实质差异的再审申请理由不能成立。

再审申请人虽然主张化工生产中各工段相对封闭,可以自行选择设计具体设备,但却未对其使用的设备与工艺流程的改动进行说明,亦未提供有效的证据证明其进行了相应研发。再审审查过程中再审申请人虽提供了小试记录,但被申请人对该记录的真实性持有异议,再审申请人亦未提交完整的记录原件,由于存储小试记录的电脑主机系某集团公司提供,因此,仅有对该电脑主机存储小试记录进行保全的公证书尚不足以证明相关小试记录未被修改,其真实性难以确认。而且,再审申请人并未提供中试记录、小规模工业生产记录等相对完整的研发过程,难以认定其自行研发或通过其他途径获得完整工艺流程和相应设备。加之香兰素生产设备和工艺流程通常具有配套性,其生产工艺及相关装置相对固定。某集团公司、宁波某科技股份公司等再审申请人并未提交其整套香兰素生产工艺流程和装置设备的设计图纸与构思,相反,其在提供给某特公司的图纸以及2015年环境影响报告书都使用了非法获得的设备图和工艺流程图。而且,上述再审申请人在其设立后的较短时间内实现了香兰素的工业化生产。综上,二审法院推定再审申请人使用了全部185张设备图和15张工艺流程图并无不当。再审申请人提交10号专家意见、厂房图纸、安全评价报告和分析报告等证据不足以推翻二审相关认定。

2. 王某是否实施了共同侵权行为

根据原审审理查明以及本院补充查明的事实,某集团公司于1995年6月8日成立,王某是某集团公司的主要股东,持有该公司97.28%的股份,并担任该公司的监事。2009年10月,王某又与某集团公司共同投资设立了宁波某科技股份公司,目前王某仍持有该公司15%的股份,并担任该公司的法定代表人。2015年11月20日,宁波某科技股份公司出资成立宁波某有限公司,王某任法定代表人。2017年6月22日,宁波某科技股份公司将其持有的宁波某有限公司51%的股权出售给某科学有限公司与某股份公司。2017年7月26日,宁波某有限公司企业名称变更为某香料(宁波)公司,公司经营范围为香兰素的研发、生产、销售和交易等,王某担任该公司董事长。由此可见,某集团公司、宁波某科技股份公司以及某香料(宁波)公司是股权结构紧密的关联公司。王某通过直接出资或间接持股等方式可以对宁波某科技股份公司以及某香料(宁波)公司实现较强的资本控制。同时,王某在上述两公司均担任公司高级管理人员,对上述两公司具有较强的决策控制。

根据原审法院审理查明的事实,2010年4月12日,冯某某、傅某等三人前往某集团公司与王某洽谈香兰素生产技术合作事宜,迅速达成《香兰素技术合作协议》,约定由冯某某、傅某等人以香兰素新工艺技术入股王某集团香兰素分厂。傅某根据该协议获得40万元人民币的对价,随后将含有涉案技术秘密的U盘经冯某某转交给王某。上述协议签订之时,傅某还是嘉兴市某化工公司的车间副主任,王某理应知晓傅某提供的香兰素生产工艺只能来源于嘉兴市某化工公司,但王某仍然作为项目负责人具体参与香兰素的项目建设,并如前所述在生产经营中使用了傅某提供的技术资料。2010年5月,傅某正式加盟后立即启动香兰素生产线的建设,宁波某科技股份公司大量定购香兰素生产线的各种设备,在此过程中宁波某科技股份公司还从嘉兴市某化工公司挖走多名精通香兰素生产工艺的员工。由此可见,宁波某科技股份公司成立后进行的香兰素生产主要依靠王某获取使用涉案技术秘密。此后,宁波某科技股份公司又出资设立了以香兰素为主营业务的某香料(宁波)公司,王某仍担任某香料(宁波)公司的高级管理人员。综上所述,二审判决认定王某与某集团公司、宁波某科技股份公司等构成共同侵权并无不当。

二、关于二审判决认定的赔偿数额是否适当

再审申请人为证明其香兰素生产销售处于亏损状态,向本院提交了69号报告。由于该份报告系基于再审申请人提供的销售收入明细账及相关资料进行的专项审计报告,该财务数据并非《民事诉讼法》所规定的新的证据。况且,原审审理期间再审申请人曾拒不提供相关财务账册。因此,本院对69号报告不予采信。201号报告关于嘉兴市某化工公司的实际损失系基于某集团公司等提供的生产销售数据出具,同理对201号报告的上述结论亦不予采信,二审判决综合考虑下列因素,按照香兰素生产产品的销售利润计算本案侵权损害赔偿数额并无不当。

1. 再审申请人以不正当手段获取、使用涉案技术秘密的恶意明显

本案中,王某、某集团公司、宁波某科技股份公司在投资上马香兰素项目时未通过合法途径获取相关工艺技术,而是明知嘉兴市某化工公司为全球两大香兰素生产厂家之一,掌握较为先进的乙醛酸法生产香兰素的技术,却主要依靠利诱嘉兴市某化工公司的员工傅某以及其他员工,并使用傅某提供的涉案技术秘密,在傅某到某集团公司工作后迅速购买香兰素生产设备,较短时间内就实现了香兰素的工业化生产。宁波某科技股份公司还以实物方式出资设立宁波某有限公司,主要生产香兰素。傅某则作为知悉涉案技术秘密的员工,主动寻求与某集团公司等进行合作,披露、使用或者允许他人使用以不正当手段获得的涉案技术秘密,主观恶意明显。某香料(宁波)公司由宁波某有限公司更名而来。虽然公司成立后宁波某科技股份公司转出部分某香料(宁波)公司的股权,但仍是某香料(宁波)公司的主要股东,二审判决认定某香料(宁波)公司是某集团公司、宁波某科技股份公司为使用涉案技术秘密生产香兰素而设立的公司并无不当。

2. 某集团公司等对被申请人的生产经营产生了严重冲击

根据原审审理查明的事实,涉案技术秘密包括了乙醛酸法生产香兰素

的 287 张设备图和 25 张工艺流程图,某集团公司等被诉侵权人非法获取了其中 185 张设备图和 15 张工艺流程图,占比为 64.10%。287 张设备图中含有 60 张设备主图,而某集团公司等再审申请人非法获取了其中 41 张设备主图,占比为 68.33%。某集团公司等非法获取及使用的涉案技术秘密数量多。且涉案技术秘密具有较高的商业价值,某集团公司等再审申请人利用涉案技术秘密快速实现香兰素工业化生产,其产品销往全球市场并迅速占领 10% 左右的市场份额。

3. 拒不执行法院裁判

某集团公司、宁波某科技股份公司、某香料(宁波)公司侵权行为自 2010 年起至 2018 年本案立案,持续时间较长。特别是原审法院作出行为保全裁定,责令立即停止侵害涉案技术秘密后,再审申请人还拒不执行原审法院的生效行为保全裁定,仍继续实施侵害涉案技术秘密的行为。此外,在原审审理过程中,某集团公司等再审申请人拒绝提交侵权产品销售数量等证据。原审法院要求再审申请人提交其定制生产香兰素产品专用设备的图纸,但再审申请人始终称没有整套图纸,这与年产 5000 吨的香兰素生产线的行业惯例不符。

再审申请人主张二审判决使用的销售利润未扣除相关税费,属于销售毛利润,据此计算的损害赔偿数额有误。某集团公司等再审申请人在本案中拒不提交与被诉侵权行为有关的财务账册,因此二审判决无法直接依据其实际销售香兰素产品的数据计算其销售利润,原审证据中并无嘉兴市某化工公司 2011—2017 年的主营业务的税金及附加费用等财务数据,因此二审判决参照嘉兴市某化工公司香兰素的销售金额与销售成本计算王某集团等的销售利润率,具有合理性。

再审申请人主张,某集团公司、宁波某科技股份公司自认其 2013 年香兰素的产量为 2000 吨系非法获得证据,不应采纳。但二审判决同时考虑了宁波某科技股份公司 2011 年获准投产的香兰素年产量为 5000 吨,四年后即 2015 年再次申报并获准新建 2 套共 6000 吨香兰素生产装置,某集团公司、宁波某科技股份公司、某香料(宁波)公司 2018 年 4 月 1 日至 2019 年 3 月 1 日以及 2019 年香兰素产量均超过 2000 吨等多种因素,因此,二审判决综合确定被诉侵权产品年生产及销售的数量是2000吨并无不当。

再审申请人主张,二审判决在损害赔偿计算中未考虑涉案技术秘密的贡献率以及涉案图纸的市场价值。二审判决已经认定涉案技术秘密是嘉兴市某化工公司和再审申请人获取巨大商业利益的核心和关键。某集团公司未进行完整的技术研发,但使用涉案技术秘密就实现了香兰素的工业化生产。仅化工产品的工程设计图的价值及设计费并不能直接体现出涉案技术秘密的贡献率,而且,在原审审理过程中,被申请人提供了损害赔偿数额的初步证据,再审申请人又无正当理由拒不提供有关侵权获利的财务账册,导致用于计算侵权获利的基础事实无法确定,原审判决作出相关认定并无不当,再审申请人的此项再审申请理由不能成立。

综合考虑再审申请人侵害涉案技术秘密的恶性程度、危害后果、侵权时间、妨碍诉讼等具体情节,二审判决认定的损害赔偿数额具有合理性和适当性,再审申请人的再审申请理由不能成立。

案例解读

本案是人民法院史上侵害商业秘密纠纷案生效判决中判赔金额最高的案件,判赔金额高达1.59亿元,并入选最高人民法院知识产权法庭"2020年十件技术类知识产权典型案例"。本案判决在技术秘密的使用行为认定、法定代表人共同侵权认定、侵权损害赔偿数额计算等多个问题的处理思路和论证说理都具有较强的典型意义和指导意义。

一、关于涉案技术秘密使用行为的认定

技术秘密是具备秘密性、价值性和保密性的技术信息。技术秘密可以是完整的技术方案,也可以是构成技术方案的部分技术信息;可以是完整的工艺流程、成套的生产设备,也可以是相对碎片化的技术参数、设备尺寸等。侵害技术秘密纠纷案件中对使用行为的认定与产品专利民事侵权案件不同,后者的当事人通过公证购买等方式可以相对容易地获得被诉侵权产品,进而可以在通过拆解等方式固定被诉侵权产品的技术方案后进行侵权比对。相比而言,在侵害技术秘密纠纷案件中,一方面由于权利人请求保护的技术秘密信息量较大、覆盖面较广且可能存在碎片化的现象,另一方面由于被诉侵权技术信息可能涉及温度、配比等,有时难以直接获得,导致此类案件普遍存在发现难、举证难、比对难的特点,在权利人已经举证证明被诉侵权人非法获取涉案技术秘密并至少部分使用上述技术秘密的情况下,人民法院应当充分考虑涉案技术秘密的特点、被诉侵权行为的情节、性质及当事人提供的反证情况,运用优势证据规则作出事实认定。

本案中,二审法院在确认一审法院关于被诉侵权人使用部分涉案技术秘密的事实认定的基础上,综合考虑了涉案技术秘密的整体性、配套性特点,以及被诉侵权人已经实际量产侵权产品,并结合被诉侵权人拒不提供研发数据等举证妨碍的事实,推定被诉侵权人使用了非法获取的全部涉案技术秘密。具体而言,首先,本案中,某集团公司、宁波某科技股份公司、某香料(宁波)公司、傅某已经从嘉兴市某化工公司处非法获取了涉案全部技术秘密,包括185张设备图和15张工艺流程图在内的完整香兰素生产工艺流程和设备图纸。香兰素生产设备和工艺流程通常具有配套性,其生产工艺及相关装置相对明确固定,某集团公司等被诉侵权人已经实际建成香兰素项目生产线并进行规模化生产,故其必然拥有制造香兰素产品的完整工艺流程和相应装置设备。其次,某集团公司等被诉侵权人拒不提供有效证据证明其对香兰素产品的完整工艺流程和相应装置设备进行了研发和试验,且其仅用了1年左右的时间就上马香兰素项目生产线并实际投产。与之相比,嘉兴市某化工公司从研发涉案技术秘密到建成生产线至少用了长达4年多的时间。再次,某集团公司等被诉侵权人未提交有效证据证明其对被诉技术方案及相关设备进行过小试和中试,且其又非法获取了涉案技术图纸,同时宁波某科技股份公司的环境影响报告书及其在向案外人购买设备的过程中均已使用了其非法获取的设备图和工艺流程图。最后,虽然某集团公司、宁波某科技股份公司的香兰素生产工艺流程和相应装置设备与涉案技术秘密在个别地方略有不同,但其未提交证据证明这种不同是基于其自身的技术研发或通过其他正当途径获得的技术成果所致。同时,现有证据表明,某集团公司等被诉侵权人是在获取了涉案技术秘密后才开始组建工厂生产香兰素产品,即其完全可能在获得涉案技术秘密后对照该技术秘密对某些生产工艺或个别配件装置作规避性或者适应性修改。这种修改本身也是实际使用涉案技术秘密的方式之一。①

二、关于法定代表人共同侵权的认定

法定代表人既是自然人,又是公司的代表。在侵害技术秘密纠纷、专利权侵权纠纷等知识产权民事案件中,权利人经常以被诉侵权公司的法定代表人参与了被诉侵权相关的生产经营活动(例如,以其个人账户收取货款、以其个人控制的媒体平台发布侵权产品信息、以个人所有房产存放被诉侵权产品等为由),主张法定代表人与公司构成共同侵权。法定代表人实施了与被诉侵权产品相关的生产经营行为是否可以认定其与公司构成共同侵权,仍应根据共同侵权的构成要件并结合案件事实进行具体分析。最高人民法院在 SMC 株式会社与乐清市中气气动科技有限公司、倪某某侵害发明专利权纠纷案[最高人民法院(2018)最高法民再 199 号判决]中认为,《侵权责任法》第 8 条②规定的共同侵权的要件是:加害主体为两人或者两人以上,各加害人主观上具有共同意思,各加害人彼此的行为之间客观上存在相互利用、配合或者支持,各加害人行为造成的损害后果在其共同意思的范围内。本案与上述 SMC 株式会社案的不同之处在于,本案系侵害技术秘密纠纷,当事人以不正当手段获取技术秘密亦可构成侵权。王某以利诱方式从傅某处获取涉案技术秘密,其行为是个人行为抑或代表宁波某科技股份公司作出的行为。对于这个问题,如果仅局限于王某利诱傅某并获取涉案技术秘密这个单一事实,则难以解答,还应回归共同侵权的构成要件并结合案件其他事实,特别是宁波某科技股份公司、某香料(宁波)公司本身的登记成立及生产经营情况加以认定。如果被诉侵权企业系其法定代表人或者实际控制人专门为从事侵权而登记成立,客观上该企业的生产经营主要系实施被诉侵权行为,且该法定代表人或者实际控制人自身积极参与实施侵权行为,则可以认定该法定代表人或者实际控制人与法人共同实施了侵权行为,

---

① 《关于审理侵犯商业秘密民事案件的规定》第9条规定:"被诉侵权人在生产经营活动中直接使用商业秘密,或者对商业秘密进行修改、改进后使用,或者根据商业秘密调整、优化、改进有关生产经营活动的,人民法院应当认定属于反不正当竞争法第九条所称的使用商业秘密。"虽然该司法解释自2020年9月12日起施行,但是上述规定可以印证本案的审理思路和处理结果。

② 现为《民法典》第1168条:"二人以上共同实施侵权行为,造成他人损害的,应当承担连带责任。"

并应依法承担连带法律责任。

根据本案查明的事实,宁波某科技股份公司是其法定代表人王某和某集团公司(王某任公司监事)共同出资成立,自成立后短期内即完成香兰素生产线建设并大量生产、销售香兰素产品。同时,某香料(宁波)公司是宁波某科技股份公司以香兰素生产设备出资成立的公司,主要产品为香兰素,自2017年成立至2020年始终由王某担任法定代表人。结合以上事实,可以认定宁波某科技股份公司、某香料(宁波)公司是王某专为侵害涉案技术秘密而成立的公司,其中王某实施了利诱傅某并获取涉案技术秘密的行为,其个人意志和宁波某科技股份公司、某香料(宁波)公司的侵权意志高度一致,其个人行为也和其他被诉侵权人存在分工配合,并造成侵权后果,应认定构成共同侵权。

此外,对于王某是否构成共同侵权,一审法院认为:"法人人格独立是公司法的基本价值取向,本案中,香兰素技术转让协议的签订、履行和付款,涉案技术秘密的获取、使用均以某集团公司和宁波某科技股份公司名义完成,王某的行为并未明显超出其法定代表人职务行为的范畴。"诚然,法人人格独立是公司法的基本价值取向,但是法人人格独立不是绝对、彻底的,而是要根据案件事实考虑是否适用,以及是否需要"刺破公司面纱"。《全国法院民商事审判工作会议纪要》提出,只有在股东实施了滥用公司法人独立地位及股东有限责任的行为且该行为严重损害了公司债权人利益的情况下,才能适用公司人格否认的规定;损害债权人利益,主要是指股东滥用权利使公司财产不足以清偿公司债权人的债权。公司人格否认的规定旨在矫正有限责任制度在特定法律事实发生时对债权人保护的失衡现象,而《公司法》第20条并非针对法定代表人以公司名义侵害知识产权的行为。结合本案宁波某科技股份公司、某香料(宁波)公司是王某专为侵害涉案技术秘密而成立的公司等事实,本案不能简单基于法人人格独立排除王某承担侵权责任。

三、关于损害赔偿数额的认定

本案的被诉侵权行为从2010年起至少持续到2020年本案开庭时,即被诉侵权行为跨越了2017年和2019年《反不正当竞争法》的实施期间,而2019年《反不正当竞争法》规定了惩罚性赔偿,并且《民法典》也规定了惩罚性赔偿,本案最终适用了2017年《反不正当竞争法》,未适用2019年《反不正当竞争法》判令惩罚性赔偿,主要原因在于嘉兴市某化工公司与上海某技术公司一审、二审始终主张损害赔偿数额仅计算至2017年年底。此外,二审法院在判决中也特别指出,对于2018年以来仍在持续的侵害涉案技术秘密行为,嘉兴市某化工公司与上海某技术公司可以依法另行寻求救济。

根据2017年《反不正当竞争法》及相关司法解释的规定,侵害技术秘密纠纷案件的赔偿数额按照权利人实际损失、侵权人侵权获益、根据侵权行为的情节判决300万元以下法定赔偿的先后顺序计算,并且可以参照侵犯专利权的损害赔偿额的方法进行确定。嘉兴市某化工公司与上海某技术公司二审主张三种赔偿计算方式:(1)按营业利润计算,即以某集团公司、宁波某科技股份公司及某香料(宁波)公司生产和销售的香兰素产品数量乘以嘉兴市某化工公司同期香兰素产品销售价格及营业利润率为基数,乘以1.5倍为惩罚性赔偿;(2)按销售利润计算,即以某集团公司、宁波某科技股份公司及某香料(宁波)公司同期生产和销售的香兰素产品总量乘以嘉兴市某化工公司同期香兰素产品的销售价格及销售利润率;(3)按价格侵蚀计算,2011—2017年因某集团公司、宁波某科技股份公司及某香料(宁波)公司的侵权及不正当竞争行为对嘉兴市某化工公司香兰素产品的价格侵蚀损害高达7.9亿元。以价格侵蚀来计算实际损失,虽然在外国有相关判例,但是在中国司法实践中尚未存在先例,这种计算方式所依据的数据以及计算方法是否与中国司法实践相契合仍有待研究,但其价格侵蚀高达7.9亿元的结论可以旁证侵权行为情节之恶劣、后果之严重,可以作为判赔参考因素。在实际损失难以确定的情况下,应考虑是否可以根据侵权获利计算损害赔偿额。《审理专利纠纷案件适用法律问题的若干规定》(2015年第二次修正)第20条第2款规定:"专利法第六十五条规定的侵权人因侵权所获得的利益可以根据该侵权产品在市场上销售的总数乘以每件侵权产品的合理利润所得之积计算。侵权人因侵权所获得的利益一般按照侵权人的营业利润计算,对于完全以侵权为业的侵权人,可以按照销售利润计算。"上述"侵权行为的情节",一般可以考虑商业秘密的性质、商业价值、研究开发成本、创新程度、所带来的竞争优势以及侵权人的主观过错、侵权行为的性质、具体行为、后果等因素。本案判赔主要考虑了以下要点：(1)某集团公司等被诉侵权人非法获取涉案技术秘密的手段恶劣。某集团公司、宁波某科技股份公司、王某采取现金及股权收买等方式，策划、利诱掌握涉案技术秘密的嘉兴市某化工公司员工傅某到宁波某科技股份公司工作，并在傅某到宁波某科技股份公司工作后立即上马香兰素项目。傅某为个人利益出卖涉案技术秘密，主观恶意极为明显。(2)某集团公司等被诉侵权人不仅非法获取了大量记载有涉案技术秘密的图纸，还大量使用了其非法获取的涉案技术秘密，特别是实际使用了其非法获取的涉案技术秘密的关键技术。(3)某集团公司、宁波某科技股份公司、某香料(宁波)公司持续、大量使用侵害涉案技术秘密的设备及工艺流程生产香兰素产品。一审法院作出行为保全裁定，责令立即停止侵害涉案技术秘密后，某集团公司、宁波某科技股份公司、某香料(宁波)公司等依然无动于衷，继续实施侵害涉案技术秘密的行为，不仅表明其主观恶意极深，也构成对法律与司法权威的藐视。(4)涉案技术秘密是嘉兴市某化工公司、某集团公司、宁波某科技股份公司、某香料(宁波)公司香兰素产品占据全球市场份额并创造巨额利润的重要因素，具有较高的商业价值，某集团公司等被诉侵权人侵害涉案技术秘密的行为对全球市场形成严重冲击。(5)某香料(宁波)公司、宁波某科技股份公司均系实际上以侵权为业的公司。(6)某集团公司等被诉侵权人拒绝提交侵权产品销售数量等证据，存在举证妨碍、不诚信诉讼等情节。

此外，由于某集团公司、宁波某科技股份公司及某香料(宁波)公司在本案中拒不提交与侵权行为有关的账簿和资料，二审法院无法直接依据其实际销售数据计算销售利润。考虑到嘉兴市某化工公司香兰素产品的销售价格及销售利润率可以作为确定某集团公司、宁波某科技股份公司及某香料(宁波)公司相关销售价格和销售利润率的参考，为严厉惩处恶意侵害技术秘密的行为，充分保护技术秘密权利人的合法利益，二审法院决定以嘉兴市某化工公司香兰素产品2011—2017年的销售利润率来计算本案损害赔偿数额，即以2011—2017年某集团公司、宁波某科技股份公司及某香料(宁波)公司生产和销售的香兰素产量乘以嘉兴市某化工公司香兰素产品的销售价格及销售利润率计算赔偿数额。

解读撰写人:最高人民法院　朱理　陈律

法答网问题链接

本案例回答了法答网第 E2024072500015 号问题,即侵害技术秘密行为的损害赔偿确定中如何考量商业机会因素?

侵害商业秘密的认定标准及损害赔偿额的参考因素和计算依据一直是侵害商业秘密案件审理中的难点。案例明确了人民法院以销售利润计算损害赔偿的考虑因素,即侵害涉案技术秘密的恶性程度、危害后果、侵权时间、妨碍诉讼等。若销售利润难以确定,人民法院可以以被诉侵权行为相关产品的销售量乘以权利人相关产品的销售价格及销售利润率为基础计算损害赔偿数额。案例在审理思路和论证说理方面对于同类案件的办理都具有参考价值。

入库案例编号:2023-13-3-024-021　　法答网问题编号:E2023121300017

22. 区别技术特征的合理划分

——庞某诉国家知识产权局及原审第三人某新技术公司专利权无效行政纠纷案

入库案例适用参考

关键词

行政　专利权无效行政纠纷　发明专利　技术方案　技术特征

裁判要旨

1. 技术方案是由技术特征组合形成的一个整体,技术特征相互之间存在配合关系。对于技术特征的理解,应当综合考虑其在整体技术方案中实现的相对独立的特定技术功能、产生的技术效果以及所运用的技术手段,不应割裂该技术特征与其他技术特征之间的有机联系,忽视其在整体技术方案中所发挥的作用。

2. 要在全面、准确理解相关技术方案的基础上,合理划分技术特征,并确定区别技术特征是否被公开。在判断现有技术公开的某一技术特征与区别技术特征是否相同时,应考虑它们在各自技术方案中所起到的作用是否相同。

3. 当区别技术特征未被对比文件公开亦非公知常识时,本领域技术人员难以将该区别技术特征引入最接近的现有技术,含有该区别技术特征的权利要求中请求保护的技术方案对本领域的技术人员来说已属非显而易见。

关联索引

《中华人民共和国专利法》(2020年修正)第22条第3款(本案适用的是2008年12月27日修正的《中华人民共和国专利法》第22条第3款)

基本案情

一审:北京知识产权法院(2018)京73行初2911号行政判决(2019年1月30日)

二审:最高人民法院(2019)最高法知行终4号行政判决(2019年8月5日)

某新技术公司是涉案专利号为201310058356.6、名称为"产品质量追溯防伪系统及追溯防伪方法"的发明专利(以下称本专利)的专利权人。庞某作为专利无效宣告请求人对涉案专利提出无效宣告的请求,认为该专利不具备创造性,应当宣告无效。国家知识产权局针对其无效请求作出被诉决定,认定涉案专利具备创造性,维持涉案专利有效。庞某不服,提起行政诉讼,请求撤销被诉决定并重新作出无效审查决定。北京知识产权法院于2019年1月30日作出(2018)京73行初2911号行政判决,驳回庞某的诉讼请求,维持被诉决定。

庞某不服一审判决,向最高人民法院提起上诉,请求撤销一审判决,撤销被诉决定。最高人民法院于2019年8月5日作出(2019)最高法知行终4号行政判决:驳回上诉,维持原判。

裁判理由

最高人民法院裁判认为:

1. 对于技术特征的理解应当综合考虑其在整体技术方案中实现的相对独立的特定技术功能、产生的技术效果以及所运用的技术手段。庞某上诉主张区别技术特征A的一部分特征"在被追溯产品上设有唯一性标志"已经被证据1公开,证据1未公开的是唯一性标志在本专利权利要求1中的消费者核验方式。庞某的上述主张未整体考虑唯一性标志这一技术特征在进行验证时与其他技术特征的配合对应关系。这种碎片化的理解,脱离了该技术特征在技术方案中的作用,既不符合本领域技术人员对技术特征的认知,也不符合专利申请文件的基本撰写要求。

2.对于区别技术特征A的验证方式的理解不能脱离唯一性标志与消费验证码以及流通信息之间的相互配合关系,要在全面、准确理解相关技术方案的基础上,分解技术特征,并确定区别技术特征是否被证据所公开。证据2公开的是在使用条形码明码和暗码进行防伪验证时,条形码暗码与条形码明码作为验证入口,分别扫描,分别进行真伪验证,并未公开仅将其中一个条形码作为验证入口进行验证的技术方案,亦没有使用唯一性标志与消费验证码及产品流通信息进行对应核对。故证据2公开的防伪识别方法与区别技术特征A采取的技术方案并不相同。

3.在判断现有技术公开的某一技术特征与区别技术特征是否相同时,应当考虑它们在各自技术方案中所起到的作用是否相同。区别技术特征A限定了从信息码读取唯一性标志与消费验证码以及产品流通信息进行配合。证据3虽然公开了用于唯一标记产品的唯一性标志,但没有公开验证码,缺少相互配合进行唯一对应的防伪验证方式。可见,证据3中虽然公开了名称为"唯一性标志"的技术特征,但以该技术特征为构成要素的证据3的防伪验证方式,与区别技术特征A中涉及唯一性标志及其在防伪验证中起到的作用和使用方法并不相同。难以认定证据3公开了本专利区别技术特征A。原审法院关于证据3未公开信息码和唯一性标志之间的配合关系,因此未公开区别技术特征A的认定正确。

4.发明是否具备《专利法》规定的创造性,需要根据对本领域的技术人员来说,要求保护的发明相对于现有技术是否显而易见来判断。通常按照以下三个步骤进行:第一,确定最接近的现有技术;第二,确定发明与最接近的现有技术之间的区别技术特征,根据该区别技术特征所能达到的技术效果确定发明实际解决的技术问题;第三,从最接近的现有技术和发明实际解决的技术问题出发,判断要求保护的发明对本领域的技术人员来说是否显而易见。在判断是否显而易见的过程中,要确定现有技术整体上是否存在技术启示,即是否给出将区别技术特征应用到最接近的现有技术以解决发明实际要解决的技术问题的启示。这种启示使本领域的技术人员面对所述技术问题时,有动机改进该最接近的现有技术并获得要求保护的发明。本案中,现有技术是否公开了区别技术特征 A 是判断整体上存在启示的基础。如前所述,区别技术特征 A 均未被证据1、证据2和证据3所公开,区别技术特征 A 亦非公知常识。在这种情况下,本领域技术人员难以将区别技术特征 A 引入证据1以解决本发明实际要解决的技术问题,含有区别技术特征 A 的权利要求 1 请求保护的技术方案,对本领域的技术人员来说非显而易见。此时,分析在证据1基础上能否结合证据2、证据3得到本专利权利要求1技术方案的技术启示,已无必要。

综上所述,庞某关于涉案专利权利要求 1 相对于证据1、证据2、证据3 的结合不具备创造性的理由不能成立。由于权利要求 2 至要求 7 直接或间接引用了权利要求 1,庞某关于权利要求 2 至要求 7 不具备创造性的理由亦不能成立。庞某的上诉请求不能成立,应予驳回。被诉决定对涉案专利权具备创造性的认定正确,程序合法。原审判决认定事实清楚,适用法律及判决结论正确,应予维持。

案例解读

本案是"产品质量追溯防伪系统及追溯防伪方法"发明专利权无效纠纷二审案件,涉及《专利法》第 22 条第 3 款关于创造性的评价。本案的典型性在于,技术特征"唯一性标志"存在于区别技术特征 A 中,区别技术特征 A 由多个技术特征组成。如何理解其中的技术特征,如何判断该区别技术特征是否被公开,以及在创造性"三步法"的判断中,能否不再进行技术启示的判断,在没有证据表明区别技术特征已经被公开时,径行认定不具备创造性。

一、认识技术方案要求应从整体技术方案出发对技术特征进行理解

专利申请中请求保护的技术方案与现有技术方案是否存在区别技术特征以及如何理解区别技术特征,是判断技术方案可专利性的重要前提。技术特征的理解是当事人在专利行政授权确权以及专利侵权纠纷中的"兵家必争之地"。认定权利要求与最接近现有技术之间的区别技术特征,应当以权利要求记载的技术特征为准;未记载在权利要求中的技术特征不能作为对比的基础,当然也不能构成区别技术特征。对于如何确认区别技术特征,《专利审查指南》没有明确提出。实践中,与同一个现有技术方案相比对,有可能出现认定区别特征的不同结果。有将权利要求文字记载中不同于对比文件的内容均确认为区别技术特征,如将名称相同的部件确认为相同的技术特征,名称不同的部件确认为不同的技术特征;也有从技术特征所起的功能或作用出发,以相对独立实现技术功能作为标准划分区别技术特征。发明和实用新型的技术方案的判断主体是"所属领域技术人员",该主体对技术内容本身的认知是理解技术特征的基础。应当以其所属领域的知识,理解申请要求保护的技术内容以及现有技术实际上公开的技术内容,并将其与最接近的现有技术公开的技术特征进行逐一对比。在理解技术特征的含义以及对比文件技术方案的范围时,应当考虑请求保护的技术方案的整体内容以及对比技术方案的整体内容,避免局限于技术特征本身的理解忽视了整体技术构思;尤其是区别特征是由几个技术特征组成并包含多个技术手段时,整体理解技术方案就显得更为重要。否则,从技术特征本身出发容易忽略技术特征间的联系,导致脱离技术方案本身而进行错误的比对,出现事实认定的偏差,尤其是在技术方案中存在相互不可分开的技术特征时更应注意。本案对于区别特征 A 中"唯一性标志"的理解,凸显了对于技术方案进行整体理解的审判思路。

二、技术方案是由技术特征组合形成的一个整体,技术特征相互之间存在配合关系

本案的区别特征 A 是由多个技术特征组成的区别技术特征,这是本案对存在争议的"唯一性标志"进行理解的前提。本案区别特征 A 是:本专利的防伪凭证还包括唯一性标志,并且,在消费验证时,消费者通过与数据库服务器(1)联网的公众查询终端(6),利用附着在被追溯产品上的产品追溯防伪凭证(3)上的信息码(8)读取数据处理中心(9)所存储的该产品身份信息和流通信息,并通过产品追溯防伪凭证(3)上的消费验证码(10)进行验证。在消费验证过程中,同时利用在数据库服务器(1)中的数据处理中心(9)中所记录的带有唯一性标志(2)的该产品的产品身份信息和各流通过程中的流通信息,在消费者购买或在执法检查时,通过公众查询终端(6),核实唯一性的该产品的流通过程的流通信息,根据对该产品的唯一性标志(2),该产品的流通过程的流通信息和消费验证码(10)的唯一对应的核对,实现对该产品是否假冒伪劣的识别。

对区别技术特征A中记载的技术特征"唯一性标志"进行准确理解,要明确技术方案是由技术特征组合形成的一个整体。权利要求是解决特定技术问题的技术方案,组成权利要求的每个技术特征都是为解决该特定技术问题服务的。因此,技术特征与技术方案之间以及技术方案中各个技术特征彼此之间存在配合关系。在权利要求记载的技术方案中,技术特征本身和它在该技术方案中所起的作用密不可分,割裂两者会使技术特征脱离技术方案和技术方案所要解决的技术问题,成为简单的技术术语。技术特征在该技术方案中所起的作用,应当是在与其他技术特征配合下发挥的作用,通常不可能是该技术特征具有的所有作用。因此,认识到技术方案是由技术特征组合形成的一个整体非常重要。从本案中请求保护的技术方案可知,区别技术特征A的信息码、唯一性标志以及消费验证码在多个阶段相互配合,信息码是产品防伪验证的入口,利用信息码读取数据处理中心存储的产品身份和流通信息;唯一性标志、消费验证码在读取信息码后进行验证,即利用信息码读取产品的身份信息和流通信息后,利用数据处理中心中所记录的带有唯一性标志的产品身份和流通信息验证。在数据处理中心,唯一性标志与身份、流通信息一同记录以便验证。此外,利用消费验证码进行验证时,唯一性标志仍在发挥作用,即利用数据处理中心带有唯一性标志的产品身份和流通信息。

从某种程度上讲,技术特征是受限于技术方案的技术特征,在比对时就必须注意技术特征间的关联。无论是对权利要求请求保护的技术方案中的技术特征事实认定,还是对证据或对比文件中公开的技术方案中的技术特征事实认定,都应当考虑到技术方案中技术特征之间的配合关系。如前所述,本案中,就是将多个技术特征组合而成的区别技术特征A作为技术方案进行了整体理解,从各个技术特征之间的配合关系分析了各技术特征的具体含义。该专利申请中,由于区别技术特征A所限定的各个特征之间彼此存在嵌套的关系,技术特征相互之间存在配合关系;因此,不能割裂该技术特征与其他技术特征之间的联系,忽视其在整体技术方案中所发挥的作用。

本案的裁判观点沿袭了最高人民法院(2014)知行字第 43 号裁定①以及最高人民法院(2015)知行字第 195 号裁定②中的相关审理思路,即对于由多个技术特征组合而成的区别技术特征中"唯一性标志"这一技术特征的理解,要综合考虑唯一性标志这一技术特征在整体技术方案中实现的相对独立的特定技术功能、产生的技术效果以及所运用的技术手段。

三、在全面、准确理解相关技术方案的基础上,分解并确定区别技术特征是否被公开

权利要求的技术特征被对比文件公开,不仅要求该对比文件中包含相应的技术特征,还要求该相应的技术特征在对比文件中所起的作用和该技术特征在权利要求中所起的作用相同。相应的技术特征在对比文件中所起的作用,是指该相应的技术特征在对比文件公开的技术方案中实际所起的作用。本案中,区别技术特征 A 限定了信息码、消费验证码和唯一性标志,还限定了通过三个码进行配合验证的方法,但是证据 1、证据 2、证据 3 均未公开三个码进行配合验证的技术方案或给出技术启示。证据 1 中,物流管理码是产品信息录入和读取的入口,虽然具有唯一性,但其使用方式并非区别技术特征 A 作为"唯一性标志"进行防伪验证。证据 2 公开了明码、暗码两个验证入口独立验证的防伪验证方式。但不同于区别技术特征 A 中以信息码作为唯一的验证入口,而且也缺少与消费验证码以及产品流通信息对应核对。证据 3 虽然公开了名称为"唯一性标志"的技术特征,但没有公开验证码,缺少相互配合进行唯一对应的防伪验证方式,与区别技术特征 A 中涉及唯一性标志及其在防伪验证中起到的作用和使用方法并不相同。

判断现有技术是否为公开的某一技术特征时,应考虑它们在各自技术方案中所起到的作用是否相同。而这种判断应当基于上文所述的该技术特征在所限定的技术方案中所承担的作用,在判断技术特征在本专利或者对比文件中的作用认定时,既不能扩大也不能删减,这既是分解技术特征也是

---

① 再审申请人展通公司与被申请人泰科公司及一审被告、二审被上诉人专利复审委员会发明专利权无效行政纠纷案。
② 再审申请人株式会社久保田与被申请人国家知识产权局专利复审委员会、一审第三人泰州现代锋陵农业装备有限公司发明专利权无效行政纠纷案。

判断技术特征是否被公开所应当考虑的因素。

四、区别技术特征未被公开与技术启示有无的关系

根据我国《专利法》第 22 条第 3 款的规定,发明的创造性是指与现有技术相比,该发明具有突出的实质性特点和显著的进步。《专利审查指南》第二部分第四章规定,发明具有突出的实质性特点,是指对所属技术领域的技术人员来说,发明相对于现有技术是非显而易见的。通常而言,在采用"三步法"的创造性判断中,第一步是确定最接近的现有技术,第二步是确定发明与最接近的现有技术之间的区别技术特征,并根据该区别技术特征所能达到的技术效果确定发明实际解决的技术问题,第三步是从最接近的现有技术和发明实际解决的技术问题出发判断要求保护的发明对本领域的技术人员来说是否显而易见。在判断是否显而易见的过程中,要确定现有技术整体上是否存在某种技术启示,即是否给出将区别技术特征应用到该最接近的现有技术以解决发明实际要解决的技术问题的启示,这种启示使本领域的技术人员面对所述技术问题时,有动机改进该最接近的现有技术并获得要求保护的发明。对于所属技术领域的技术人员而言,已知的是最接近的现有技术和包含有区别技术特征的另一项现有技术,未知的是要求保护的发明的技术方案。通常而言,确定现有技术中是否给出了技术启示是评价是否具备创造性的关键步骤;但当区别技术特征未被对比文件公开亦非公知常识时,即使可以结合对比文件,也会因为缺少区别技术特征而不能得到请求保护的技术方案。如在本案中,区别技术特征 A 均未被证据 1、证据 2 和证据 3 所公开,区别技术特征 A 亦非公知常识。在缺少区别技术特征 A 的情况下,即使结合证据 2 和证据 3,也不可能得到权利要求 1 的技术方案。因此,权利要求 1 的技术方案对于本领域技术人员而言,已属非显而易见。此时,再分析是否存在技术启示,已无必要。

解读撰写人:最高人民法院　罗霞　张楠

法答网问题链接

本案例回答了法答网第 E2023121300017 号问题,即专利行政案件的创造性判断中,被告主张公知常识公开了区别技术特征的,被告是否负有举证义务?

技术特征的理解是专利授权确权以及专利侵权纠纷的重要前提。案例确定了从整体技术方案出发理解技术特征的思路,明确要在全面准确理解相关技术方案的基础上,合理划分技术特征,并确定区别技术特征是否被公开,在一定程度上解答了法答网中关于区别技术特征被公知常识公开的相关问题,对同类案件的审理具有参考价值。

入库案例编号：2023－13－2－159－001 ｜ 法答网问题编号：E2023110200028

23. 通用名称的认定及农作物品种名称的规范使用

——某米厂诉某农业公司、某百货公司等侵害商标权纠纷案

入库案例适用参考

关键词

民事　侵害商标权　相关市场　在先注册商标权　通用名称　农作物品种名称

裁判要旨

1. 产品的相关市场并不限于特定区域而是涉及全国范围的，应以全国范围内相关公众的通常认识为标准来判断是否属于约定俗成的通用名称。

2. 在存在他人在先注册商标权的情况下，经审定公告的农作物品种名称可以规范使用于该品种的种植收获物加工出来的商品上，但该种使用方式仅限于表明农作物品种来源且不得突出使用。

关联索引

《中华人民共和国商标法》（2019年修正）第67条第1款（本案适用的是2001年12月1日施行的《中华人民共和国商标法》第59条第1款）

《中华人民共和国商标法实施条例》（2014年修订）第49条（本案适用的是2002年9月15日施行的《中华人民共和国商标法实施条例》第49条）

基本案情

一审：福建省福州市中级人民法院（2014）榕民初字第481号民事判决

(2014年9月24日)

二审：福建省高级人民法院(2014)闽民终字第1442号民事判决(2015年3月18日)

再审：最高人民法院(2016)最高法民再374号民事判决(2017年12月22日)

某米厂为第1298859号"稻花香DAOHUAXIANG"(字母在文字下方，即涉案商标)注册商标专用权人，核定使用商品为第30类大米，有效期自1999年7月28日至2009年7月27日。2014年2月18日，某米厂经过公证程序，在某百货公司大景城分店购买了一袋由某农业公司生产、销售的"乔家大院稻花香米"。公证的大米实物包装袋正面设计为：左上方标注有"金福"二字，上方居中位置标注有"乔府大院"(字体呈竖向排列)和以较小字体标注的"五常大米"四字，正面中间位置以大字体标注有"稻花香(字体中空，底色黑色)DAOHUAXIANG"，正面下方以较小字体标注有"五常市某粮油有限公司[净含量:5kg]"字样。2009年3月18日，黑龙江省农作物品种审定委员会出具的黑龙江省农作物品种审定证书记载：编号为黑审稻2009005，品种名称为"五优稻4号"，原代号为"稻花香2号"，选育单位为五常市利元种子有限公司，选育者为田某太等7人，推广区域为黑龙江省五常市平原自流灌溉区插秧栽培，该品种经区域试验和生产试验，符合推广优良品种条件，决定从2009年起定为推广品种。2013年4月1日，五常市稻米产业商会出具《关于保护五常大米"稻花香"品牌的报告》。同日，又出具《致全市稻农朋友的呼吁书》，并附有村民的签名和村委会的盖章。某米厂以某农业公司生产、销售，某百货公司大景城分店、某百货公司销售的被诉侵权产品侵害其商标权为由，提起诉讼。

福建省福州市中级人民法院于2014年9月24日作出(2014)榕民初字第481号民事判决：某农业公司、某百货公司大景城分店和某百货公司停止侵权行为，某农业公司赔偿某米厂经济损失及合理费用97,000元，某百货公司大景城分店和某百货公司赔偿某米厂合理费用3000元。福建省高级人民法院于2015年3月18日作出(2014)闽民终字第1442号民事判决：撤销一审判决，驳回某米厂的全部诉讼请求。

判决生效后,某米厂向最高人民法院申请再审,请求撤销二审判决,支持其一审诉讼请求。最高人民法院于 2017 年 12 月 22 日作出(2016)最高法民再 374 号判决:二审判决认定"稻花香"属于通用名称,被诉侵权产品的标注方式属于正当使用不构成侵害涉案商标权错误,予以撤销。一审判决结论正确,予以维持。

裁判理由

最高人民法院经审理认为,约定俗成的通用名称一般以全国范围内相关公众的通常认识为判断标准。但是,基于历史传统、风土人情、地理环境等原因,某些商品所对应的相关市场相对固定,如果不加区分地仍以全国范围相关公众的认知为标准,判断与此类商品有关的称谓是否已经通用化,有违公平原则。适用不同评判标准的前提是,当事人应先举证证明此类商品属于相关市场较为固定的商品。

本案中,被诉侵权产品销售范围并不局限于五常地区,而是销往全国各地。在这种情况下,应以全国范围内相关公众的通常认识为标准判断"稻花香"是否属于约定俗成的通用名称。某农业公司提供的证据,多为五常市当地有关部门、稻农或育种人出具的证明材料,媒体报道数量有限。以全国范围内相关公众的通常认识为标准,现有证据不足以证明"稻花香"属于约定俗成的通用名称。

本案中,应当认定某农业公司、某百货公司大景城分店和某百货公司未经许可的生产、销售行为,侵害了涉案商标专用权。关于赔偿损失的具体数额及合理费用的分担,综合考虑本案案情,最高人民法院认为一审判决结果并无不妥,予以维持。

本案的特殊之处在于,某米厂申请注册涉案商标主观上并无恶意,注册商标专用权在全国范围内具有效力,应得到有效保护。根据现有证据,"稻花香 2 号"作为审定公告的品种,对于五常这一特定地域范围内的相关种植农户、大米加工企业和消费者而言,在以"稻花香 2 号"种植加工出的大米上使用"稻花香",主观上也并无攀附涉案商标的恶意。基于公平原则,考虑到双方的利益平衡,最高人民法院认为,对于五常这一特定地域范围内的相关种植农户、大米加工企业和消费者而言,可以在以"稻花香 2 号"种植加工出的大米上规范标注"稻花香2号",以表明品种来源。但需要在此特别强调:该种标注方式仅限于表明品种来源且不得突出使用。

综上所述,二审判决认定"稻花香"属于通用名称,被诉侵权产品的标注方式属于正当使用不构成侵害涉案商标权错误,予以撤销。一审判决结论正确,予以维持。

案例解读

本案所涉"稻花香2号"是我国大米主要产区黑龙江五常地区的优良稻米品种,在五常地区被广泛种植,案件处理结果直接关系到该品种正常的生产经营活动,同时,在市场上假冒"稻花香"的大米商品屡见不鲜,因此,本案的处理也需考虑如何更好地平衡商标权人与该品种生产企业的利益,促进"稻花香"大米市场的规范有序。

一、如何认定约定俗成的通用名称

本案中,为证明"稻花香"属于约定俗成的通用名称,某农业公司先后提交了五常市农业局出具的关于稻花香大米名称的使用证明、五常市龙凤山镇人民政府出具的证明、五常市稻米商业商会提供的《关于五常市稻花香大米品牌维权的综合材料》、"稻花香2号"主要育种人田某太出具的证明材料、媒体的相关报道等证据,并申请证人出庭作证。二审法院据此认为,五常这一特定地域范围内的相关种植农户、大米加工企业和消费者均普遍认为"稻花香"指代的是一类稻米品种。可以认定,基于五常市这一特定的地理种植环境所产生的"稻花香"大米属于约定俗成的通用名称。可见,二审法院实际上认为"稻花香"大米属于由于五常市特定地理环境形成的在该相关市场内较为固定的商品,属于在该相关市场内的通用名称,并非以全国范围内相关公众的通常认识为判断标准。

二审法院作出此认定的依据在于,《关于审理商标授权确权行政案件若干问题的意见》中规定,对于由于历史传统、风土人情、地理环境等原因形成的相关市场较为固定的商品,在该相关市场内通用的称谓,可以认定为通用名称。对于如何理解该规定,笔者认为,其一,基于历史传统、风土人情、地理环境等原因,某些商品所对应的相关市场相对固定。此时,在该相关市场内通用的称谓,可以认定为通用名称。相关市场在本案中主要体现为地域范围如何界定,二审法院实际上认为"稻花香"大米属于五常市这一相关市场内约定俗成的通用名称。其二,适用上述规定的前提为,被诉侵权人应提供证据证明此类商品属于相关市场较为固定的商品。否则,是否构成约定俗成的通用名称,仍应当以全国范围内相关公众的通常认知作为判断依据。本案中,关于"稻花香"大米的相关市场,直接的证据就是"稻花香"大米的销售地域范围。从本案证据看,"稻花香"大米销售范围并不局限于五常地区,而是销往全国各地。在这种情况下,上述前提条件并不满足,对于"稻花香"是否属于约定俗成的通用名称,应以全国范围内相关公众的通常认识为标准。从被诉侵权人提供的上述证据看,以全国范围内相关公众的通常认识为标准,现有证据不足以证明"稻花香"属于约定俗成的通用名称。二审判决认为"稻花香"属于五常地域范围内约定俗成的通用名称,未考虑被诉侵权产品已经销往全国,相关市场超出五常地域范围的实际情况,确有错误。

另外,如果支持某农业公司的主张,认定"稻花香"在全国范围内属于大米的通用名称,表面上是免除了其侵害注册商标专用权的法律责任,但是对于市场上假冒"稻花香"的大米商品则开了方便之门,使之以商品的通用名称为由合法销售,不仅会损害注册商标专用权人的利益,也不是某农业公司及五常地区广大稻农所愿意看到的结果,更是会损害消费者的利益。

二、在有在先商标权的情况下,农作物品种名称如何规范使用

在"稻花香"不构成通用名称的情况下,某农业公司未经许可使用"稻花香"文字和拼音的行为,侵害了涉案商标专用权。但本案中也应考虑某农业公司在其生产销售的大米产品包装上使用"稻花香"文字及拼音以表明大米品种来源的行为,主观上出于善意,并无攀附涉案商标权的故意,对于五常地区范围内的相关种植农户、大米加工企业和消费者而言,是否可以继续使用"稻花香"品种名称,或者如何规范使用以更好地平衡商标权人和审定公告名称使用人的利益?

首先,涉案商标于1998年3月提出申请,于1999年7月28日获得注册。从时间顺序上,涉案商标的申请日远远早于"稻花香2号"水稻的审定公告日,某米厂申请注册涉案商标主观上并无抄袭"稻花香"品种名称的恶

意。注册商标专用权在全国范围内具有效力,应得到有效保护。其次,2009年3月18日,黑龙江省农作物品种审定委员会出具黑龙江省农作物品种审定证书,审定公告了"五优稻4号"、原代号"稻花香2号"的水稻品种。根据2014年《主要农作物品种审定办法》①第32条的规定,品种名称只能是审定公告公布的名称,禁止擅自更改。因此,对于"五优稻4号"、原代号"稻花香2号"的水稻品种名称,在该品种的生产、经营和推广过程中可以继续使用。最后,考虑到本案实际情况,为了更好地平衡商标权人和农作物品种名称使用人的利益,对于五常这一特定地域范围内的相关种植农户、大米加工企业和消费者而言,可以在以"稻花香2号"种植加工出的大米上规范标注"稻花香2号",以表明品种来源。但该种标注方式仅限于表明品种来源且不得突出使用,避免进入涉案商标权的禁用权范围,损害商标权人的利益。

解读撰写人:最高人民法院　周翔

法答网问题链接

本案例回答了法答网第 E2023110200028 号问题,即商品通用名称如何认定的问题。

商标侵权纠纷中,商品通用名称的认定是司法实务中的难点。案例明确了产品的相关市场并不限于特定区域而是涉及全国范围的,应以全国范围内相关公众的通常认识为标准来判断是否属于约定俗成的通用名称。对于经审定公告的农作物品种名称,若存在他人在先注册的商标权,审定公告名称使用人可以规范使用于该品种的种植收获物加工出来的商品上,但该种使用方式仅限于表明农作物品种来源且不得突出使用。

---

① 此处引用的是农业部2013年12月27日公布、2014年2月1日起施行的《主要农作物品种审定办法》。2016年,农业部第6次常务会议审议通过《主要农作物品种审定办法》,2016年7月8日公布,自2016年8月15日起施行。《主要农作物品种审定办法》(农业部令2013年第4号)同时废止。根据2018年国务院机构改革方案,农业部的职责,以及国家发展和改革委员会的农业投资项目、财政部的农业综合开发项目、国土资源部的农田整治项目、水利部的农田水利建设项目等职责整合,组建农业农村部,作为国务院组成部门,不再保留农业部。农业部的渔船检验和监督管理、草原防火等职责分别划入交通运输部、应急管理部等国务院组成部门。

入库案例编号:2023-13-2-160-056　　法答网问题编号:E2024013100001

24. 关于专利侵权判断中"为生产经营目的"的认定

——焦某诉某研究所、北京市某局侵害发明专利权纠纷案

入库案例适用参考

关键词

民事　侵害发明专利权　为生产经营目的　主体性质　实际获利

裁判要旨

《专利法》第11条第1款所称"为生产经营目的"既不能简单等同于从事营利性活动,也不能仅仅根据专利实施主体的机构性质认定,而应着眼于专利实施行为本身,考虑该行为是否属于市场活动、是否影响专利权人市场利益等因素综合判断。政府机关、事业单位、公益机构等主要从事公共管理、社会服务、公益事业活动的主体实施专利、参与市场活动且可能损害专利权人市场利益的,可以认定其行为构成"为生产经营目的"。

关联索引

《中华人民共和国专利法》(2020年修正)第11条第1款、第71条(本案适用的是2001年7月1日施行的《中华人民共和国专利法》第11条第1款、第60条)

基本案情

一审:北京知识产权法院(2019)京73民初207号民事判决(2019年10月23日)

二审:最高人民法院(2020)最高法知民终831号民事判决(2020年11月25日)

焦某系专利号为03143241×××× 、名称为"一种增乳壮牛中药饲料添加剂及制备方法"的发明的专利权人。焦某认为,某研究所、北京市某局未经许可,在2006—2008年的科技合作项目中使用了涉案专利方法、制造了涉案专利产品,故向北京知识产权法院提起诉讼,请求判令某研究所、北京市某局停止侵权并赔偿经济损失及维权合理开支2,618,180元。

北京知识产权法院认为,结合某研究所、北京市某局的法人性质,某研究所属于事业单位,北京市某局属政府机关,二者均不具备生产经营的资质,且无证据显示二者合作项目的实施系以生产经营为目的,故认定被诉侵权行为不符合专利侵权要件,于2019年10月23日作出(2019)京73民初207号民事判决:驳回焦某的全部诉讼请求。焦某不服,向最高人民法院提起上诉,主张原审法院关于某研究所、北京市某局不具有"生产经营目的"的认定错误。最高人民法院于2020年11月25日作出(2020)最高法知民终831号民事判决:撤销一审判决;某研究所赔偿焦某经济损失60万元及维权合理开支1.5万元,北京市某局对其中21.5万元承担连带赔偿责任。

裁判理由

法院生效裁判认为:《专利法》将"为生产经营目的"作为专利侵权构成的要件之一,系出于合理平衡专利权人和社会公众利益之目的。在专利侵权判定时,对"为生产经营目的"的理解,应着眼于具体的被诉侵权行为,综合考虑该行为是否属于参与市场活动、是否影响专利权人市场利益等因素综合判断,既不能将"为生产经营目的"简单等同于"实际获利";又不能仅仅根据实施主体的性质认定其是否具有生产经营目的。即使政府机关、事业单位等主体具有公共服务、公益事业等属性,其自身不以生产经营为目的,但其实施了市场活动、损害了专利权人市场利益的,仍可认定具备"为生产经营目的"之要件。本案中,虽然某研究所、北京市某局开展科技合作旨在于促进科研成果向生产力转化,引导和支持当地农业转型发展,带有一定的公共服务和公益事业属性,不直接以生产经营为目的。但是,某研究所和北京市某局在第二期科技合作中,通过当地政府提供资金资助、饲料研究所提供科技成果,形成"院区合作+示范基地+农户"的模式。某研究所、北京市某局生产出的奶牛天然物饲料添加剂产品已经在当地主要奶牛场、畜场进行了示范和推广,取得了很好的效果。据统计,双方在第二期科技合作中共计培训技术人员和农民10,320人(次),使4500余农户直接受益,创造直接经济效益1.14亿元。可见,涉案项目产生了一定经济效益,并使农民直接获利。某研究所、北京市某局制造、使用涉案专利产品和方法的行为不可避免会侵占焦某涉案专利的可能市场,损害专利权人的市场利益,故某研究所、北京市某局的相关行为具备"为生产经营目的"之要件。

案例解读

本案的难点之一在于如何正确理解与适用《专利法》第11条"为生产经营目的"这一专利侵权认定要件。另一难点则在于应以何种标准划分政府机关、事业单位、公益机构等非生产经营性活动的主体履行自身职责或者不以营利为目的而实施的行为侵权与否的边界。特别是在当前强调并践行依法行政的大背景下,本案所涉问题更具有现实意义。

一、"为生产经营目的"系专利侵权判定要件之一

《专利法》第11条第1款规定:"发明和实用新型专利权被授予后,除本法另有规定的以外,任何单位或者个人未经专利权人许可,都不得实施其专利,即不得为生产经营目的制造、使用、许诺销售、销售、进口其专利产品,或者使用其专利方法以及使用、许诺销售、销售、进口依照该专利方法直接获得的产品。"根据这一规定,专利侵权包括"未经专利权人许可""为生产经营目的"以及"实施专利"等多个构成要件。其中,"为生产经营目的"是构成专利侵权的评价要件之一。《专利法》之所以将"为生产经营目的"作为专利侵权构成的要件,系出于合理平衡专利权人和社会公共利益之目的,进而将部分对专利权人市场利益不构成实质性影响的行为排除在专利侵权之外。

在以往的司法实践中,专利侵权案件的争议焦点往往集中于专利侵权技术方案的比对、具体侵权行为样态的认定等方面,以不符合"为生产经营目的"作为不侵权抗辩的情形相对较少。究其原因,一是在专利侵权诉讼中,权利人通常以侵权产品的制造商、销售商作为被告,该类主体符合"为生产经营目的"是不言自明的,被诉侵权人也极少以不具备生产经营目的作为不侵权的抗辩理由。二是被诉侵权人的制造、销售等侵权行为往往就是生产经营行为,明显具有生产经营目的。

因《专利法》未对"为生产经营目的"进行解释,司法实践中,对于"为生产经营目的"要件的认定存在一定争议。特别是政府机关、事业单位、公益机构在履行公共管理、社会服务职责或者从事公益活动时,使用他人专利技术、生产专利侵权产品是否构成专利侵权,"为生产经营目的"要件的认定和把握就显得格外重要。在过往的案例中,对这一要件的理解与适用仍然存在尺度模糊、标准不清等问题。对于政府机关、事业单位、公益机构为履行公共管理、社会服务职能而实施的行为或者公益活动是否构成专利侵权,往往会从实施主体的机构性质或者主观要件着手,并据此认定不构成专利侵权。例如,在本案中,一审法院就指出:某饲料研究所属于事业单位,北京市某局属于政府机关,二者均不具备生产经营的资质。且两主体实施涉案合作项目的目的在于对奶牛中草药饲料添加剂的研发与示范,并无证据显示该项目的实施系以生产经营为目的。据此,一审法院判决某饲料研究所、北京市某局不构成专利侵权。显然,一审法院是先从实施主体的机构性质出发,再考虑实施主体的主观目的不是从事生产经营活动,这种判断逻辑不符合《专利法》的立法原意。因为从专利制度的立法目的来看,除法律另有规定外,无论何种情况下,只要未经专利权人许可,实施其专利都应被认定为是侵害专利权的行为。由此可见,司法实践中对于"为生产经营目的"的理解还不尽统一。

二、判断"为生产经营目的"要件的考量因素

既然如此,在具体判断是否"为生产经营目的"时,应从哪些方面考虑呢?对此,本案判决明确指出,在认定被诉侵权行为是否符合"为生产经营目的"的要件时,应进行多重考量:一是不能将其简单等同于"实际获利";二是不能仅根据实施主体的机构性质来认定;三是要着眼于具体的被诉侵权行为,综合考虑该行为是否属于参与市场活动、是否影响专利权人市场利益等因素进行判断。

第一,关于实际获利的考量。一般来说,在市场经济环境下,大多数侵权行为人实施专利侵权行为都具有营利目的,实施的侵权行为往往也属于生产经营性活动,在这种情形下,该行为显然具有生产经营目的。但是,当实施主体并不以营利为目的,也没有实际获利时,是否该行为就一定不构成侵权呢?显然,对这一问题的回答是否定的。例如,某家具生产企业为了向公立学校捐赠而制造侵权的课桌椅,显然该家具生产企业实施该行为的初衷并不是营利,客观上也没有实际获利。在这种情况下,如果仅以该家具生产企业没有实际获利就将其排除在侵权之外,显然不利于保护专利权人的合法利益,不利于激励全社会做出创新行为。而且,如果将"为生产经营目的"简单等同于实际获利,那么许多被诉侵权人就会以其生产经营活动并未实际获利作为借口逃避承担侵权责任,这种抗辩理由在司法实践中原则上是不被接受的。

第二,关于实施主体的考量。实施主体通常是直观且容易被认定的。一般而言,当被诉侵权人为从事生产经营活动的自然人或者企业法人时,对该类主体具有"为生产经营目的"的认定通常不存在障碍。但是,当被诉侵权人为政府机关、事业单位、公益机构等主要从事公共管理、社会服务、公益事业等非生产经营性活动主体时,由于这类主体主观上不以营利为目的,客观上实施的行为往往看似也与营利行为无关,如果此时仅以实施主体的机构性质属于非生产经营主体,就简单认定其不具备《专利法》第11条所称的"为生产经营目的",显然对于专利权人是不公平的。如果将大量非生产经营主体的专利实施行为不认定为是侵权行为,使发明人的智力创造成果通过公共管理、社会服务、公益事业等渠道而为社会免费使用,必将难以充分保护专利权人的利益,挫伤专利权人进行发明创造的积极性。而且,关于行政机关在民事活动中的地位,传统的民事审判中已有明确规则:行政机关可以作为民事法律关系的主体,专利侵权案件亦应当予以遵循和承认。例如,专利法上通常认为以私人方式实施专利的行为不构成专利侵权,如某人制造侵权产品供个人使用或者家庭使用,通常不被认定为侵权,但是如果他将自己制造的侵权产品销售给了邻居、朋友,即使数量很少,仍然构成侵权。因此,仅以实施主体的机构性质去判断是否具有生产经营目的,显然是不可取的。

第三,关于具体行为的考量。基于前述分析,实施主体的性质、主观目的、客观结果都不能成为评价被诉侵权人是否具有"为生产经营目的"的标准,唯有具体实施的行为才是判断这一问题的关键。笔者认为,对于《专利法》第 11 条第 1 款所称"为生产经营目的"的理解,应着眼于具体的被诉侵权行为,综合考虑该行为是否属于参与了市场活动、是否实质影响了专利权人市场利益等因素进行认定。如果被诉侵权人在客观上实施或者参与市场活动,对专利权人的市场利益造成实质性影响,可以认定符合"为生产经营目的"要件。在本案中,某饲料研究所、北京市某局在第二期科技合作中,将涉案专利技术和生产的专利侵权产品在大兴区主要奶牛场、畜场进行推广和示范,这实质上就是将专利权人的技术免费推向市场,进行无偿使用,不可避免地会影响权利人本来可以通过技术许可、销售专利产品获得的经济利益。此时,这一行为已实质性地影响权利人的可能市场利益,属于《专利法》所禁止的行为,故应被认定为符合"为生产经营目的"之要件,构成专利侵权。

三、公共管理、社会服务、公益事业应更注重保护知识产权

以公共管理、社会服务、公益事业为目的实施他人专利,虽然通常不具有侵权的主观故意,客观上往往看似也无实际获利,但是此种实施行为使用范围较广、使用人数较多,故其可能比个体侵权给权利人带来更大损害。即便针对强制许可,《专利法》亦明确规定取得实施强制许可的单位或者个人应当付给专利权人合理的使用费。因此,对于从事公共管理、社会服务、公益事业的机构和个人,在履行自身职责或者从事公益活动中,应当对其是否存在未经许可使用他人专利的行为尽到合理审查义务,并向专利权人支付合理的使用费。未尽合理审查义务且未支付使用费的,应当承担相应侵权责任。如在本案中,焦某某提交的《中国农业科学院年鉴 2006》、"中国农业科学院与北京市大兴区科技合作总结表彰暨签字仪式在我院举行"报道等证据记载的内容表明,某饲料研究所、北京市某局开展科技合作旨在促进科研成果向生产力转化,引导和支持大兴区农业转型发展,带有一定的公共服务和公益事业属性,不直接以生产经营为目的。但是,通过大兴区人民政府提供资金资助、某饲料研究所提供科技成果,二者在第二期科技合作中,已

经将涉案专利技术和生产的被诉侵权产品在大兴区主要奶牛场、畜场进行大范围示范和推广，有大量的技术人员和农民参与了技术培训和学习，并直接获得了一定的经济效益。这种技术推广，不可避免地侵占涉案专利的可能市场，损害专利权人的可能市场利益。即使某饲料研究所、北京市某局实施的行为是为了公益目的，也不能免除侵权责任。关于这一问题，域外也有类似的判例，在美国 Douglas v. United States 案中，美国政府曾经购买了他人拥有专利的6架喷气式飞机和11个备用发动机并使用了4年时间。在专利侵权诉讼中，美国政府也曾抗辩此种使用是为了公共利益。但美国法院最终判定美国政府构成侵权，其理由是使用他人的专利数量大且持续时间长，即使是公共利益也不能成为侵权例外。

　　党的十八届三中全会提出，将完善和发展中国特色社会主义制度，推进国家治理体系与治理能力现代化作为全面深化改革的总目标。当前，知识产权制度已成为全球竞争的重要手段，也成为我国推进国家治理体系与治理能力现代化的重要途径。2020年9月11日，习近平总书记在科学家座谈会上指出，我国经济社会发展和民生改善比过去任何时候都更加需要科学技术解决方案，都更加需要增强创新这个第一动力。因此，我国在推进在国家治理体系与治理能力现代化的重要改革进程中，尤其要尊重知识、尊重创新、鼓励知识创造，要将尊重知识产权、保护知识产权始终贯穿于依法行政、建设法治国家之中，在全社会营造尊重和保护知识产权的良好氛围，从而更好地激励创新，为我国创新驱动发展战略提供有力支撑。

解读撰写人：最高人民法院　傅蕾

法答网问题链接

　　本案例回答了法答网第 E2024013100001 号问题，即如何理解我国专利法第十一条所规定的"制造"？

　　专利侵权认定是司法实务中的难点，各地法院对于《专利法》第十一条"为生产经营目的"的理解不尽统一。案例明确了"为生产经营目的"的判断标准，即着眼于具体的行为，考虑该行为是否属于市场活动、是否影响专利权人市场利益等因素综合判断,而非简单看专利实施主体的性质、主观目的、客观结果,对于正确理解我国《专利法》第十一条中的"制造",合理划定专利侵权行为边界具有参考价值。

入库案例编号:2023-13-2-160-061　　法答网问题编号:E2024052300013

25. 以进一步限定方式修改的权利要求的侵权判定

——台州某公司诉浙江某公司、义乌某商行侵害实用新型专利权纠纷案

入库案例适用参考

关键词

民事　侵害实用新型专利权　权利要求的限定方式　专利权保护范围　损害赔偿

裁判要旨

专利权人在专利确权程序中,以对"权利要求的进一步限定"的方式修改原权利要求,修改后的权利要求所限定的技术方案不落入原各从属权利要求的保护范围,但仍落入原独立权利要求的保护范围,基于该修改后的权利要求专利权被维持有效的,未经许可实施该修改后权利要求技术方案的行为,亦构成对涉案专利权的侵害,有关侵权实施者应当承担损害赔偿责任。但是,由于修改后权利要求的技术方案在原专利权利要求书中并未出现过,基于专利权保护与公众信赖利益平衡的考量,对发生在上述维持专利权有效的行政决定的决定日之前的侵权行为,可以酌减赔偿数额。

关联索引

《中华人民共和国专利法》(2020年修正)第64条(本案适用的是2009年10月1日施行的《中华人民共和国专利法》第59条)

基本案情

一审:浙江省宁波市中级人民法院(2018)浙02民初1956号民事判决(2019年6月20日)

二审:最高人民法院(2019)最高法知民终369号民事判决(2021年2月25日)

台州某公司诉称,浙江某公司制造、销售,义乌某商行销售的自动橡筋机落入涉案专利权利要求1、要求2、要求7的保护范围,构成对涉案实用新型专利权的侵害。故请求判令:(1)浙江某公司停止生产、销售、许诺销售侵害台州某公司享有排他许可权的专利号为201620180916×××的实用新型专利的产品的行为;(2)义乌某商行停止销售、许诺销售侵害台州某公司享有排他许可权的专利号为201620180916×××的实用新型专利的产品的行为;(3)浙江某公司赔偿台州某公司经济损失100万元;(4)浙江某公司、义乌某商行共同赔偿台州某公司调查和制止侵权行为所支付的费用共计15万元。

浙江某公司辩称,在涉案专利的无效宣告程序中,台州某公司主动放弃民事侵权案件中据以主张权利的权利要求(修改前的权利要求1、要求2、要求7)且被国家知识产权局所接受,台州某公司不得在侵害专利权纠纷中再将之纳入专利权保护范围。

法院经审理查明,被诉侵权产品落入涉案专利的修改前的权利要求1、要求2、要求7的保护范围。一审判决后,涉案专利的权利人在案外人就涉案专利所提无效宣告程序中,以对"权利要求的进一步限定"的方式修改了原权利要求,将原从属权利要求7的部分技术特征、以及原从属权利要求9的全部附加技术特征增加到原独立权利要求1中,形成新的独立权利要求1。该新的权利要求1所限定的技术方案,在涉案专利原权利要求书及说明书之中均无完整记载,且不落入原各从属权利要求的保护范围,但仍落入原独立权利要求1的保护范围。国家知识产权局基于该修改后的权利要求维持涉案专利权有效。

浙江省宁波市中级人民法院于2019年6月20日作出(2018)浙02民初1956号民事判决:(1)浙江某公司立即停止制造、销售侵害涉案专利权产品的行为;(2)义乌某商行立即停止销售侵害涉案专利权产品的行为;(3)浙江某公司赔偿台州某公司经济损失23万元,调查和制止侵权行为支出的合理费用5万元,合计28万元;(4)驳回台州某公司的其他诉讼请求。浙江某公司不服,上诉至最高人民法院。最高人民法院于2021年2月25日作出(2019)最高法知民终369号民事判决:(1)维持原审判决第(1)项、第(2)项;(2)撤销原审判决第(3)项、第(4)项;(3)浙江某公司支付台州某公司赔偿费用5万元;(4)驳回台州某公司其他诉讼请求;(5)驳回浙江某公司其他上诉请求。

裁判理由

法院生效裁判认为:专利权人在专利确权程序中,以对"权利要求的进一步限定"的方式修改原权利要求,修改后的权利要求所限定的技术方案不落入原各从属权利要求的保护范围,但仍落入原独立权利要求的保护范围,国家知识产权局基于该修改后的权利要求维持专利权有效的,未经许可实施该修改后权利要求技术方案的行为,亦构成对涉案专利权的侵害,有关侵权实施者应当承担赔偿责任。但是,由于修改后权利要求的技术方案在原专利权利要求书中并未出现过,基于专利权保护与公众信赖利益平衡的考量,对发生在上述维持专利权有效的行政决定的决定日之前的侵权行为,可以酌减赔偿数额。本案中,由于本案被上诉人台州某公司在涉案专利的无效宣告程序中对涉案专利的权利要求进行了进一步限定的修改,目前维持有效的权利要求1,是以修改前的权利要求1为基础,通过增加修改前的权利要求7的"所述的驱动电机为闭环步进电机"这一技术特征以及修改前的权利要求9的全部附加技术特征,进一步限定修改后所形成的权利要求1。修改后的权利要求2、要求7系修改后的权利要求1的从属权利要求,都在涉案专利原始的专利权利要求书之中并不存在。本案被诉侵权产品的生产、销售均发生在涉案专利修改的权利要求被确权之前,因此,浙江某公司之前所生产、销售的落入涉案专利修改后的权利要求1、要求2、要求7的保护范围的被诉侵权产品为侵权产品,浙江某公司应当停止侵权并赔偿台州某公司的经济损失,人民法院在考虑涉案专利类型、本案具体情节、台州某公司为本案所支付的合理开支以及综合考量前述论述的基础上,酌情确定浙江某公司支付台州某公司的经济损失及维权合理开支的赔偿数额为 5 万元。

案例解读

一、问题提出

2017 年我国国家知识产权局在修正《专利审查指南（2010）》时，对专利确权程序中专利文件的修改方式进行了调整，将修改权利要求书的具体方式从"一般限于权利要求的删除、合并和技术方案的删除"调整为"一般限于权利要求的删除、技术方案的删除、权利要求的进一步限定、明显错误的修正"。其中，引起业界最多关注的是"权利要求的进一步限定"这一修改方式的增加。大家关注这一修改方式的缘由较为集中在，通过"权利要求的进一步限定"方式修改专利文本，有可能会出现经过确权程序所确认有效的修改后的权利要求在原始的专利文本之中并不存在之情形。这是对权利要求所作的实质性的修改，原始权利要求存在严重的缺陷。而按照我国之前实行的专利确权程序中有关专利权利要求书的修改方式，经过确权程序所确认的修改后的权利要求肯定都会记载在涉案专利原始的专利文本之中。此时，针对该修改后的权利要求，在后续的侵权纠纷程序中如何判定是否存在侵权行为以及如何确定法律责任，就是摆在法官面前必须要解决的问题。台州某公司诉浙江某公司等侵害专利权纠纷案二审争议的核心问题就在于此。

二、进一步限定方式修改与专利的公示公信

我国国家知识产权局对于专利确权程序中，权利人对专利权利要求书的修改方式进行了调整，将修改权利要求书的具体方式从"一般限于权利要求的删除、合并和技术方案的删除"调整为"一般限于权利要求的删除、技术方案的删除、权利要求的进一步限定、明显错误的修正"。本案涉案专利自授权之时至我国国家知识产权局对确权程序中权利人对专利权利要求书的修改方式进行调整之日，社会公众对涉案专利权的保护范围均是以涉案专利修改前权利要求所确定的保护范围为基础，合理预期涉案专利权利要求所能确定的保护范围，以避免自己实施某一技术方案之时落入涉案专利权的保护范围而侵害涉案专利权。

对于涉案被诉侵权行为，如果按照我国国家知识产权局之前有关确权程序中的权利人对专利权利要求书的修改方式,权利人无论选择"权利要求的删除、合并和技术方案的删除"之中任何一种方式对权利要求进行修改,均不可能获得现在得到确认的修改后权利要求1。如此一来,落入修改前的权利要求1的保护范围的涉案被诉侵权行为,在修改前的权利要求1已经被放弃或无效之后,就不会出现又落入现在获得确认的修改后的权利要求1的保护范围。可见,本案权利人在专利确权程序之中对涉案专利的权利要求所作的进一步限定的修改,本质上是对权利要求所作的实质性的修改,是对原始权利要求存在严重的缺陷的补救。此时,当权利人以"进一步限定"的方式对专利权利要求书修改后,在后续专利侵权程序中有可能产生对社会公众不公平的情形。

专利法的终极目标是社会公共利益,无论是从专利制度之中的"专利公开换保护原则",还是从"权利人与社会公众之间的利益平衡原则"出发,专利权人充分公开专利信息,社会公众充分信任专利权人公开的该信息,通过对专利信息的公示公信实现专利权人与社会公众之间利益的平衡,从而达到从公开到公信的效果。由此,专利权人公开的专利信息必须具备稳定性和有效性。稳定和有效缺一不可,必须协同起效,若顾此失彼,就难以实现从公示到公信。

三、以进一步限定方式修改对专利公信力的减损

专利信息公开后,社会公众对其产生信赖。要在专利权人与社会公众之间实现利益平衡,既要严格保护专利权获得与其作出的发明贡献相当的利益,也要保障社会公众充分获取专利信息的相关利益。而基于常识,在专利文件撰写本身的难度之外,专利申请人或代理人的表达水平及认知能力的局限,可能会导致语言表达和形式规范上的困难或对技术的理解产生偏差。随着对现有技术和发明创造等的理解程度的提高,特别是在侵权纠纷或确权程序中,申请人往往需要根据对发明创造和现有技术的新的理解对权利要求书和说明书进行修正。当然,允许专利权人在专利确权程序中修改专利也考虑到了公众所获得信息的准确性。社会公众正确把握专利权人所给出的技术信息,一方面,有利于其更好地运用或改进该项技术方案;另一方面,社会公众需要一个准确的权利边界去规制自己的行为,清楚知道哪些行为会侵犯专利权人的权利。也正因如此,国家知识产权局在专利确权程序之中对专利权的修改方式增加了"对权利要求的进一步限定"的这一修改方式。

所谓对权利要求作进一步限定的修改方式,是指在权利要求中补入其他权利要求中记载的一个或者多个技术特征,既可补入从属于同一个独立权利要求的技术特征,也可补入从属于不同的独立权利要求的技术特征。这样做其实是缩小了专利的保护范围,对比修改前的情况,是将权利要求合并的修改方式扩大到了允许权利要求当中具体技术特征的补入,原来是以权利要求为修改单位,现在以具体的技术特征为修改单位。

但是,在允许"权利要求的进一步限定"的修改方式下,也会产生以下问题:一方面,从对在先申请原则的影响来看,既可能会使专利权人为抢占一个在先的申请日而将不成熟的技术方案申请专利,在授权后的修改当中再将申请日时尚未完成或者发现的技术方案添加到权利要求中,又可能会使申请人在实质审查及复审阶段缺乏修改的积极性;另一方面,专利权人在专利文本中披露技术方案的动力就可能不足。这将不利于社会公众清楚明了其专利权的保护范围,也不利于潜在发明者获知信息并利用信息进行创新,让社会公众在此基础上继续发明创造。反而成为专利权人滥用专利权,打击竞争者的工具,奖励了权利人却没有达到《专利法》通过激励专利权人公布信息以促进创新的最终目的。可见,按照"权利要求的进一步限定"的修改方式,在缺乏相关配套补充机制的情况下,有可能导致涉案专利权人与社会公众之间的利益失去平衡,不利于专利制度价值目的之实现。增加"权利要求的进一步限定"的修改方式后,对专利信息公开的稳定性和公信力有一定程度的减损,因而需要相关配套制度予以弥补。

四、弥补专利公信减损的方式

专利权人理应披露信息以促进创新,因此,针对本案出现的情形,为了在涉案专利权人与社会公众之间重新实现利益平衡,真正实现专利制度的价值目的,有必要减低或消除"权利要求的进一步限定"的修改方式对专利在先申请制度价值的贬损以及对专利信息公开既往公信力的减损。目前,在我国专利制度中,有两项制度在一定程度上可以弥补专利公信力的减损:

先用权制度与临时保护期制度。在域外专利制度中弥补专利公信力的减损的存在:美国专利制度中的"中用权"制度。

(一)我国弥补专利公信力减损的方式

所谓先用权,是指在专利申请人就某项发明创造向国家专利局提出申请之日前,他人就该项发明创造已经制造出相同产品、使用相同方法或者已经做好制造、使用的必要准备,那么即使在该申请被授予专利权后,他人仍有权在原有范围内继续制造或使用该发明创造。该行为不被视为侵犯专利权。先用权制度产生的根本原因在于,在先申请原则下法律赋予了专利权特有的垄断权性质,专利权人有权排除他人对专利的实施。然而,实际上,最先向专利局提出专利申请的人可能并非最早完成该项发明创造的发明人或设计人。如若实际的最先发明人独立地完成同样的发明创造,并且为该发明创造的制造和使用投入了人力、财力、物力。在此情况下,却被在后授予的专利权完全禁止或者不适当地限制权利的行使,势必不合法理与情理。先用权实际就是此情形对于既往公信力减损的弥补方式。

发明专利临时保护期是指发明专利申请公开日至授权日这段时间。由于申请人还没有被授予专利权而该项发明专利申请所涉及的技术秘密已被公开,因此经常会出现侵权现象。发明专利实行早期公开、延迟审查制度,因此存在专利申请公布日与授权公告日之间的临时保护期。在延迟审查制度下,发明专利申请已经公开但还没有授权,如果允许他人任意实施该发明,对申请人显然是不公平的。为了解决该矛盾,我国设立了发明专利临时保护制度。根据我国《专利法》第13条的规定,发明专利申请公布后,申请人可以要求实施其发明的单位或者个人支付适当的费用。临时保护期实际就是此情形下,对于既往公信力减损的弥补方式。

当然,允许"权利要求的进一步限定"的修改方式,使可能因专利权人申请时的撰写能力不足等问题所导致的欠缺稳定性的专利权,通过修改获得与技术贡献相匹配的相对稳定的专利权,实质上确实缩小了专利权的保护范围,对于专利公开内容的未来公信力却又有所增益。毕竟,社会公众需要一个准确的权利边界去规制自己的行为,只有专利的权利要求稳定,其所界定的保护范围才能明晰,社会公众才能清楚知道哪些行为会侵犯专利权人的权利。因此,该修改也在一定程度上有利于社会公众获得相关信息。社会公众只有正确把握专利权人所给出的技术信息,才能更好地运用或改进该项技术方案。而且,社会公众能够制造出被涉案专利修改后的权利要求所覆盖的产品,尽管其中有其自身的努力和贡献,但亦可能会从专利权人所公开的涉案专利的原始的专利文本中获得相关技术信息,这是其与先用权制度中在先发明人的不同之处,也是其与临时保护期内他人实施已公开但尚未获得授权的发明的技术方案的相似之处。其对专利公信力减损的弥补原理应当是与先用权制度与临时保护期制度相通,因此,在具体规则确定方面,此种情形可以借鉴临时保护期制度,尽可能实现权利人与社会公众利益的平衡。

(二)域外弥补专利公信减损的方式

在美国专利制度中,中用权学说在《1952年专利法》(Patent Act of 1952)之前就提出来了,因为美国法院意识到如果专利权人在授权后程序中修改权利要求,则"已经开始制造、使用或销售特定产品的第三方之前的合法行为可能会侵害修改后的专利权"。中用权学说的逻辑是,假设专利权人拥有有效的专利权,经过再颁后才能继续维持有效。其本质上对权利要求所作的实质性的修改,是原始权利要求存在严重的缺陷。

在美国专利制度中,有两种类型的中用权——绝对中用权和衡平中用权,在《1952年专利法》第252条中分别有规定。绝对中用权是指,如果被诉侵权产品在专利再颁之前已制造或使用,则被告对修改后的权利要求免予承担侵权责任。衡平中用权则是一种自由裁量权,只要被告在再颁之前已经对被诉侵权行为(应是指被诉侵权产品或方法的制造/使用/销售)做好实质性的准备,即使被诉侵权产品在再颁之后制造或使用,被告也免于对修改后的权利要求承担侵权责任。

现在,美国"中用权"制度也并非只针对修改后的权利要求的保护范围扩大的情形,也可以针对修改后的权利要求的保护范围缩小的情形。实质上,美国"中用权"制度适用的前提不在于权利要求保护范围是扩大还是缩小,关键在于是否对专利的权利要求作出了实质性修改,在这种情况下维持有效的权利要求,其公示公信力对于社会公众确实会产生一定程度的影响。

五、结语

本案二审判决有效解决了以进一步限定方式修改权利要求可能带来的对专利公示公信力减损的影响,在一定程度上实现了专利权人与社会公众利益之间的平衡。为此确定如下规则:以进一步限定方式修改权利要求,由于修改后权利要求的技术方案在原专利文本中并未出现过,基于专利权保护与公众信赖利益平衡的考量,对依此方式修改维持有效的权利要求,在后续的侵权纠纷程序中,落入该修改后的权利要求保护范围的被诉侵权技术方案,尽管应当认定被诉侵权技术方案侵权,但在确定赔偿数额时亦应当充分考量该种修改方式对专利公信力减损的弥补。

解读撰写人:最高人民法院　邓卓

法答网问题链接

本案例回答了法答网第 E2024052300013 号问题,即缺少一个以上从属权利要求的技术特征,如何判断产品是否构成侵权?

权利要求书的内容对于保护专利权人的合法利益至关重要,案例明确了以进一步限定方式修改的权利要求的侵权判定标准,厘清了以进一步限定方式修改权利要求对专利公示公信力减损的影响,对于专利侵权的判定具有参考价值。

入库案例编号:2023－13－2－160－069　　法答网问题编号:E2023060800011

26. 销售者合法来源抗辩的审查

——厦门某卫浴有限公司诉邯郸某门市侵害实用新型专利权纠纷案

入库案例适用参考

关键词

民事　专利权侵权　侵害实用新型专利权　合法来源抗辩　客观要件　主观要件

裁判要旨

销售者合法来源抗辩的成立,需要同时满足被诉侵权产品具有合法来源这一客观要件和销售者无主观过错这一主观要件,两个要件相互联系。如果销售者能够证明其遵从合法、正常的市场交易规则,取得所售产品的来源清晰、渠道合法、价格合理,其销售行为符合诚信原则、合乎交易惯例,则可推定其无主观过错。此时,应由权利人提供相反证据。在权利人未进一步提供足以推翻上述推定的相反证据的情况下,应当认定销售者合法来源抗辩成立。

关联索引

《中华人民共和国专利法》(2020年修正)第77条(本案适用的是2008年12月27日修正的《中华人民共和国专利法》第70条)

《最高人民法院关于审理侵犯专利权纠纷案件应用法律若干问题的解释(二)》第25条

基本案情

一审:河北省石家庄市中级人民法院(2019)冀01民初112号民事判决(2019年4月26日)

二审:最高人民法院(2019)最高法知民终118号民事判决(2019年11月8日)

厦门某卫浴有限公司向河北省石家庄市中级人民法院起诉称:邯郸某门市未经专利权人的许可,销售落入涉案专利权保护范围的产品,侵害了厦门某卫浴有限公司的专利权,请求判令邯郸某门市停止侵害并赔偿经济损失及维权合理开支2万元。

河北省石家庄市中级人民法院认为,邯郸某门市销售的被诉侵权产品落入厦门某卫浴有限公司涉案专利权保护范围,但邯郸某门市提交了《销售出货单》,根据涉案产品的价值及交易惯例,可以认定邯郸某门市销售的涉案产品有合法来源,其合法来源抗辩成立,遂于2019年4月26日作出(2019)冀01民初112号民事判决:邯郸某门市停止侵害,驳回厦门某卫浴有限公司的其他诉讼请求。厦门某卫浴有限公司不服,向最高人民法院提起上诉。最高人民法院于2019年11月8日作出(2019)最高法知民终118号民事判决:驳回上诉,维持原判。

裁判理由

法院生效裁判认为:产品被制造者推向市场后,对于后续的产品销售者而言,其销售不知道是未经专利权人许可而制造并售出的专利侵权产品,能证明该产品合法来源的,不承担赔偿责任。销售者合法来源抗辩能否成立,需要同时满足被诉侵权产品具有合法来源这一客观要件和销售者无主观过错这一主观要件。对于客观要件,销售者应当提供符合交易习惯的相关证据;对于主观要件,销售者应证明其实际不知道且不应当知道其所售产品系制造者未经专利权人许可而制造并售出。这两个要件相互联系,缺一不可。在判断销售者是否满足合法来源抗辩的主观要件时,如果该销售者能够证明其遵从合法、正常的市场交易规则,取得所售产品的来源清晰、渠道合法、价格合理,其销售行为符合诚信原则、合乎交易惯例,则可推定该销售者实际不知道且不应当知道其所销售产品系制造者未经专利权人许可而制造并售出,即推定该销售者无主观过错。此时,应由权利人来证明侵权者知道或者应当知道其所许诺销售或者销售的是侵权产品,从而否定合法来源抗辩的成立。在权利人未进一步提供足以推翻上述推定的相反证据的情况下,应认定销售者合法来源抗辩成立。

本案中,基于在案证据,可以认定邯郸某门市所销售的被诉侵权产品实际购自山东某卫浴设备有限公司。厦门某卫浴有限公司虽提交了公证保全证据来证明邯郸某门市销售了侵害涉案专利权的产品,但其现有证据不足以证明邯郸某门市对产品来源存在审查疏忽,亦无证据证明邯郸某门市知道或应知其所售产品系侵害他人专利权的产品。邯郸某门市从山东某卫浴设备有限公司购得被诉侵权产品后对外销售,交易链条完整,在案证据不能证明其进货价格及销售价格存在异常之处,符合社会一般交易习惯,因此其所售产品系通过正常商业方式取得,且邯郸某门市已披露被诉侵权产品的生产者信息,结合一般市场交易规则,可以认定邯郸某门市所售产品具有合法来源,其属于正常开展经营活动,并无主观过错,依法不承担赔偿责任。

案例解读

合法来源抗辩作为专利侵权纠纷中销售者最常援引的抗辩事由,《专利法》及相关司法解释均进行了明确规定。但是,在司法实践中,合法来源的认定仍是一大难题。

一、合法来源抗辩的制度意义

（一）维护市场正常流通秩序

专利权是禁止他人以生产经营为目的实施专利技术方案的私权,其基本法律逻辑是以专利技术方案的公开换取对相应市场独占或垄断的专有权利。专利技术方案在被授权后即已向社会公众公开,因此,在是否构成侵犯专利权之行为的判定上,只需要考虑被诉侵权行为人是否未经专利权人许可以生产经营目的实施了专利技术方案,及该行为是否属于《专利法》明确规定的不视为侵犯专利权的行为。但是,在侵权责任承担方面,仍应区分不同被诉侵权人实施的侵权行为种类和其主观心理状态(是否善意)。合法来源抗辩正是基于保护交易安全和正常交易秩序,在权衡权利人和善意销售者利益的基础上所作出的立法选择。作为产品流向最终使用者的实际控制者,销售者对于被诉侵权产品流向市场、侵犯专利权行为的扩大以及专利权人经济损失的增加确实负有一定的责任。但不同于制造者,销售者日常经营时精力主要在于产品销售,而非技术比对或是产品分析,其从业资质、专业技术和识别能力等均明显弱于制造者。而且受保护的专利技术方案可能是产品的内部结构、电子线路等,非经专业人士分析,甚至不经专业机构鉴定,难以确认技术方案的性质。在此情形下,如果对销售者施加过于严苛的法律义务,使销售者将过多的精力投入其不擅长且本不属于其业务范围的产品技术方案鉴别比对中,将不利于其市场经营活动,也不利于专利制度促进技术流通目的之实现。

(二)促进专利侵权源头打击

对于专利技术方案而言,其市场价值的实现一般主要在于专利产品销售所带来的经济收益。而随着市场不断完善,分工不断细化,专利权人获取技术回报的方式不断丰富,可以自行制造获益,也可通过许可他人使用收取许可使用费。但是无论何种方式,制造等前端环节比之于销售等终端环节,在侵权时对专利权人权益造成的损害都更大。并且,从打击侵权行为的效果来看,直接打击制造等源头侵权行为所起到的效果在集中性、及时性、有效性等方面都明显强于打击销售等流通环节。但是限于市场流通环节的复杂性,专利权人因其自身调查取证能力和成本等因素的限制,往往很难通过自身力量找到侵权产品的源头信息或者收集侵权产品源头信息的投入远超过侵权维权获益。而销售者作为专利产品流向市场的重要通道,必然掌握其所销售的专利产品的上游来源。合法来源抗辩以善意销售者提供供货方在内的产品上游来源信息为前提,免除善意销售者赔偿责任,可以有效激励销售者积极主动提供产品来源信息和材料,为专利权人查找侵权源头提供有力帮助,促进专利侵权的源头打击。

综上所述,合法来源抗辩制度通过侵权责任的合理承担和分配,在减轻销售者市场活动风险、保障正常商业经营活动的同时,辅助专利权人查明侵权源头信息、有效维护自身权益,使《专利法》真正发挥出其保护和激励创新的作用。

二、合法来源的认定标准

《专利法》(2008年修正)第70条规定,为生产经营目的使用、许诺销售或者销售不知道是未经专利权人许可而制造并售出的专利侵权产品,能证明该产品合法来源的,不承担赔偿责任。该条规定了销售者合法来源抗辩成立的两个要件,分别是被诉侵权产品具有合法来源这一客观要件和销售者无主观过错这一主观要件。这两个要件相互联系,缺一不可。

(一)客观要件

《最高人民法院关于审理侵犯专利权纠纷案件应用法律若干问题的解释(二)》(以下简称《关于审理侵犯专利权纠纷案件的解释二》)第25条规定,合法来源是指通过合法的销售渠道、通常的买卖合同等正常商业方式取得产品。合法来源抗辩制度的目的之一就在于激励实际掌握相关证据的销售者主动提供产品来源信息和材料,以促进专利侵权的源头打击。并且客观要件中所涉及的是积极事实,因此,理应由主张合法来源抗辩的销售者举证证明产品合法来源。销售者应当举证证明交易行为的真实存在、售出产品型号与交易产品的对应关系、商品来源的明确商家、合理市场对价的支付等。在证明标准的把握上,应当充分考虑是否符合交易习惯,即充分考虑交易主体的类型(自然人、个体公司户还是公司)、标的物的类型(专业产品或者普通产品)、标的物价款的高低、行业或区域的普遍交易方式等。

本案中,佩龙水暖门市提交的相应证据展现了其符合一般交易习惯的完整交易链条,且披露了被诉侵权产品上游生产销售者信息,可以认定佩龙水暖门市所售产品具有合法正当的来源。

(二)主观要件

《关于审理侵犯专利权纠纷案件的解释二》第25条规定,"不知道"是指实际不知道且不应当知道。对于主观要件,销售者应证明其实际不知道且不应当知道其所售产品系制造者未经专利权人许可而制造并售出。但是,主观心理活动本就难于证明,加之合法来源抗辩要求的主观要件所涉及的是消极事实,销售者很难拿出直接证据加以证明。同时,"不应当"也是一个相对抽象的概念,强调的是销售者的注意义务和保障义务而并非只针对销售者当时的主观状态。销售者对于其销售的产品应承担相应的注意义务和保障义务,但是这种义务应当与其能力相当,否则将使民事责任承担出现偏差。因此,在判定销售者是否满足合法来源抗辩的主观要件时,应该充分考虑被诉侵权人和权利人相关行为,合理运用举证责任分配制度并结合相关产品交易一般习惯,综合进行判断。

确定经营者对侵权后果的主观过错,可以从交易价格是否明显或不合理地低于专利产品的市场价格,是否经营过相同或类似的侵权产品并被追究过责任,是否经营过专利权人的产品后又销售被诉侵权产品等方面加以考虑。这其中交易价格明显或不合理地低于专利产品的市场价格的相关证据主要掌握在销售者手中,通过比较合法来源证据中的交易价格和专利产品价格就能得到较为清晰的结论。如果销售者进货的价格明显低于专利产品的市场价格,销售者根据收益与风险应当成正比的一般交易习惯理应提高警惕,对可能存在的专利侵权问题需要承担更多的审查义务,如没有尽到合理的注意义务,其辩称不知道或不应当知道则不具有合理性。对于其他情形,专利权人在举证证明销售者经营过相同或类似的侵权产品并被追究过责任或经营过专利权人的产品后又销售被诉侵权产品等事实上,并不会存在不能克服的举证障碍。因此,如果该销售者能够证明其遵从合法、正常的市场交易规则,且所售产品的来源清晰、渠道合法、价格合理,其销售行为符合诚信原则、合乎交易惯例,则可推定该销售者实际不知道且不应当知道其所销售产品系制造者未经专利权人许可而制造并售出,即推定该销售者无主观过错。此时,应由专利权人来证明侵害行为人知道或者应当知道其所许诺销售或者销售的是侵权产品,从而否定合法来源抗辩的成立。专利权人如未进一步提供足以推翻上述推定的相反证据,则应认定销售者合法来源抗辩成立。

这种举证责任的分配看似增加了权利人的举证责任,其实是符合消极事实证明责任分配的基本原则的,也是符合合法来源抗辩的制度意义的。主张消极事实的当事人对其主张的消极事实一般不应当负举证责任,并且这一推定并非毫无凭证,而是结合销售者举证证明的具体交易过程、交易价格和销售者的能力水平等作出的较为符合一般交易情况的推定。同时,专利权人可以通过多种反证的方式来推翻这一推定,且专利权人可用以推翻这一推定的证据并非不在其掌握范围内或难以取得。并且,作出这一推定前销售者已经提供了其所销售产品的上游来源,为专利权人追究真正侵权行为人的责任提供了材料。考虑到目前越来越多针对终端销售者的专利商业维权行为,明确销售者在举证证明其取得所售产品的来源清晰、渠道合法、价格合理的情况下,推定其无主观过错而合法来源抗辩成立不用承担赔偿责任,有利于充分实现合法来源抗辩维护市场正常流通秩序和促进专利侵权源头打击的制度目的,并在一定程度上抑制专利维权异化的不良趋势,真正实现《专利法》鼓励发明创造、推动发明创造应用、提高创新能力的作用。

解读撰写人:最高人民法院　徐卓斌　罗瑞雪

法答网问题链接

本案例回答了法答网第 E2023060800011 号问题,即知识产权侵权诉讼中销售者合法来源抗辩如何审查?

合法来源抗辩作为专利侵权纠纷中销售者最常援引的抗辩事由,《专利法》及相关司法解释均进行了明确规定。但是,在司法实践中,合法来源抗辩的认定仍是一大难题,尤其是销售者无主观过错这一主观要件的认定问题。案例明确了销售者无主观过错认定中需要考虑的因素以及证据认定规则,在一定程度上回应了法答网中关于销售者合法来源抗辩的司法审查问题。本案例所确立的审查标准对于同类案件的审理具有参考价值。

入库案例编号:2023-13-2-161-002 | 法答网问题编号:E2024011200012

27. 利用他人已授权品种培育新品种后申请品种权及品种审定的行为不构成侵权

——四川某公司诉清远市某科技中心侵害植物新品种权纠纷案

入库案例适用参考

关键词

民事　侵害植物新品种权　品种权申请　品种审定　繁殖材料　科研豁免　商业目的

裁判要旨

利用他人已授权品种培育形成新品种后,为新品种的品种权申请、品种审定、品种登记需要而重复利用该已授权品种的繁殖材料的行为,性质上属于育种活动的继续,其不具有"商业目的",属于科研豁免的情形,不构成对植物新品种权的侵害。但是,获得植物新品种权授权及通过品种审定后,新品种的权利人为向市场推广该新品种,重复使用他人已授权品种的繁殖材料生产该新品种的繁殖材料,仍然需要经过作为该已授权品种的权利人的同意或许可。

关联索引

《中华人民共和国种子法》(2021年修正)第28条、第29条(本案适用的是2016年1月1日施行的《中华人民共和国种子法》第28条、第29条)

基本案情

一审:广州知识产权法院(2018)粤73民初707号民事判决(2020年6

月 30 日）

二审：最高人民法院（2020）最高法知民终 1588 号民事判决（2021 年 3 月 30 日）

四川某公司诉称：清远市某科技中心对"恒丰 A"及"粤禾丝苗"不享有任何权利，其未经同意而使用上述两品种作为父母本，组配出新的品种"恒丰优粤禾丝苗"系违法组配行为，就"恒丰优粤禾丝苗"提交的植物新品种权授权申请和品种审定申请的行为均侵害了四川某公司对上述两品种的植物新品种权，同时，清远市某科技中心申请植物新品种权和申请品种审定的过程中，重复使用"恒丰 A"和"粤禾丝苗"繁殖"恒丰优粤禾丝苗"的行为，构成商业目的的使用，亦侵害了四川某公司的涉案植物新品种权，故向广州知识产权法院提起诉讼，请求判令：（1）清远市某科技中心停止用"粤禾丝苗"重复生产"恒丰优粤禾丝苗"，停止向某省农作物品种审定委员会申请"恒丰优粤禾丝苗"审定，停止向农业农村部植物新品种保护办公室就"恒丰优粤禾丝苗"申请植物新品种权。（2）清远市某科技中心在《中国种业》《农资财富杂志》登报消除侵权行为对四川某公司造成的影响。（3）清远市某科技中心向四川某公司赔偿损失 50 万元。

清远市某科技中心辩称：清远市某科技中心从未从事"粤禾丝苗"和"恒丰 A"的生产和销售行为，不存在侵权行为。清远市某科技中心申请"恒丰优粤禾丝苗"新品种审定及植物新品种权符合法律规定，是清远市某科技中心的正当权益。清远市某科技中心使用"粤禾丝苗"和"恒丰 A"作为父母本组配出的新品种"恒丰优粤禾丝苗"，并且向相关机关提交了该品种的植物新品种权授权申请及品种审定申请，以及为授权申请和品种审定提供所需要的繁殖材料（样本）利用现有品种的繁殖材料重复使用于生产审定品种繁殖材料的行为，均未侵害四川某公司的涉案植物新品种权。

法院经审理查明：四川某公司依法享有"恒丰 A"及"粤禾丝苗"的独占使用权，清远市某科技中心未经同意而使用上述两品种作为父母本，组配出了新的品种"恒丰优粤禾丝苗"，且就"恒丰优粤禾丝苗"提交了植物新品种权授权申请和品种审定申请，清远市某科技中心申请植物新品种权和申请品种审定的过程中，需要重复使用"恒丰 A"和"粤禾丝苗"繁殖"恒丰优粤禾丝苗"。

广州知识产权法院于 2020 年 6 月 30 日作出(2018)粤 73 民初 707 号民事判决:驳回四川某公司的全部诉讼请求。四川某公司不服,向最高人民法院提起上诉。最高人民法院于 2021 年 3 月 30 日作出(2020)最高法知民终 1588 号民事判决:驳回上诉,维持原判。

裁判理由

法院生效裁判认为:法律并不禁止利用授权品种进行育种及其他科研活动。利用授权品种配组形成新品种后,为新品种申请品种权或者品种审定,以及为新品种申请品种权或者品种审定需要而利用授权品种繁殖材料重复使用于生产申请品种的繁殖材料的,均是育种活动的继续,均属于科研豁免的情形。否则,植物新品种仅能存在于实验组配过程中,未经所涉及的品种权人许可则不能进一步申请新的植物新品种授权和品种审定,既不利于判断科研育种是否成功以及育种成果是否优良,又不利于将育种的优良成果向市场推广。清远市某科技中心作为"恒丰优粤禾丝苗"的育种单位,在育种完成之后,其有权就新培育出的该品种申请植物新品种权,无须经过四川某公司同意。对"恒丰优粤禾丝苗"申请植物新品种权和品种审定的行为,是该品种获取植物新品种权和获得优良品种确定的必然步骤,是为获取该品种进入市场推广的准入资格,并非为获得可供上市的新品种种子的行为,其属于科研活动的自然延伸,不构成侵害四川某公司涉案植物新品种权的行为。同时,清远市某科技中心为该品种申请植物新品种权和品种审定时,重复使用"恒丰 A"和"粤禾丝苗"的繁殖材料生产该品种的繁殖材料,该行为之目的仅为申请品种权及品种审定提供审批和审定所需要的材料,仍然系科研育种活动的延续,且未超出合理限度,应当享有科研豁免,不构成侵权。最高人民法院在本案中指出,虽然为植物新品种权申请及品种审定提供审批和审定所需要的材料,在合理范围内重复使用授权品种繁殖材料生产申请品种繁殖材料的行为属于科研活动,不构成侵害他人植物新品种权,但是,获得植物新品种权授权及通过品种审定后,该新品种的权利人面向市场推广该新品种,将他人已授权品种的繁殖材料重复使用于生产该新品种的繁殖材料的,仍然需要经过作为父母系的该已授权品种的权利人的同意或许可。否则,新品种的权利人实施该前述行为即构成侵权,应当承担相应的法律责任。

案例解读

一、问题提出

本案争议的问题为:就利用现有品种育种后的品种权授权申请和品种审定申请是否构成对父本及母本品种权的侵害的问题,包括以下两个具体问题:

(1)利用现有品种育种后,为品种权授权申请提供所需要的繁殖材料(样本)而利用现有品种的繁殖材料重复使用于生产申请品种的繁殖材料的行为,是否构成侵犯父本及母本的品种权?如果不构成侵权,是属于《种子法》第29条规定的"育种及科研活动"例外,还是不具备《种子法》第28条规定的"商业目的"?

(2)利用现有品种育种后,为品种审定申请提供所需要的繁殖材料(样本)而利用现有品种的繁殖材料重复使用于生产申请品种的繁殖材料的行为,是否构成侵犯父本及母本的品种权?如果不构成侵权,是属于《种子法》第29条规定的"育种及科研活动"例外,还是不具备《种子法》第28条规定的"商业目的"?

就以上问题的处理,存在以下三种不同观点:第一种观点认为上述行为不具备"商业目的"而不侵权,第二种观点认为上述行为属于"科研豁免"而不侵权,第三种观点认为上述行为应当作为单独免责事项。具体而言:

第一种观点认为,由于利用现有品种组配新品种的行为属于育种行为,为品种权授权申请以及品种审定申请提供所需要的繁殖材料(样本)而将现有品种的繁殖材料重复使用于生产申请品种的繁殖材料的行为,不具备《种子法》第28条规定的"商业目的"。否则,无法知晓科研育种是否成功以及育种成果是否优良,育种人便无法获得知识产权保护,也无可能将育种的优良成果向市场推广,这显然不符合《种子法》《植物新品种保护条例》激励育种创新、鼓励培育推广良种的立法本意。

第二种观点认为,由于利用现有品种组配新品种的行为属于育种行为,为品种权授权申请和品种审定申请提供所需要的繁殖材料(样本)并将现有品种的繁殖材料重复使用于生产申请品种的繁殖材料的行为,均是育种行为的自然延续,均属于《种子法》第29条规定的"育种及科研活动"范畴,享有豁免权,其行为不构成侵权。

第三种观点认为,品种审定与品种授权,二者性质有别。利用现有品种育种后的品种审定申请行为,其目的在于获取新品种的推广资格,其最终目的就是新品种的推广,故为品种审定申请提供所需要的繁殖材料(样本)而将现有品种的繁殖材料重复使用于生产审定品种的繁殖材料的行为,不宜被认定为不具备《种子法》第28条规定的"商业目的"。但是,从有利于激励育种创新、鼓励培育推广良种的目的来看,将其认定为侵权行为也确实不合适,毕竟其仅仅是为了获取上市推广的资格,而不是最终上市。因此,有必要确定其是否属于一个单独例外的免责事项。

而解决司法实践中上述观点分歧的关键在于,其一,要理顺申请品种授权及申请品种审定与植物新品种培育的关系;其二,要准确理解为申请品种授权及品种审定而重复利用授权品种的繁殖材料的行为定性的法律基础。

二、品种授权、品种审定与植物新品种培育的关系

要确定申请品种授权和品种审定的行为是否能够享受植物新品种培育的科研豁免,精准理解植物新品种培育的概念尤为重要。

所谓植物新品种培育,是指在研究掌握植物性状遗传变异规律的基础上,挖掘和利用各有关植物种质资源,并根据各地区的育种和原有品种基础,采用适当的育种方法与技术,选育适合于该地区生产发展需要的高产、稳产、优质、抗(耐)病虫害及环境胁迫、生育期适当、适应性较广的优良品种或杂种以及新作物。可见,新品种的培育,首先,需要确定育种目标,即确定培育的新品种需要具备哪些优良特性;其次,需要对符合育种目标所涉及的具体性状进行种质资源的收集与挖掘;最后,就是采用育种技术把适合育种目标的个体通过适当的技术手段固定保留下来,育成符合育种目标要求的植物新品种。可见,植物新品种培育是对遗传资源的持续利用和发展,植物育种进步不可避免地需要获取各种形式的育种材料。而且,育种者培育出植物新品种十分不易,需要付出创造性劳动,花费大量时间和精力,才能取得创新性成果。

众所周知,植物新品种培育活动是一个漫长的科研过程,组配只是育种活动中一个关键环节,组配成功并不意味着培育活动即告终结。培育新品种的目的是服务农业生产;关键还在于能够实施,实施才会出效益。法律并不禁止利用授权品种进行育种及其他科研活动。育种者培育出一个新品种并不当然获得植物新品种权,植物新品种权必须要在获得有关部门的授权后方可取得;育种成果是否具备实际应用价值,是否具有优良品质从而具备推广价值,也还需要经过有关部门的品种审定才有可能确定。因此,品种授权与品种审定的申请是植物新品种培育活动的一环,是判断植物新品种培育是否成功的一道程序,是育种者育种活动的继续,是科研活动的自然延续。

具体而言,第一,植物新品种申请权,是指单位就其职工所完成的职务育种或者完成育种的个人就其非职务育种所享有的申请植物新品种的权利和对该植物新品种申请在授权审查程序中依法所享有的权利。植物新品种权并不因培育出新品种而自动取得,申请行为是获取植物新品种权的前置程序,本质是为育种者提供知识产权保护,目的在于通过授予育种者权利形成一种激励创新机制。第二,品种审定,是指品种审定委员会根据申请人的申请,对新育成或者新引进的品种,根据审定标准和规定程序,对该品种的品种试验结果进行审核鉴定,决定该品种能否推广,以及确定其适宜种植区域范围,并由有关部门予以公告的行为。通过品种审定,实际上取得了进入市场的技术资格,但并不意味着就可以直接进行生产和销售,尚须获得行政许可。由主管部门核发生产经营许可证后,才能从事生产经营。

而且,从现实需要来看,《种子法》《植物新品种保护条例》的立法宗旨是鼓励培育和推广良种,相同品种在相同市场之间必然存在的竞争替代性,授权品种权利人要求新品种育种者在申请植物新品种权之前和申请审定之前必须要得到其授权,显然会使申请品种授权和品种审定存在诸多不确定性因素,徒增申请人一方的成本,不利于激励育种创新、鼓励培育和推广良种,有碍增进社会公共利益。况且,我国目前并无法律规定及行业规则要求育种者利用授权品种培育出新的品种后,申请品种授权以及品种审定需要作为父母本的授权品种权利人的许可或同意。如果将品种权申请和品种审定申请理解为不属于科研活动的自然延续,不作为育种者的育种活动的继续,则植物新品种仅能存在于实验组配过程中,根本无法通过品种授权审查和品种审定测试。无法知晓科研育种是否成功以及育种成果是否优良,育种者便无法获得知识产权保护,也无可能将育种的优良成果向市场推广,进而无法满足市场生产实际需要的高产优质新品种,这显然与《种子法》《植物新品种保护条例》激励创新、鼓励培育推广良种的立法精神背道而驰。

三、为申请品种授权及品种审定而重复利用授权品种的繁殖材料的行为定性的法律基础

《植物新品种保护条例》第五章"品种权的审查与批准"之第 30 条第 2 款规定:"因审查需要,申请人应当根据审批机关的要求提供必要的资料和该植物新品种的繁殖材料。"如单纯作文义解释,这里要求提供的"繁殖材料"应当是在技术上完成"育种"之后的技术成果,授权申请似不能包含在上述《种子法》第 29 条"进行育种及其他科研活动"的文义内。但在《种子法》的立法意旨下,通过育种获得植物新品种的意义不仅是促进优良品种的选育和推广,而且是为了赋权,界定植物新品种。根据规定,授权审查应对植物新品种是否符合"新颖性""特异性""一致性""稳定性"进行审查,并保护育种者的合法权益。因此,未经授权的"繁殖材料"在法律上尚不能被称为"植物新品种",只有经过审批授权,该项育种的科研活动才在法律上最终完成。故为申请植物新品种权提供所需要的繁殖材料(样本)而重复使用授权品种繁殖材料的行为,符合《种子法》第 29 条第 1 项规定的立法目的,属于该条规定的"进行育种及其他科研活动"的范围,不具有违法性,不构成侵犯品种权。

《种子法》第 15 条规定:"国家对主要农作物和主要林木实行品种审定制度。主要农作物品种和主要林木品种在推广前应当通过国家级或者省级审定。"审定制度的目的是促进优良品种的选育和推广。审定通过的农作物品种和林木良种因出现不可克服的严重缺陷等情形不宜继续推广、销售的,经原审定委员会审核确认后,撤销审定,由原公告部门发布公告,停止推广、销售。应当审定的农作物品种未经审定的,不得发布广告,进行推广、销售。由上可知,通过品种审定促进优良品种的选育和推广,也需要通过试验对植物新品种是否具备其所声称的"新颖性""特异性""一致性""稳定性"等进行审核,这样才能保护使用人尤其是广大农民的合法权益。品种审定要求必须提供新品种的亲本和所有育种信息,对新品种的主要性状进行测试,且试验内容需要一致。所以,在进行品种审定的同时,还要将符合条件的新品种移交植物新品种保护机关。只有经过品种审定,该项育种的成果才真正有可能走进市场,该项育种的科研活动才能在价值上得到最终确认,品种审定通过乃是该项科研活动最终成果的市场价值体现。因此,为申请品种审定提供所需要的繁殖材料(样本)并重复使用现有品种繁殖材料的行为,属于育种科研活动的自然延续,本身也就符合《种子法》第29条第1项规定的立法目的,可以纳入该条规定的"进行育种及其他科研活动"的范围。该行为不具有违法性,不构成侵犯品种权。

简言之,不能简单地认为有"重复以授权品种的繁殖材料为亲本与其他亲本另行繁殖"即认为有"商业目的",还是要看其行为的最终目的。为品种授权及品种审定之申请提供审批和审定所需要的材料的行为属于科研活动的自然延续,无须认定是否具有相关法律规定所禁止的"商业目的",进而也就无必要认定该行为是否属于《审理侵犯植物新品种权纠纷案件的规定》第2条第3款规定的"被控侵权人重复以授权品种的繁殖材料为亲本与其他亲本另行繁殖的,人民法院一般应当认定属于商业目的将授权品种的繁殖材料重复使用于生产另一品种的繁殖材料"中的"一般"情形或"例外"情形。

此外,根据《种子法》第32条第3款的规定,申请生产经营许可应当征得植物新品种权所有人的书面同意。例如,由A、B两个具有植物新品种权的父母本植物品种组配出C植物品种,解释上应认为A、B、C三项品种均包含在《种子法》第32条第3款的规定范围内。如不能提供A、B、C三项植物新品种权利人的书面同意材料,依据上述规定,主管机关应不予批准申请人取得生产经营许可并核发生产经营许可证,申请人亦不可能实施生产经营行为。如果申请人提供虚假的证明材料并获得了生产经营许可,则当然构成侵权。如未经许可即从事生产经营,构成违法行为,当然也构成侵权。因此,虽然为植物新品种权申请及品种审定提供审批和审定所需要的材料,在合理范围内重复使用授权品种繁殖材料生产申请品种繁殖材料的行为属于科研活动,不构成侵害他人植物新品种权;但是,获得植物新品种权授权及通过品种审定后,该新品种的权利人面向市场推广该新品种,将他人已授权品种的繁殖材料重复使用于生产该新品种的繁殖材料的,仍然需要经过作为父母系的该已授权品种的权利人的同意或许可。否则,新品种的权利人实施该前述行为即构成侵权,应当承担相应的法律责任。

解读撰写人:最高人民法院　邓卓

法答网问题链接

本案例回答了法答网第 E2024011200012 号问题,即植物新品种保护与品种审定、登记存在哪些区别?

种子是农业的"芯片"。近年来,植物新品种权纠纷增幅较大,侵权行为易发多发,需要在司法裁判中明确标准,定分止争。案例明确,利用他人已授权品种培育形成新品种后,为新品种的品种权申请、品种审定、品种登记需要而重复利用该已授权品种的繁殖材料的行为属于育种活动的继续,不具有"商业目的",构成科研豁免。但是这并不意味着新品种的权利人可以不受限制地行使权利。当新品种的权利人为向市场推广该新品种,重复使用他人已授权品种的繁殖材料生产该新品种的繁殖材料时,仍然需要经过作为该已授权品种的权利人的同意或许可。这一认定标准对植物新品种权侵权判定具有参考价值。

入库案例编号:2023-13-2-169-001 | 法答网问题编号:E2023112400005

28. 确认不侵害专利权诉讼地域管辖连接点的确定

——某交通设施公司诉某新能源科技公司确认不侵害专利权纠纷案

入库案例适用参考

关键词

民事　确认不侵害专利权　地域管辖　连接点　侵权行为地

裁判要旨

确认不侵害专利权诉讼属于知识产权侵权诉讼,应当按照《民事诉讼法》第28条的规定确定地域管辖连接点。确认不侵害专利权诉讼中的"侵权行为"应当理解为被警告人涉嫌侵害专利权的行为;相应地,此类诉讼中作为地域管辖连接点的侵权行为地,应当是指被警告人涉嫌侵害专利权的行为实施地及其结果发生地。

关联索引

《最高人民法院关于审理专利纠纷案件适用法律问题的若干规定》(2020年修正)第2条(本案适用的是2015年2月1日施行的《最高人民法院关于审理专利纠纷案件适用法律问题的若干规定》第5条)

基本案情

一审:江苏省南京市中级人民法院(2019)苏01民初2057号民事裁定(2019年8月23日)

二审:最高人民法院(2019)最高法知民辖终 365 号民事裁定(2019 年 11 月 18 日)

某交通设施公司于 2019 年 7 月 24 日向江苏省南京市中级人民法院提出诉讼,请求确认某交通设施公司生产销售的发光地砖组成的智慧斑马线不侵犯某新能源科技公司拥有的实用新型专利权。某新能源科技公司在提交答辩状期间对管辖权提出异议,认为本案应移送至上海知识产权法院审理。

一审法院于 2019 年 8 月 23 日作出(2019)苏 01 民初 2057 号民事裁定,将本案移送上海知识产权法院审理。某交通设施公司不服一审裁定,向最高人民法院提起上诉,请求撤销原审裁定,确认一审法院对本案具有管辖权。

最高人民法院于 2019 年 11 月 18 日作出(2019)最高法知民辖终 365 号民事裁定:撤销原裁定,本案由江苏省南京市中级人民法院管辖。

裁判理由

最高人民法院二审审查认为,本案系因确认不侵害专利权纠纷所引发的地域管辖权争议,焦点问题为原审法院对本案是否具有管辖权。确认不侵害专利权诉讼的制度设置目的在于,为因受到专利权人警告而陷入不安的被警告人提供司法救济,通过确认不侵权诉讼的审理,确定被警告人实施的技术方案是否侵害他人的专利权,从而使其尽快从不安状态中解脱出来,为后续的生产经营作出妥当决策。可见,确认不侵害专利权诉讼的核心仍然在于判断被警告人的行为是否侵犯了他人专利权,与专利侵权诉讼存在密切关联性,可以参照专利侵权案件地域管辖连接点的规定确定地域管辖。确认不侵害专利权诉讼的地域管辖连接点,包括侵权行为实施地、侵权结果发生地。确认不侵害专利权诉讼中的"侵权行为",应当是指被警告人的涉嫌侵害专利权的行为。相应地,确认不侵害专利权诉讼中作为地域管辖连接点的侵权行为地,应当是指被警告人涉嫌侵害专利权的行为实施地及其结果发生地。

在管辖权异议审理阶段,人民法院原则上只需审理与建立案件管辖连接点相关的事实。与建立管辖连接点相关的事实同时涉及案件实体争议内容的,只需审查案件初步证据是否能够证成一个可争辩的管辖连接点事实即可,一般不对案件实体争议内容作出明确认定。本案中,被上诉人即涉案专利权人在给上诉人的客户发出的警告函中指控上诉人涉嫌实施了制造、销售侵害其涉案专利权之产品的侵权行为。一方面,上诉人的住所地位于江苏省南京市,结合上诉人的经营范围,可以认定上诉人在其住所地即江苏省南京市实施了可争辩的制造涉嫌侵权产品的行为;另一方面,二审查明的事实亦初步证明上诉人在江苏省南京市实施了可争辩的销售涉嫌侵权产品的行为。因此,江苏省南京市可以作为本案的地域管辖连接点。虽然被上诉人的住所地位于上海市,上海市亦是本案的地域管辖连接点之一;但是,根据《民事诉讼法》第35条关于"两个以上人民法院都有管辖权的诉讼,原告可以向其中一个人民法院起诉"的规定,上诉人选择在侵权行为地人民法院即一审法院提起本案诉讼,是其行使诉讼处分权的表现,符合法律规定。

案例解读

知识产权的本质属性为私权,既系私权,知识产权权利人自然是自身利益的最佳判断者。我国幅员广阔,市场潜力巨大。受侵权主体分布的广泛性和知识产权侵权行为复杂多样性等诸多因素的影响,对于侵犯知识产权的行为应通过何种救济途径加以制止以有效维护己方知识产权产品市场份额,应当委由权利人根据市场风险、自身经营情况等因素综合考量,并作出妥当决策。司法虽是守护社会公平正义的最后一道防线,但如果一律通过司法程序来解决知识产权侵权争议,于权利人而言无论在维权成本的支出还是争议的及时有效解决上均未必是最佳选项。权利人为尽可能节约诉讼成本并谋求在最短时间内促使侵权人停止侵权,最大限度减少对自身权益的损害,往往会选择先以警告函、律师函的形式向涉嫌侵权者发出警告,并在警告函中声明如果不停止侵权将启动司法诉讼程序,以期达到"敲山震虎,不战屈人之兵"的震慑功效。

一、确认不侵害知识产权诉讼案由的确认

凡事均有正反两面,私力救济亦然。知识产权权利人通过上述私力方式自行救济,相伴而生的是权利人滥发警告而出现的救济异化或失序的消极现象。典型者即个别权利人出于干扰竞争对手正常竞争行为的不法目的,一方面向竞争同行滥发警告函或通过媒体发表侵权警告声明或以起诉竞争同行相要挟,另一方面消极回避与被警告的竞争同行厘清事实,共同协商争议的合理化解,进而既不打算通过提出行政投诉也不打算通过提起民事诉讼来寻求争议的实质处理。于被警告的竞争对手而言,由于权利人发出警告函后何时启动行政或司法救济程序完全取决于权利人意志,致使被警告者处于被动等待"靴子落地"的焦虑境地,进而导致自身的正常生产经营活动陷入要么甘冒侵权风险继续实施,要么无奈从市场回收产品并退出竞争之进退两难境地。受到知识产权权利人指控侵权之警告函的竞争对手为尽早摆脱这种是否构成对他人知识产权侵权的不确定状态,遂产生向人民法院提起诉讼并请求法院确认对权利人所指控的侵权行为是否成立的强烈愿望和动机。

对于确认不侵害知识产权诉讼,人民法院经历了从个案处理到深化认识直至最终承认的过程。确认不侵权诉讼的个案最早可追溯至最高人民法院于2002年7月对江苏省高级人民法院所作的《关于苏州龙宝生物工程实业公司与苏州朗力福保健品有限公司请求确认不侵犯专利权纠纷案的批复》(〔2001〕民三他字第4号)。[①] 最高人民法院在这份批复中,首次针对确认不侵权诉讼阐述了如下观点:"本案中,由于被告朗力福公司向销售原告龙宝公司产品的商家发函称原告的产品涉嫌侵权,导致经销商停止销售原告的产品,使得原告的利益受到了损害,原告与本案有直接的利害关系;原告在起诉中,有明确的被告;有具体的诉讼请求和事实、理由;属于人民法院受理民事诉讼的范围和受诉人民法院管辖,因此,人民法院对本案应当予以受理。本案中,原告向人民法院提起诉讼的目的,只是针对被告发函指控其侵权的行为请求法院确认自己不侵权,并不主张被告的行为侵权并追究其侵权责任。以'请求确认不侵犯专利权纠纷'作为案由,更能直接地反映当事人争议的本质,体现当事人的请求与法院裁判事项的核心内容。"最高人民法院的上述批复,开创了司法审查确认不侵犯知识产权的先河,在我国知识产权审判实践中具有标志性的意义。2009年12月21日,最高人民法院

---

① 该批复已被相关司法解释所替代。

审判委员会第 1480 次会议通过《关于审理侵犯专利权纠纷案件的解释》,其中第 18 条针对确认不侵害专利权诉讼的起诉要件问题专门作出规定:"权利人向他人发出侵犯专利权的警告,被警告人或者利害关系人经书面催告权利人行使诉权,自权利人收到该书面催告之日起一个月内或者自书面催告发出之日起二个月内,权利人不撤回警告也不提起诉讼,被警告人或者利害关系人向人民法院提起请求确认其行为不侵犯专利权的诉讼的,人民法院应当受理。"据此,确认不侵权之诉的受理条件得以明确:(1)权利人向他人发出侵权知识产权的警告;(2)被警告人或者利害关系人经书面催告权利人行使诉权;(3)权利人自收到该书面催告之日起 1 个月内或者自书面催告发出之日起 2 个月内,权利人不撤回警告也不提起诉讼。

通过对上述确认不侵权诉讼的产生背景及该诉讼在我国司法实践发展历程所作的回顾可知,包括确认不侵害专利权诉讼在内的确认不侵害知识产权诉讼的设置,目的在于为因受到专利权人警告而陷入不安的被警告人提供司法救济,通过确认不侵权诉讼的审理,确定被警告人实施的技术方案是否侵害他人的专利权,使被警告者尽快从不安状态中解脱出来,为后续的生产经营作出妥当决策。

二、确认不侵害知识产权诉讼的性质

虽然,确认不侵害专利权诉讼业经司法解释明确了其起诉要件,但关于此诉讼的性质,在理论及实务界向有争议:一种观点认为确认不侵害知识产权诉讼属于侵权诉讼,另一种观点则认为确认不侵害知识产权诉讼属于确认之诉,还有观点认为确认不侵权诉讼既是确认之诉也属侵权之诉。对此,笔者认为,包括确认不侵害专利权诉讼在内的各类确认不侵害知识产权诉讼应当定性为侵权之诉。理由如下:

首先,无论是侵权之诉还是确认不侵权之诉,都存在确认权利归属和被控侵权的行为是否成立等有待查明的事实问题。判断侵权行为是否成立的步骤及法律方法,与一般的知识产权侵权诉讼并无实质性差异。亦即,无论是专利侵权之诉还是确认不侵害专利权之诉,人民法院均须审查权利人指控的侵权事实是否存在。其次,提起确认不侵权之诉的当事人一般都会附带提起因恶意滥发警告造成自身经营利益受损的损害赔偿给付之诉,亦即被控侵权的事实被司法审查认定不成立,则权利人之前对被控侵权人所采取的警告措施对被控侵权人所造成的损害(丧失交易、信誉下降等),被控侵权人可以一并在确认不侵权诉讼中向权利人主张赔偿。同时,人民法院在确认不侵害知识产权诉讼中集中审理被警告者提出的损害赔偿主张,亦符合实质解决纠纷、尽速定分止争的民事诉讼司法理念。最后,从确认不侵权诉讼进入公众视野之日始,最高人民法院对于此类诉讼的定性就是明确的。早在2004年最高人民法院在向河北省高级人民法院作出的《关于本田技研工业株式会社与石家庄双环汽车股份有限公司、北京旭阳恒兴经贸有限公司专利纠纷案件指定管辖的通知》(〔2004〕民三他字第4号)中就明确指出:"确认不侵犯专利权诉讼属于侵权类纠纷,应当依照民事诉讼法第二十九条的规定确定地域管辖。"此后,从最高人民法院2008年制定《民事案件案由规定》和2011年修订《民事案件案由规定》的情况来看,"确认不侵害知识产权纠纷"被明确作为三级案由设置于"知识产权权属、侵权纠纷"的二级案由项下。可见,最高人民法院始终系将包括确认不侵害专利权之诉在内的各类确认不侵害知识产权诉讼作为侵权之诉来对待。[①]

三、确认不侵害知识产权诉讼的地域管辖连接点

明确了确认不侵害专利权诉讼的性质,还需要进一步研究的问题是涉及此类诉讼的地域管辖连接点如何确定。《民事诉讼法》第28条规定:"因侵权行为提起的诉讼,由侵权行为地或者被告住所地人民法院管辖。"《民事诉讼法司法解释》第24条规定:"民事诉讼法第二十八条规定的侵权行为地,包括侵权行为实施地、侵权结果发生地。"因此,确认不侵害专利权诉讼中与"行为"相关的地域管辖连接点,包括了被诉侵权行为实施地和被诉侵

[①] 2008年,最高人民法院印发《民事案件案由规定》,正式将"确认不侵权纠纷"纳入作为三级民事案由,并在该案由下设三类四级案由:(1)确认不侵犯专利权纠纷;(2)确认不侵犯注册商标专用权纠纷;(3)确认不侵犯著作权纠纷。由此解决了确认不侵权之诉的案由问题。2011年,最高人民法院对上述《民事案件案由规定》进行修正,将"确认不侵权纠纷"调整表述为"确认不侵害知识产权纠纷",仍然作为二级案由"知识产权权属、侵权纠纷"项下的三级案由,并将业已于2008年纳入该案由项下的三类案由,即确认不侵犯专利权纠纷、确认不侵犯注册商标专用权纠纷和确认不侵犯著作权纠纷,相应调整表述为确认不侵害专利权纠纷、确认不侵害商标权纠纷和确认不侵害著作权纠纷。2018年,最高人民法院发布《关于补充增加民事案件案由的通知》,在2011年规定的基础上,新增三类四级案由即"确认不侵害植物新品种权纠纷""确认不侵害集成电路布图设计专用权纠纷""确认不侵害计算机软件著作权纠纷"。

权行为的结果发生地。于此产生的问题是：对于确认不侵害专利权诉讼中的"侵权行为地"的含义应当如何理解？关于这一问题的理解，取决于对确认不侵权诉讼所指"侵权行为"含义的准确判断。关于确认不侵权诉讼中"侵权行为"的内涵，实务中存在如下不同认识：

一种观点认为，确认不侵害专利权诉讼的"侵权行为"，应当是指权利人（确认不侵权诉讼的被告）向被控侵权人（确认不侵权诉讼的原告）及其利害关系人（通常是指作为确认不侵权诉讼之原告的相关代理经销商）发警告函的行为。理由是：正是由于权利人的警告行为才引发被控侵权人主动提出确认不侵权诉讼。换言之，被控侵权人系因为权利人的警告行为而陷入不安，为摆脱这种是否侵权的不确定状态"反客为主"，主动请求人民法院确认其从事的生产经营行为是否构成对知识产权权利人的侵权。尤其不容忽视的是，发起确认不侵权诉讼的原告往往会在确认不侵权诉讼中一并向知识产权权利人提出滥发警告函构成不正当竞争的侵权指控并要求损害赔偿，此进一步凸显了此类诉讼中的"侵权行为"应当是指知识产权权利人发警告函的行为。故包括确认不侵害专利权诉讼在内的各类确认不侵害知识产权诉讼的地域管辖连接点的"侵权行为地"，应当是警告函的发出地（侵权行为实施地）和警告函造成影响的所在地（侵权结果发生地）。

另一种观点认为，确认不侵害专利权诉讼的"侵权行为"应当是指权利人（确认不侵权诉讼的被告）向被控侵权人（确认不侵权诉讼的原告）所发警告函中指控后者实施的专利侵权行为。理由是：确认不侵害专利权诉讼与专利侵权诉讼实为同一行为的一体两面，从知识产权权利人的角度而言，其警告函指控的是被控侵权人实施了知识产权侵权行为；从被警告人的角度而言，其要争辩的正是权利人警告函所指控的行为不构成侵权。如果知识产权权利人及时提起知识产权民事侵权诉讼，则人民法院审理的诉讼标的正是权利人在起诉状中指控的被诉侵权行为，但恰恰因为权利人迟迟"按兵不动"以致将被控侵权人陷入究竟是停产还是继续生产的两难境地，被警告人才主动请求法院确认权利人在警告函中所指控的知识产权侵权行为究竟是否成立。因此，无论是从权利人角度而言的知识产权侵权诉讼，还是从被控侵权者角度而言的确认不侵害知识产权诉讼，双方争议的焦点问题实质是同一问题,即均是指向被警告者所被控实施的侵权行为。如果按照上述第一种观点来理解确认不侵害知识产权诉讼的"侵权行为"含义,无疑会导致确认不侵权诉讼的审理对象失焦,背离了此诉讼的设置本意。退一步而言,即使在确认不侵权诉讼中一并审理被警告者针对知识产权权利人提出的滥用知识产权的指控,也只是从节约诉讼资源、尽速实质解决争议的理念出发而采取的诉讼技术手段,或者说是在确认不侵权诉讼这个"主诉讼场域"附带审理的"次生诉讼"或"衍生诉讼",故法院所审理的两个对象(警告函所指控的知识产权侵权行为、被控滥发警告函构成不正当竞争的知识产权侵权行为)的主次先后不可不辨。还应当指出的是,侵权警告函所指控的知识产权侵权行为是否成立,很大程度上将左右法院判断确认不侵权诉讼的原告所指控的权利人滥发警告函的行为是否构成不正当竞争。很难想象,在法院经过审理最终认定提起确认不侵权之诉的原告对权利人的知识产权构成侵权的情况下,还会另认定知识产权权利人发警告函的行为对确认不侵权诉讼的原告构成滥用知识产权的不正当竞争。当然,个案审查过程中确实不排除个别知识产权权利人在相关知识产权侵权争议已进入司法审查进程后,仍然持续向确认不侵权诉讼的原告及其下游代理经销商发警告函。这种行为不排除因"维权行为矫枉过正"而应当被司法予以消极评价的可能。但原则上而言,人民法院对于进入司法诉讼程序之前知识产权权利人通过发警告函的方式来寻求私力救济的做法,一般多会保持宽容的态度,因为"为权利而斗争正是为法律而斗争"。如果司法对知识产权权利人发警告函以寻求自力救济的做法过分干涉,无疑会压制知识产权自力救济的空间,不利于激发广大权利人制止侵权的积极性和维权的热情。

总体而言,笔者认为确认不侵害专利权诉讼中的"侵权行为"应当理解为被警告人所被控实施的侵害知识产权行为。相应地,确认不侵害专利权诉讼中的"侵权行为地",应当是指被警告人(确认不侵害专利权诉讼的原告)涉嫌侵害专利权的行为实施地及该行为的结果发生地。结合《关于审理专利纠纷案件适用法律问题的若干规定》第5条的规定,侵犯专利权行为地包括:被诉侵犯发明、实用新型专利权的产品的制造、使用、许诺销售、销售、进口等行为的实施地;专利方法使用行为的实施地,依照该专利方法直接获得的产品的使用、许诺销售、销售、进口等行为的实施地;外观设计专利产品的制造、许诺销售、销售、进口等行为的实施地;假冒他人专利的行为实施地;以及上述侵权行为的侵权结果发生地。故上述司法解释规定所列举的地点,均可以作为确认不侵害专利权诉讼的地域管辖连接点。而且,根据《关于审理侵犯专利权纠纷案件的解释二》第 19 条关于"产品买卖合同依法成立的,人民法院应当认定属于专利法第十一条规定的销售"的规定,应认为被诉侵权产品销售合同的成立地属于司法解释所规定的销售行为实施地。

具体到本案,某交通设施公司是某新能源科技公司警告函指向的被警告对象,某交通设施公司被警告的涉嫌侵权行为系其生产、销售涉嫌侵害某新能源科技公司涉案专利权的智慧发光斑马线产品。根据某交通设施公司二审提交的证据,在无相反证据推翻的情况下,结合该公司的经营范围以及其与案外人某建设工程公司签订被诉侵权产品的地点位于南京市建邺区,可以合理推定某交通设施公司至少在江苏省南京市实施了生产涉案被诉侵权产品的行为,并可以初步认定某交通设施公司在江苏省南京市实施了销售涉案被诉侵权产品的行为。因此,根据上述法律及司法解释的规定,江苏省南京市可以作为某交通设施公司针对某新能源科技公司所发起的确认不侵害专利权诉讼的地域管辖连接点。江苏省南京市中级人民法院对本案具有管辖权,某新能源科技公司的管辖异议请求不能成立。一审法院在本案中的管辖异议审查处理结果不当,应予以纠正。

解读撰写人:最高人民法院 欧宏伟

法答网问题链接

本案例回答了法答网第 E2023112400005 号问题,即不同法院受理的涉及同一事实的确认不侵犯专利权诉讼和专利侵权诉讼应当如何处理?

案例明确了确认不侵害专利权诉讼应当按照《民事诉讼法》第 28 条的规定确定地域管辖连接点。"侵权行为"应当被理解为被警告人涉嫌侵害专利权的行为,侵权行为地应当是指被警告人涉嫌侵害专利权的行为实施地及其结果发生地。案例确立的管辖连接点对于确认不侵害专利权诉讼的管辖法院具有参考价值。

环境资源

入库案例编号:2023-11-1-354-001 | 法答网问题编号:B2024031500047

29. 被告人滥伐林木破坏生态环境的，还应承担生态修复的民事责任
——周某滥伐林木刑事附带民事公益诉讼案

入库案例适用参考

关键词

刑事　滥伐林木罪　社会公共利益　刑事附带　民事公益诉讼　侵权民事责任　生态修复

裁判要旨

行为人违反森林法的规定，未经林业行政主管部门批准并核发林木采伐许可证，滥伐林木，符合《刑法》第345条第2款规定的，构成滥伐林木罪。行为人滥伐林木的行为破坏了生态环境和林业资源，损害了社会公共利益，同时还应承担侵权民事责任。

关联索引

《中华人民共和国刑法》第345条第2款

《中华人民共和国民法典》第1229条（本案适用的是2010年7月1日施行的《中华人民共和国侵权责任法》第65条）

基本案情

一审：浙江省乐清市人民法院（2018）浙0382刑初324号刑事附带民事判决（2018年4月17日）

二审：浙江省温州市中级人民法院（2018）浙03刑终788号刑事裁定

(2018年6月22日)

公诉机关指控:2015年9月至12月,2016年2月至4月、9月至12月,被告人周某在未办理林木采伐许可证情况下,借大龙湫(又称龙湫背)景区游步道名义开发茶叶基地,雇用付某、刘某、缪某、董某等村民在乐清市某镇某村"龙湫背"、"火线(仙)流"、"马背头"、"牛鼻洞"(又称斗塞洞)和"白岩头"山场清理砍伐林木,并于2016年、2017年相继在清理后的上述山场种植幼茶。

刑事附带民事公益诉讼起诉人起诉称:经乐清市林业局专家评估,被告人周某砍伐林木的行为造成涉案区域整体生态功能降低,防护能力趋弱,需在被破坏区域按株行距3m×3m的规格造林种树,树种为木荷,苗木数量为4000株,预计费用为31.9117万元,最佳种植时间应选择在12月至次年3月。据此请求:(1)判令被告人周某赔偿造林生态修复费用31.9117万元;(2)判令被告人承担评估设计费用3万元。

被告人周某对公诉机关指控的犯罪事实,附带民事公益诉讼起诉人诉称的事实和理由均没有异议,表示愿意支付附带民事公益诉讼起诉人提出的各项费用,放弃涉案茶园的权属,但辩解公安民警到其家中传唤时,他不在家中,得知情况后主动回家随民警到所,自己不是被抓获到案。其辩护人对指控的事实及罪名没有异议,但认为被告人具有自首情节,且其滥伐林木种植茶园是为了村集体利益,犯罪情节较轻,虽然造成了损害后果,但已支付31.9117万元生态修复费用,并愿意承担评估设计费用,具有较好悔罪表现,涉案山场的所有人某村村委会亦出具谅解书,故要求对周某判处三年有期徒刑并适用缓刑。

法院经审理查明:2015年9月至2016年12月,被告人周某在未办理林木采伐许可证的情况下,借开发大龙湫(龙湫背)景区游步道项目的名义,雇用付某、刘某、缪某、董某等村民清理乐清市某镇某村"龙湫背""火线(仙)流""马背头""牛鼻洞""白岩头"等山场,砍伐林木,并于2016年、2017年相继在清理后的上述山场上种植幼茶,开发茶叶基地。

经温州某林业有限公司对上述涉案山场进行现场鉴定,乐清市某镇某村涉案的龙湫背等山场,被砍伐的根茎6cm(折算成胸径为4.85cm)以下,不计算蓄积的林木达7037株。

浙江省经乐清市林业调查设计事务所评估,被告人周某砍伐林木的行为造成涉案区域整体生态功能降低,防护能力趋弱,需在被破坏区域按株行距 3m×3m 的规格造林种树,树种为木荷,苗木数量为 4000 株,预计费用为 31.9117 万元,最佳种植时间应选择在 12 月至次年 3 月。检察机关作为刑事附带民事诉讼起诉人已支付上述评估费用 3 万元。

浙江省乐清市人民法院于 2018 年 4 月 17 日作出(2018)浙 0382 刑初 324 号刑事附带民事判决:被告人周某犯滥伐林木罪,判处有期徒刑 4 年,并处罚金人民币 3 万元;被告人周某应支付造林生态修复费用 31.9117 万元,该款专用于修复乐清市某镇某村龙湫背、火线(仙)流、马背头、牛鼻洞、白岩头山场的生态环境;本案评估费用 3 万元,由被告人周某承担。

宣判后,被告人周某提出上诉。浙江省温州市中级人民法院于 2018 年 6 月 22 日作出(2018)浙 03 刑终 788 号刑事裁定:准许上诉人周某撤回上诉。

裁判理由

法院生效裁判认为:被告人周某在担任某镇某村村委会主任期间,在个人经济利益的驱使下,为了种植茶树,滥伐位于温州市某山国家风景名胜区内的某村山场林木,砍伐的幼树数量远超浙江省规定的滥伐林木罪数量巨大起点 2500 株,且涉及的区域面积大、范围广,破坏环境资源,在当地造成恶劣社会影响。被告人周某违反《森林法》的规定,未经林业行政主管部门批准并核发林木采伐许可证,任意采伐集体所有的林木,数量巨大,其行为已构成滥伐林木罪。被告人周某在国家级风景名胜区范围内滥伐林木的行为,破坏了生态环境和林业资源,损害了社会公共利益,应当承担侵权民事责任,支付造林生态修复费用 31.9117 万元及评估费用 3 万元。同时,考虑到茶树属于经济林,具有经济价值,被告人周某正是在这种利益的驱使下实施了滥伐林木、破坏生态的犯罪行为。为保护生态修复成果,根据保护优先、预防为主、综合治理的环境保护原则,法院建议相关职能部门采取措施防范潜在的生态环境损害风险,并在可能再次发生破坏生态行为时,考虑移除茶树,优化生态修复方案。

案例解读

本案是 2018 年 3 月 1 日公布的《最高人民法院、最高人民检察院关于检察公益诉讼案件适用法律若干问题的解释》(2020 年修正)施行后,浙江省审理的第一例检察公益诉讼案,也是第一例刑事附带民事环境公益诉讼案,是人民法院主动适应环境公益诉讼和生态环境损害赔偿诉讼审判工作,有效发挥职能作用,探索创新审判方式的一次实践,同时该案充分发挥了刑事附带民事公益诉讼的优势,引入具有专门知识的人出庭制度,较好地衡平不同价值利益的冲突,具有一定的参考性和指引性。

一、检察机关在刑事附带民事诉讼程序中提起环境公益诉讼的优势

最高人民法院、最高人民检察院相继公布了《人民检察院提起公益诉讼试点工作实施办法》《关于审理环境民事公益诉讼案件适用法律若干问题的解释》《关于检察公益诉讼案件适用法律若干问题的解释》,细化检察机关在环境公益诉讼中的职责、定位、履职方式,《最高人民法院、最高人民检察院关于检察公益诉讼案件适用法律若干问题的解释》第 20 条明确规定,人民检察院对破坏生态环境和资源保护、食品药品安全领域侵害众多消费者合法权益等损害社会公共利益的犯罪行为提起刑事公诉时,可以向人民法院一并提起附带民事公益诉讼,由人民法院同一审判组织审理。人民检察院提起的刑事附带民事公益诉讼案件由审理刑事案件的人民法院管辖。本案适用该规定,由检察机关依职权在刑事诉讼中一并提起环境公益诉讼。

1. 检察机关是环境公益诉讼的适格主体,但不同于普通民事诉讼原告。根据我国现行法律和司法解释规定,环境公益侵权的请求权主体主要有四类,包括法律规定的机关、有关组织、人民检察院,以及受国务院委托代行全民所有自然资源资产所有权的省级、市地级人民政府及其指定的部门、机构。关于检察机关作为环境公益诉讼的主体,经历了争议、质疑,现虽然明确了其主体资格,但其不同于普通民事诉讼的原告,相关诉讼权利和义务,仍需在实践中明确。其中需要厘清的是,2012 年《民事诉讼法》修改后,明确规定了法律授权的机关可以在民事公益诉讼中承担任意诉讼担当的职责,且在民事诉讼中享有片面的诉讼实施权。而所谓片面实施权则是指检察机关享有与法律规定的其他机关、有关组织竞合的诉讼实施权,彼此并不

互相排斥。因此,检察机关在民事公益诉讼中享有的诉讼实施权不会对其他机关或有关组织的诉权造成侵蚀。与此同时,在民事公益诉讼制度中,检察机关是法律授权的公益诉讼人,其提起诉讼是一种履职表现,其履职范围和程序则是由法律予以明确规定。而检察官的出庭行为则是一种职务委托的公法行为,不应以民事授权委托关系来界定。[①]

2. 刑事附带民事公益诉讼,充分发挥了刑事附带民事诉讼的优势,节约了诉讼成本,提升了诉讼效率。本案中,检察机关具有双重身份,既是公诉人,又是公益诉讼起诉人。作为公诉人,需要对被告人滥伐林木的犯罪行为进行指控,作为附带民事公益诉讼起诉人,需要举证证明被告人破坏生态环境的侵权事实。两个诉的主体一致,因同一事实引起,在刑事案件侦查取证阶段就可以注意收集被告人侵权事实及危害后果等方面的证据,起诉人对环境侵权事实的举证能力得到增强,又采取一并审理的方式,提高了诉讼质效。从罪名来看,在生产销售有毒、有害食品罪、生产销售不符合安全标准的食品罪、生产销售伪劣产品罪、销售假冒注册商标的商品罪、生产销售假药罪、失火罪、非法占用农用地罪、非法采矿罪、滥伐林木罪、盗伐林木罪、非法狩猎罪、非法捕捞水产品罪、污染环境罪等多个罪名中,均可能涉及刑事附带民事公益诉讼。

3. 充分发挥庭前会议的作用。环境公益诉讼案件与环境私益诉讼案件存在着明显区别,环境公益诉讼是为了维护社会公共利益,防止生态环境遭受破坏或者使受到破坏的生态环境能够尽快得到修复,而环境私益诉讼的目的是维护个体利益,二者诉讼规则不同,环境私益诉讼主要采取当事人主义,遵循当事人处分原则和辩论原则,法官的职权原则上限于居中裁判,而环境公益诉讼具有较强的职权主体色彩,当事人的处分权受到一定的限制,法官可以主动依职权调查收集证据。因此,本案通过庭前会议,听取了控辩双方对案件事实的意见,围绕刑事和附带民事部分的审理方式听取附带民事公益诉讼起诉人和被告人的意见,同时考虑到滥伐林木涉案的范围较广,

---

① 参见张祥:《环境公益诉讼司法运行理论与实践研究》,中国政法大学出版社 2018 年版,第210页。

双方对具体滥伐的范围存在争议,审判组织在庭前会议后对涉案山林进行了实地勘查,了解了被破坏的生态环境现状,为庭审查明事实做充分准备。

二、引入具有专门知识的人出庭制度,辅助法庭了解专门性的问题

《民事诉讼法》《最高人民法院关于适用〈中华人民共和国民事诉讼法〉的解释》《最高人民法院关于民事诉讼证据的若干规定》对专家证人出庭进行了规定。环境公益诉讼案件事关社会公共利益,又涉及很强的专业性问题,而专业化的、具有公信力的司法鉴定机构缺乏,并且评估鉴定周期长、费用高,因此,客观上需要具有专门知识的人出庭,辅助法庭了解专门性的问题。本案中检察机关提供由乐清市林业调查设计事务所制作的修复方案及修复费用评估,修复方案及费用是本案审理的重点。由于生态修复方案专业性较强,根据起诉人的申请,法庭同意具有专门知识的人出庭说明具体修复方案。具有专门知识的人出庭,接受了双方及法庭询问,详细阐述了修复方案出具的依据、理由,充分保护了当事人的权利,也为法庭提供了重要的参考意见。最终法院根据具有专门知识的人出庭阐述的意见,确定了生态修复方案。

三、衡平不同利益,合理确定环境公益侵权责任的承担

1. 生态环境修复责任的内涵。环境侵权责任的承担方式与普通民事责任承担并无区别,包括停止侵害、排除妨碍、消除危险、恢复原状、赔偿损失、赔礼道歉等。根据环境公益诉讼的立法目的,环境公益侵权责任承担与环境私益侵权责任不同,环境公益侵权责任的重点是修复被损害的生态环境,使被损害的生态环境恢复到损害未发生时的状态和功能。尽管生态环境修复最理想的效果是实现受损生态环境的恢复原状,而且生态环境自身有一定自愈、修复功能,但生态环境损害一旦发生就具有不可逆性,因此,要承担的修复责任只能是尽可能修复。如在本案中,虽然被告人滥伐林木造成约 190 亩林地被破坏,但修复方案只能是进行块状修复,即仅对乔木层遭到破坏的 50 多亩林地进行人为修复,剩下的灌草层被破坏的 130 多亩林地,只能通过至少 3 年时间的封山育林自然修复,实际无法做到恢复原状。在《民法典》出台前,既有的法律和司法解释将生态环境修复责任理解为恢复原状责任的具体内涵,并不准确,《民法典》出台后,才终于在法律层面确立生态修复责任。

2.确定生态修复方案时应注意不同价值利益的平衡。环境公益诉讼牵涉多元价值,利益博弈错综复杂。既涉及生态保护价值、生存价值和财产价值之间的衡平,又涉及个案价值和制度价值之间的衡平。在确定修复方案、承担修复责任的方式时,需要考量不同利益之间的平衡。

本案中最为疑难复杂的问题是在确定生态修复方案时,是否需要将被告人滥伐林木后种植的茶树苗移除。根据林业评估专家出庭意见,涉案山场的灌草层被破坏后,无法找到合适的人工种植植物来替代,故灌草层的修复未作造林设计,该部分损害只能通过自然修复,需要2~3年。因此,在生态修复方案的整地清理措施中提出尽可能保留茶树,目的是让茶树苗作为灌木发挥一定生态功能。但设计生态修复方案时,未将茶树作为经济林考量,而是将茶树作为普通植被,要求不发挥茶树的经济效益,不采摘不修剪,任其生长,若茶树生长顺利,可长成乔木承担森林防护功能。根据另一位林业专家出庭意见,茶树周边的树木会阻挡茶树生长所需的阳光、雨露,不利于茶树生长,因此经营茶园,必须舍弃其他树木。综合两位林业专家的意见,可以确定,涉案山场上经营茶园与森林资源保护之间存在无法调和的矛盾,二者只能存一。就本案而言,根据当前生态修复的需要,保留茶树有利于该区域生态修复,也是对被告人最有利,成本最低的修复方案。但从长远来看,茶树属于经济林,具有经济价值,被告人正是在这种利益的驱使下实施了滥伐林木、破坏生态的犯罪行为。保留上百亩的茶树在涉案山场,若没有完备的监管,在巨大的利益驱使下,确实存在生态环境再次被破坏的风险。

根据以上内容,加之生态环境的损害具有不可逆性,一旦被破坏往往难以恢复原状,根据保护优先、预防为主、综合治理的环境保护原则和比例原则,对本案中潜在的生态环境损害风险,不能置之不理。故本案提出如下要求:首先,不直接移除茶树,但相关职能部门必须采取相应的监管手段进行管理,禁止任何人经营被告人种植的茶树,防范风险;其次,在监管部门认为尽职履职仍不足以消除生态环境被破坏的危险时,应考虑移除茶树;最后,司法机关应积极督促相关监管部门履行职责,了解生态修复的进程,保护生态修复成果,在发生或可能发生再次破坏生态行为时,建议并督促相关部门移除茶树,优化生态修复方案。

3. 生态环境修复责任的承担方式。生态环境修复责任的承担,原则上由侵权人直接承担,本案中被告人提出为了减少自己的修复支出,由自己直接修复。但是对于刑事附带民事公益诉讼的被告人,同时被追究刑事责任或民事责任,由侵权人直接履行修复责任不利于尽快修复被破坏的生态环境,而且涉案被破坏的山场存在滑坡隐患,最终本案采纳检察机关提出替代性的修复责任承担方式,即支付造林生态修复费用,侵权责任的承担一步到位,使得侵权人对侵权行为的责任承担更加清晰。侵权人支付的修复费用专门用于修复涉案被破坏的山场。之后,在当地党委政府的支持下,成立了专门的环境修复资金账户,用于监督管理环境修复专项资金的使用情况。

解读撰写人:浙江省乐清市人民法院　陈修丽

法答网问题链接

本案例回答了法答网第 B2024031500047 号问题,即在滥伐林木罪中,被告人滥伐林木后出售林木所得的款项,是否属于违法所得？应否予以追缴？

进一步健全完善生态环境审判法律适用规则体系对于推动生态环境审判工作高质量发展具有重要意义。本案是由人民检察院提起的刑事附带民事环境公益诉讼案,案例明确了行为人滥伐林木的刑事责任和民事责任问题。行为人滥伐林木的行为破坏了生态环境和林业资源,损害了社会公共利益,同时还应承担侵权民事责任。这一判决既依法追究了行为人的刑事责任,也有助于尽快修复被破坏的生态环境。

入库案例编号：2023-11-2-377-001　　法答网问题编号：C2023081400009

30. 商业三者险对于行政机关代履行的道路交通事故环境污染处置费用应否赔偿的认定

——某生态环境局诉金某、某物流公司等环境污染责任纠纷案

入库案例适用参考

关键词

民事　环境污染责任　商业三者险　行政机关代履行　环境污染处置费用　免责事项

裁判要旨

1. 道路交通事故所造成的环境污染损失依法应当由交通事故中造成污染的侵权一方承担。环保行政部门对此环境污染依法进行处置后所产生的处置费用实际即为此环境污染损失。环保行政部门在对该道路交通事故造成的环境污染处置费用代履行后，有权对该环境污染处置费用即代履行费用提起民事诉讼要求侵权方承担，但该处置费用作为代履行费用依法应当按照合理成本确定。

2. 因道路交通事故造成的环境污染处置费用即环境污染损失依法属于交强险和商业三者险中的第三者的财产损失范畴，故即使是在环保行政部门将其作为代履行费用提起民事赔偿诉讼的情况下，对该费用的赔偿仍然应当按照《民法典》第1213条所规定的道路交通事故的侵权赔偿规则进行处理。即因交通事故造成的环境污染损失依法属于交强险和商业三者险中

的第三者的财产损失范畴,且该污染并不属于机动车商业保险免责事项中的"污染"的范畴,保险公司对此不能免责而应予赔偿。

关联索引

《中华人民共和国民法典》第1165条第1款、第1208条、第1229条(本案适用的是2010年7月1日施行的《中华人民共和国侵权责任法》第6条第1款、第65条)

《中华人民共和国民法典》第1213条(本案适用的是2012年12月21日施行的《最高人民法院关于审理道路交通事故损害赔偿案件适用法律若干问题的解释》第16条第1款)

《中华人民共和国道路交通安全法》第76条

《中华人民共和国行政强制法》第50条、第51条第2款、第52条

一审:山东省日照市五莲县人民法院(2019)鲁1121民初1095号民事判决(2019年11月20日)

二审:山东省日照市中级人民法院(2020)鲁11民终1005号民事判决(2020年7月23日)

再审:山东省高级人民法院(2021)鲁民申196号民事裁定(2021年1月29日)

基本案情

原告某生态环境局诉称:被告金某系涉案货车的驾驶人,被告某物流公司系该货车的所有权人。2019年1月31日10时左右,被告金某驾驶涉案货车沿某高速公路行驶时与某运输公司的罐车相撞,致罐车所载柴油发生泄漏,致使道路路面损坏,造成环境污染。事发后,原告对泄漏原油进行了处置,处置费用共797,500元。该次事故经交警部门认定金某负事故全部责任。请求法院判令:被告支付原告环境污染处置费用797,500元,并承担诉讼费用。

被告金某辩称:其是车主潘某雇用,是职务行为,应由车主潘某承担赔偿责任。

被告某物流公司辩称:本案系交通事故损害赔偿责任纠纷,应依据交通

事故案件相关法律法规及司法解释审理。本案肇事车辆已投保交强险和商业险,应由承保的某保险公司承担赔偿责任。其只是登记名义车主,并非车辆所有权人,应由实际车主潘某承担补充赔偿责任,其既不能实际支配车辆的行驶和运营,也不能从车辆的运营中获得利益,不应承担相应赔偿责任。

被告潘某辩称,其是肇事车辆实际车主,认可某物流公司的答辩意见,愿意承担相关责任。

被告某保险公司辩称:本案是环境污染责任纠纷,不是机动车交通事故责任纠纷,原告申请追加某保险公司为被告并要求某保险公司在商业三者险内进行赔偿没有法律依据。对于原告主张的损失不予认可,要求法院委托有资质的鉴定机构进行评估。按照商业险保险条款第 25 条的约定:污染导致的人身伤亡、财产损失和费用,保险公司不负责赔偿。

法院经审理查明:2019 年 1 月 31 日,金某驾驶涉案货车沿某高速公路行驶时与某运输公司的罐车相刮,致罐车所载柴油发生泄漏,致使道路路面损坏,造成环境污染。该事故经交警部门认定金某负事故全部责任、某运输公司驾驶员不承担责任。金某驾驶的涉案货车系潘某所有,挂靠某物流公司经营,该车在某保险公司分别投保了交强险和商业三者险,保额共计 1,550,000 元。

事故发生后,由某环境公司编制了环境损害评估及应急处置方案,某生态环境局会同有关部门对事故现场进行了处置,并与某建设公司签订《污染场地环境修复项目施工合同》,约定的工程价款为 797,500 元。合同签订后,某建设公司对涉案事故污染进行了环境修复。某生态环境局因此起诉要求被告支付环境污染处置费用 797,500 元。各被告对某生态环境局主张的处置损失 797,500 元均不认可,一审中某保险公司申请对涉案事故造成的环境污染损害损失进行重新评估。经一审法院委托重新评估,评估报告认定涉案事故应急处置及土壤修复等费用为 615,600 元。

山东省日照市五莲县人民法院于 2019 年 11 月 20 日作出(2019)鲁 1121 民初 1095 号民事判决:(1)被告某保险公司在机动车交通事故责任强制保险限额内赔偿原告某生态环境局 4000 元;(2)被告某保险公司在第三者责任保险限额内赔偿原告某生态环境局 611,500 元;(3)驳回原告某生态环境局的其他诉讼请求。某保险公司不服一审判决,向山东省日照市中级人民法院提出上诉。山东省日照市中级人民法院于 2020 年 7 月 23 日作出(2020)鲁 11 民终 1005 号民事判决:驳回上诉,维持原判。某保险公司不服二审判决,向山东省高级人民法院申请再审。山东省高级人民法院于 2021 年 1 月 29 日作出(2021)鲁民申 196 号民事裁定:驳回某保险公司的再审申请。

裁判理由

法院生效裁判认为:本案系因交通事故致柴油泄漏造成环境污染,根据《侵权责任法》第 65 条的规定,污染者应当承担侵权损害赔偿责任。同时,根据《最高人民法院关于审理道路交通事故损害赔偿案件适用法律若干问题的解释》第 16 条第 1 款的规定,金某所驾涉案货车在保险公司投保交强险和商业三者险,且本案系因投保车辆原因造成的第三者财产损失,属于法律规定的机动车第三者保险的承保范围,保险公司应当在交强险和商业三者险范围内承担赔偿责任。行政机关代履行清除道路、河道、航道或者公共场所的遗洒物、障碍物或者污染物等行为后,有权依照《行政强制法》第 51 条第 1 款的规定向相关责任主体追偿。故本案中某生态环境局对于其依法处理肇事车辆发生柴油泄漏污染环境产生的费用,有权向肇事车辆及车主投保的保险公司追究民事责任。《机动车综合商业保险免责事项说明书》第 25 条规定:"下列原因导致的人身伤亡、财产损失和费用,保险人不负责赔偿:(一)地震及其次生灾害、战争、军事冲突、恐怖活动、暴乱、污染(含放射性污染)、核反应、核辐射;……"某保险公司据此主张根据该条款第 25 条的约定,其不应承担赔偿责任。但这属于格式条款中的责任免除条款,投保单的投保人声明处虽加盖了某物流公司的公章,但并无公司负责人或相关经办人的签字,某保险公司未能进一步提供证据证实签订合同时已向投保人交付保险条款,并于何时何地以何种方式向投保人尽到了提示和明确说明义务,应承担举证不能的不利后果。故某保险公司主张的责任免除条款不产生效力。另外,本案中污染系肇事车辆发生交通事故导致车载柴油泄漏产生,与某保险公司提交的《机动车商业保险免责事项说明书》第 25 条中规定的"污染"并非同一概念,条款中约定的"污染"并不适用于本案情形。某保险公司将肇事车辆柴油泄漏界定为免责事项中的"污染",系对格式条款的扩大解释,限制了被保险人的合法权益,某保险公司的该项抗辩理由不能成立。

案例解读

道路交通事故在当下仍属于高发事故,因道路交通事故造成的环境污染也时常出现。当这种由道路交通事故引发的环境污染事故一旦发生,出于环境污染事故本身对社会公众的危险性以及事故处置的紧急性,负有相关职能的行政机关(通常为环保行政部门)一般都会在第一时间紧急介入并对污染进行处置,而处置污染亦必然会产生相应费用及由谁承担问题。本案正是此类情形的典型案件,主要涉及商业三者险对于行政机关代履行的道路交通事故环境污染处置费用应否赔偿的认定。

本案中,金某驾驶涉案货车在高速公路行驶时与某运输公司的罐车相刮,致罐车所载柴油发生泄漏并造成环境污染。其中,交通事故经交警部门认定由金某负事故全部责任。而金某驾驶的涉案货车亦在某保险公司分别投保了交强险和商业三者险。某生态环境局在涉案事故发生后出资委托某建设公司涉案事故污染进行了环境修复,并因此起诉要求被告支付环境污染处置费用。本案事故是典型的由道路交通事故引发的环境污染事故。由于环境污染事故是由道路交通事故所导致,故对于环保部门所支出的环境污染处置费用能否按照道路交通事故的侵权赔偿规则予以赔偿无疑是正确处理此类案件的关键。本案历经一审、二审和再审,保险公司在三次审理过程中均对环保部门要求其在商业三者险范围内承担环境污染处置费用的赔偿责任问题提出抗辩,但三级法院最终均确认保险公司应在交强险和商业三者险范围内赔偿环保部门所支付的环境污染处置费用。而从本案三级法院的核心裁判观点来看,对此问题可以从两个方面予以正确理解和认定:一是行政机关对于道路交通事故造成的污染行为进行处置,实际上系代污染者履行责任的代履行行为,行政机关在代履行后有权就环境污染处置费用通过民事诉讼向污染者即侵权人主张权利,而这主要牵涉对行政机关代履行及代履行费用承担的正确把握,并需要将其具体运用于道路交通事故造成环境污染的情形;二是对于因道路交通事故造成的环境污染处置费用,其在本质上仍然属于道路交通事故损失,其赔偿仍然应当按照道路交通事故的侵权赔偿规则处理,因此商业三者险应当对道路交通事故导致的环境污染损失承担赔偿责任。

一、行政机关代履行及代履行费用的认定

代履行从含义上看属于行政强制执行的概念范畴。"代履行是指当事人拒绝履行或者没有能力履行义务时,行政机关决定由自己或者由他人代替当事人履行义务,履行费用由当事人承担的一种行政强制执行方式。"[①]从代履行的概念不难看出,其属于一种与直接强制执行不同的间接强制执行方式。可以说代履行"是一种较温和的执行方式,有利于缓解执行机关与当事人之间的关系,避免直接的冲突"。[②] 我国关于代履行规定在《行政强制法》中。《行政强制法》第50条规定:"行政机关依法作出要求当事人履行排除妨碍、恢复原状等义务的行政决定,当事人逾期不履行,经催告仍不履行,其后果已经或者将危害交通安全、造成环境污染或者破坏自然资源的,行政机关可以代履行,或者委托没有利害关系的第三人代履行。"《行政强制法》第51条第2款规定:"代履行的费用按照成本合理确定,由当事人承担。但是,法律另有规定的除外。"从我国对代履行的上述基本法律规定内容来看,代履行只允许适用于交通安全、环境污染防治和自然资源保护这三个领域[③];代履行的费用应按照代履行的成本合理确定,不得营利且最终应由当事人承担。

对于代履行而言,《行政强制法》第51条第1款规定了其基本的程序要

[①] 刘杰勇:《行政强制代履行费用征收及当事人救济制度完善》,载《广西政法管理干部学院学报》2018年第6期。

[②] 刘杰勇:《行政强制代履行费用征收及当事人救济制度完善》,载《广西政法管理干部学院学报》2018年第6期。

[③] 之所以对代履行的适用领域作出如此限制,是因为在代履行中,代履行主体可以向当事人收取执行费用,把握不好,会导致行政机关将不得收费的直接强制都转换为可收费的代履行,故必须强调代履行的适用只限于上述三个领域。参见胡建淼、骆思慧:《论行政强制执行中的代履行——基于〈中华人民共和国行政强制法〉》,载《国家行政学院学报》2013年第3期。

求,此情形下的代履行可以理解为一般的代履行。① 在此基础上,《行政强制法》第 52 条则又特别规定:"需要立即清除道路、河道、航道或者公共场所的遗洒物、障碍物或者污染物,当事人不能清除的,行政机关可以决定立即实施代履行;当事人不在场的,行政机关应当在事后立即通知当事人,并依法作出处理。"即该条另行规定了特别情形下的"立即代履行"。"'立即代履行'的条款,是适应我国现实行政执法要求推出的特殊条款。其本质属于代履行范畴。但是由于属于紧急情况,需要行政机关及时做出反映,立即采取措施。"②从以上规定不难看出,立即代履行仅限于需要立即清除道路、河道、航道或者公共场所的遗洒物、障碍物或者污染物的情形,对于这些情形当事人不能清除的,行政机关可以决定立即实施代履行。理由是针对以上内容关系到广大人民群众的出行以及生命财产安全,为保障交通安全顺畅,保证公共场所可用性,需要快速纠正违法行为,消除违法后果和不得影响,恢复正常的行政秩序。③

在像本案这样的情形下,环保行政机关对于道路交通事故所造成环境污染的处置行为正是属于上述代履行中的"立即代履行"的范畴。在当前道路交通事故频发的背景下,因道路交通事故导致车辆所载污染物泄漏从而导致环境污染的情况也时有发生。一旦出现这种道路交通事故造成的环境污染事故,必须及时合理处置,如不及时处理则极易引发更为严重的损害后果,但此时侵权人即肇事方往往无法及时处理。在此情况下,环保行政部门作为负有相关法定职责的行政机关必须依法履行职责,代为履行对环境污染的处置责任。对于环保行政部门在代履行后所产生的环境污染处置费用,根据《行政强制法》第 51 条第 2 款规定应当由造成污染的侵权方承担。当然,环境污染处置费用从另一个角度来理解也显然是道路交通事故所造

---

① 《行政强制法》第 51 条第 1 款:"代履行应当遵守下列规定:(一)代履行前送达决定书,代履行决定书应当载明当事人的姓名或者名称、地址,代履行的理由和依据、方式和时间、标的、费用预算以及代履行人;(二)代履行三日前,催告当事人履行,当事人履行的,停止代履行;(三)代履行时,作出决定的行政机关应当派员到场监督;(四)代履行完毕,行政机关到场监督的工作人员、代履行人和当事人或者见证人应当在执行文书上签名或者盖章。"

② 胡建淼:《行政强制》,法律出版社 2002 年版,第 257 页。

③ 江必新:《中华人民共和国行政强制法条文理解与适用》,人民法院出版社 2011 年版,第 266 页。

成的环境污染的损失,对此损失理应由侵权方承担,环保行政部门代为承担后也应当向侵权方予以追偿。因此,环保行政部门在对道路交通事故造成的环境污染出资修复处置后,其对处置费用即代履行费用有权提起民事诉讼要求侵权方承担,这一点是毋庸置疑的,只不过是该处置费用作为代履行费用依法应当按照合理成本确定。① 所以说在本案中,原告某生态环境局为道路交通事故造成的环境污染行为所支付的合理处置费用,应当由道路交通事故的责任主体承担,其对此有权提起民事诉讼,人民法院应当受理,作为道路交通事故责任主体的肇事方显然是本案的适格被告,而其投保商业三者险的保险公司应否对此承担赔偿责任,则是此情形下要深入探讨的第二个关键问题。

二、商业三者险对道路交通事故导致的环境污染损失的赔偿责任承担

社会生活中发生交通事故引发财产损害赔偿的情况较为常见。一般情况下交通事故引发的财产损失往往都是车辆本身的损失和车上财物的损失。而像本案这样的交通事故所引发的财产损失则是罐车所载柴油因事故发生泄漏致使道路路面损坏从而造成的环境污染。这种情况虽相对特殊,但在实际生活中却也并不鲜见。尤其是在运输燃油等化学品甚至是危险化学品的过程中,一旦发生交通事故,极易发生车载化学品的泄漏从而造成周边环境污染。而从政府部门尤其是环保部门的角度来说,在出现这种情况时其有义务和责任组织进行环境污染的修复处置,修复处置的费用无疑就是交通事故导致化学品泄漏造成环境污染的财产损失。而对于该类财产损失而言,商业三者险对此应否予以承担赔偿责任无疑是一个焦点问题。如在本案中,肇事车辆的保险公司对此提出异议认为要求其在商业三者险内进行赔偿没有法律依据,且按商业险条款约定其对污染导致的财产损失和费用不负责赔偿。但本案历经一审、二审和再审审查,保险公司的主张均未得到支持。应当说法院对于此类因交通事故造成环境污染损失情形下的商业三者险赔偿责任认定是正确的。而综观三级法院的裁判理由,其核心就

---

① 如在本案中原告某生态环境局起诉要求赔偿的处置费用为797,500元,但在被告提出异议的情况下,经法院委托重新评估,认定涉案事故应急处置及土壤修复等费用为615,600元,法院亦是按此评估数额予以支持。

在于因道路交通事故造成的环境污染处置费用在本质上仍然属于道路交通事故损失,其赔偿仍应按照道路交通事故的侵权赔偿规则处理。即根据《民法典》第1213条的规定,机动车发生交通事故造成损害,属于该机动车一方责任的,先由承保交强险的保险人在交强险责任限额范围内予以赔偿;不足部分由承保商业三者险的保险人按照保险合同的约定予以赔偿;仍然不足或者没有投保机动车商业保险的,再由侵权人进行赔偿。所以说商业三者险应当对道路交通事故导致的环境污染损失承担赔偿责任。对此具体则可从以下三个方面进行更为细致的理解和把握。

第一,因交通事故造成的环境污染损失属于商业三者险中的第三者的财产损失。根据我国相关法律法规的规定,机动车依法应当投保第三者责任强制保险即交强险。除此之外,为了更好地分散风险,大部分机动车在交强险之外还会投保商业三者险。商业三者险与交强险在本质上都属于机动车第三者责任保险。责任保险是指以被保险人对第三者依法应负的赔偿责任为保险标的的保险,[①]故机动车第三者责任保险是指在保险期间内被保险车辆发生交通事故致使本车之外的第三者遭受人身伤亡和财产损失而依法应负的赔偿责任为保险标的的保险。因此,无论是交强险还是商业三者险,其赔偿的都是交通事故所造成的本车之外的第三者的人身和财产损失,而不是本车上的人员和财产损失。而在因交通事故造成环境污染的情况下,其污染损失显系由交通事故直接导致,且该损失也明显不属于本车上的财产损失,其属于本车之外的第三者财产损失的范畴。因此,因交通事故产生的环境污染损失属于商业三者险中的第三者的财产损失,依法属于商业三者险的赔偿范围。

第二,环保行政部门有权作为第三者向保险公司主张因交通事故造成的环境污染损失赔偿。对此,需要与商业三者险中的第三者概念的正确理解予以紧密联系。机动车第三者责任险中的第三者专指本车人员之外的第三者,即只要是发生事故时在本车之外的事故受害者均可理解为第三者。

[①] 《保险法》第65条第4款规定:"责任保险是指以被保险人对第三者依法应负的赔偿责任为保险标的的保险。"

在交通事故造成污染的情形下,环境污染损失的受害者显然也是事故受害者,其可以是具体的个人或单位,也可以是国家或集体。如在本案中交通事故导致罐车所载柴油发生泄漏致使高速公路路面损坏而造成环境污染,而高速公路属于公共基础设施为国家所有和管理,此情形下就可以理解为环境污染损失的受害者为国家。只不过对于环境污染而言,其修复处置系环保行政部门的职责范围,故实践中通常都是由环保行政部门代表国家来修复污染损失。而如前所述交通事故造成的环境污染损失本身属于机动车第三者责任保险所应赔偿的第三者财产损失,故在代表国家的环保行政部门已经出资对交通事故造成的环境污染进行修复处置的情况下,其当然有权要求承保商业三者险的保险公司赔偿上述因交通事故造成的环境污染损失。

第三,因交通事故造成的环境污染并不属于机动车商业保险免责事项中的污染,保险公司不能因此免责。从本案所反映出的情况来看,保险公司在此类案件中最大的抗辩理由无非就在于其责任免除上,责任免除的核心则在于其主张的"污染导致的人身伤亡、财产损失和费用不负责赔偿",这也是其贯穿始终的抗辩理由。而对于保险责任免除条款,根据《保险法》第17条第2款的规定,保险公司首先应当尽到其提示和明确说明的义务,否则该责任免除条款并不能生效。如本案中法院经过审查最终认定保险公司未能举证证实签订合同时已向投保人交付保险条款和于何时何地以何种方式向投保人尽到了提示和明确说明义务,保险公司因此承担举证不能的不利后果。不过即便是能够认定保险公司尽到了对该免责条款的提示和明确说明义务,亦不能据此认定此情形下保险公司能够免责。这是因为,依保险惯例,保险责任除外情形一般都会写明包括"地震及其次生灾害、战争、军事冲突、恐怖活动、暴乱、污染(含放射性污染)、核反应、核辐射"。而综合分析上述保险免责情形不难看出,上述情形属于同一级别的极其严重的情形,可以说都严重到了属于不可抗力的范畴,故对上述极其严重的不可抗力情形,保险当然应当免责。而对于实践中一般所发生的像本案这样的因交通事故造成的环境污染而言,其显然达不到上述能够严重到属于不可抗力的级别。保险公司将因交通事故造成的环境污染上升到与地震、战争、军事冲突、暴乱、核反应、核辐射同一级别的程度,显然是对其责任免除的扩大解释,依法不能成立。

综上所述,因交通事故造成的环境污染损失依法属于商业三者险中的第三者的财产损失范畴,且该污染并不属于机动车商业保险免责事项中的污染,保险公司对此不能免责而应予赔偿。当然此类案件案由虽定为环境污染责任纠纷,但并不能否认其从基础法律关系来看仍属于机动车交通事故责任纠纷的范畴,只不过根据"特殊优于一般"的案由确定原则,将案由确定为环境污染责任纠纷而已。而在环保行政部门对该环境污染已经出资修复处置即对道路交通事故环境污染处置费用已经代履行的情况下,环保行政部门依法有权作为第三者向保险公司主张因交通事故造成的环境污染损失即合理的环境污染处置费用,在交强险责任限额赔偿之外,保险公司还应在商业三者险责任限额内对该环境污染处置费用进行赔偿。

解读撰写人:山东省淄博市中级人民法院　荣明潇
山东省高级人民法院　陈伟宏

法答网问题链接

本案例回答了法答网第 C2023081400009 号问题,即交通事故导致装载危化物泄漏造成的损失,商业三者险是否赔偿?

社会生活中因交通事故引发环境污染的情况时常出现,行政机关一般会紧急介入并对污染进行处置,其中的费用承担问题是当事人争议的焦点。案例明确,因交通事故造成的环境污染损失依法属于商业三者险中的第三者的财产损失范畴,且该污染并不属于机动车商业保险免责事项中的污染,保险公司对此不能免责而应予赔偿。环保行政部门代履行环境污染处置产生费用后,依法有权要求侵权方承担代履行费用。